À memória de Pixinguinha.

To the memory of Pixinguinha.

To the memory of Hugo Julius

vocabulário do choro
choro vocabulary

MÁRIO SÈVE

estudos & composições
studies & compositions

Nº Cat.: VCHOR

Irmãos Vitale Editores Ltda.
vitale.com.br
Rua Raposo Tavares, 85 São Paulo SP
CEP: 04704-110 editora@vitale.com.br Tel.: 11 5081-9499

© Copyright 2009 by Irmãos Vitale Editores Ltda. - São Paulo - Rio de Janeiro - Brasil.
Todos os direitos autorais reservados para todos os países. *All rights reserved*.

CIP-BRASIL. CATALOGAÇÃO NA FONTE
SINDICATO NACIONAL DOS EDITORES DE LIVROS - RJ.

S524v

Sève, Mário, 1959-
    Vocabulário do choro : estudos & composições = Choro vocabulary : studies & compositions/ Mário Sève ; [versão para o inglês Claudia Costa Guimarães ; revisão do texto em inglês Léo Leobons ; editado por Almir Chediak]. - São Paulo : Irmãos Vitale, 2010.
    236p. : principalmente música

Texto em português e inglês
ISBN 978-85-7407-299-9

1. Choros (Música).
2. Partituras.
  I. Chediak, Almir, 1950-2003.
  II. Título.

10-3929.
                                          CDD: 782.421640981
                                          CDU: 78.067.26(81)

10.08.10   17.08.10   020845

Capa / *Cover*:
Bruno Liberati

Projeto gráfico, composição e diagramação / *Design, typesetting and layout*:
Júlio César P. de Oliveira

Revisão musical / *Musical revision*:
Ian Guest

Copidesque e revisão / *Copyediting and proofreading*:
Nerval M. Gonçalves

Tradução do texto / *English version*:
Claudia Costa Guimarães

Revisão de texto - Inglês / *English proofreading*:
Léo Leobons

ÍNDICE / TABLE OF CONTENTS

AGRADECIMENTOS / *ACKNOWLEDGEMENTS* 6

PREFÁCIO / *PREFACE* 7

INTRODUÇÃO / *INTRODUCTION* 8

PARTE I – ESTUDOS EM CHORO / *PART I – CHORO STUDIES*

ESTUDOS PRELIMINARES / *PRELIMINARY STUDIES* 13

- Divisões rítmicas do fraseado / *Rhythmic divisions of phrasing* 13
- Acentuações / *Accents* 15
- Ornamentos e articulações / *Ornaments and articulations* 17
- Acompanhamentos / *Accompaniments* 18
- Estruturas e seqüências harmônicas / *Structures and harmonic sequences* 21

ESTUDOS MELÓDICOS / *MELODIC STUDIES* 23

- Escalas / *Scales* 25
- Arpejos – maiores e menores / Arpeggios - *major and minor* 52
- Inícios e terminações / *Beginnings and endings* 68
- Frases rítmicas / *Rhythmic phrases* 98
- Frases cromáticas / *Chromatic phrases* 106
- Acordes diminutos / *Diminished chords* 116
- Acordes dominantes / *Dominant chords* 122
- Seqüências harmônicas – V-I, II-V, V-V e diminutos de passagem / *Harmonic sequences – V-I, II-V, V-V and diminished passing tones* 131
- Anexo / *Attachment* 180

PARTE II – SUÍTE EM CHORO / *PART II – CHORO SUITE*

- Choro – *Choro de criança* / Choro 186
- Valsa – *Valsa da noite* / Waltz 196
- Samba – *Samba no pé* / Samba 201
- Frevo – *Alice no frevo* / Frevo 206
- Baião – *O cabra* / Baião 216

O AUTOR / *ABOUT THE AUTHOR* 222

AGRADECIMENTOS

Ao Programa de Bolsas RioArte (Secretaria Municipal de Cultura – Prefeitura da Cidade do Rio de Janeiro), a Paulinho da Viola, Maria Júlia Pinheiro, Almir Chediak, Eline Deccache, Antonio Adolfo, Tita, Ian Guest, Paulo Moura, Jorginho do Pandeiro, Arthur Loureiro, Nestor de Hollanda Cavalcanti, Adamo Prince, Leonardo Miranda, Júlio César P. de Oliveira, Ademir Simões de Paiva e toda a equipe da Lumiar Editora, Egeu Laus, Bruno Liberati, Nerval M. Gonçalves, Claudia Costa Guimarães, Sérgio Prata, Paulo Brandão, João Carlos Cavalcanti, Helvius Villela, Léo Leobons, Dininho, ao Museu da Imagem e do Som, à rapaziada do Nó em Pingo d'Água (Rodrigo Lessa, Rogério Souza, Celsinho Silva e Papito) e a Cristina Deccache e nossos filhos Pedro Felipe e Júlia.

ACKNOWLEDGEMENTS

To the RioArte grant program (Municipal Secretary of Culture - City Administration of Rio de Janeiro), to Paulinho da Viola, Maria Júlia Pinheiro, Almir Chediak, Eline Deccache, Antonio Adolfo, Tita, Ian Guest, Paulo Moura, Jorginho do Pandeiro, Arthur Loureiro, Nestor de Hollanda Cavalcanti, Adamo Prince, Leonardo Miranda, Júlio César P. de Oliveira, Ademir Simões de Paiva and all the staff at Lumiar Editora, Egeu Laus, Bruno Liberati, Nerval M. Gonçalves, Claudia Costa Guimarães, Sérgio Prata, Paulo Brandão, João Carlos Cavalcanti, Helvius Villela, Léo Leobons, Dininho, Museu da Imagem e do Som, to the guys from Nó em Pingo d'Água (Rodrigo Lessa, Rogério Souza, Celsinho Silva and Papito) and to Cristina Deccache and our children, Pedro Felipe and Júlia.

PREFÁCIO

Dentre os gêneros da tradição instrumental brasileira, o choro, ou chorinho, é o que demonstra maior vigor de transformação criativa.

Em suas variadas estruturas formais ele é ouvido tanto em salas de concerto como em botequins de subúrbios, trafega livremente por bailes populares, sendo mesmo bem recebido em sessões de *jazz* e bossa nova, confirmando cada vez mais o seu prestígio.

Desde a década de 1930 o choro popular apresenta duas vertentes principais: o camerístico (violões, cavaquinho, pandeiro e solista) e o orquestral (*big band*). As inúmeras gravações dessa época atestam o fascínio que estas execuções produziram.

O que é o choro? Quais as suas características estilísticas? E qual a sua estrutura? O que o diferencia ou aproxima do *jazz*?

São indagações que a prática da execução do choro poderá esclarecer e é esta a proposta de Mário Sève, que cuidadosamente seleciona, ilustra e desenvolve as principais tradições e novidades formais desse gênero.

É um livro bem-vindo para os que são apaixonados pelo choro, que nele vão reencontrar as referências principais para o seu exercício musical, assim como para os iniciantes, os recém-enamorados desta tradição popular brasileira, que encontrarão abertas as portas desse universo sempre em plena expansão.

Este trabalho rigoroso e sofisticado de Mário Sève é uma declaração de amor a esta jóia da nossa herança musical instrumental que é o choro.

Paulo Moura

31 de janeiro de 1999

PREFACE

Among the genres that make up the Brazilian instrumental tradition, choro, *or* chorinho, *demonstrates the greatest strength for creative transformation.*

In its various formal structures, it is enjoyed in theatres as well as in the bars of Rio's outskirts. It travels freely between popular balls and is particularly well received in jazz and bossa nova *circles, confirming its increasing prestige.*

Since the 30's, the popular choro *has presentes two main forms: chamber (guitars,* cavaquinho, pandeiro *and a soloist) and orchestral (big band). The numerous recordings of this period witness the fascination produced by these performances.*

What is choro? What are its stylistic characteristics? And what is its structure? What sets it apart and what brings it close to jazz?

These investigations can be clarified with the practice in performing choro, *and that is precisely Mario Sève's proposal, through the careful selection, illustration and development of the main traditions and formal novelties of the genre.*

This book will be well received by choro *lovers – who will find within it the main references for its musical exercise – as well as by beginners – those recently enamored of this Brazilian popular tradition, who will find doors opened into this eternally expanding universe.*

This rigorous and sophisticated work by Mário Sève is a declaration of love to this jewel of Brazilian instrumental music heritage, which is choro.

Paulo Moura

January 31, 1999

INTRODUÇÃO

"Nascido por volta de 1870, ainda como um jeito brasileiro dos conjuntos à base de violões e cavaquinhos tocarem os gêneros dançantes europeus em voga na época (valsas, polcas, schottisch e mazurcas), o **choro** acabaria por se impor como um fascinante gênero musical, que desde logo passaria a desfrutar de ilustres colaborações em sucessivas gerações, das quais a mais brilhante foi mesmo a do compositor e instrumentista Alfredo da Rocha Viana, o genial Pixinguinha (RJ, 1897-1973)."[1]

Além de Pixinguinha – partindo do flautista Joaquim Antonio da Silva Callado Jr., autor de *Flor amorosa* –, nomes ligados a esse gênero, tais como Ernesto Nazareth, Chiquinha Gonzaga, Anacleto de Medeiros, Zequinha de Abreu, Luis Americano, Bonfiglio de Oliveira, Luperce Miranda, Garoto, Jacob do Bandolim, Waldyr Azevedo, Severino Araújo e K-Ximbinho, entre muitos outros, foram responsáveis pela construção de importantes características de nossa música, sobretudo quanto ao *fraseado melódico*.

O choro foi inspiração principal na obra de Heitor Villa-Lobos e, misturando-se a harmonias contemporâneas, se transformou através das músicas de autores como Radamés Gnattali, Tom Jobim, Hermeto Pascoal, Paulinho da Viola e Guinga, ou dos trabalhos de arranjos e composições de grupos como Nó em Pingo d'Água, Galo Preto e Camerata Carioca. É até hoje, sem dúvida, o gênero mais representativo da música instrumental carioca e fonte onde bebem nossos maiores músicos.

Seguindo uma tradição, essa música se mantém viva através das rodas de choro,[2] responsáveis por revelar novos instrumentistas e compositores. Uma das mais famosas nos anos 70 foi a do Sovaco de Cobra, um bar da Penha, subúrbio do Rio de Janeiro, freqüentada por Abel Ferreira, Altamiro Carrilho, Joel do Nascimento, Conjunto Época de Ouro, Zé da Velha, Rafael Rabello etc.

---

[1] Vasconcelos, Ary, Brasil musical, RJ: Ed. Art Bureau, 1988.
[2] Encontros de músicos amadores e profissionais que, com instrumentos acústicos, passeiam por vasto repertório de polcas, valsa, maxixes, sambas etc.

INTRODUCTION

"*Born around 1870, with traces of the Brazilian flavor given by guitar and cavaquinho ensembles to European dance music popular at the time (waltzes, polkas, schottisches and mazurkas), the* **choro** *would eventually impose itself as a fascinating musical genre that would immediately enjoy most illustrious collaborations for succeeding generations, among which the most brilliant was unquestionably that of composer and instrumentalist Alfredo da Rocha Viana, brilliant Pixinguinha (Rio de Janeiro, 1897-1973).*"[1]

Besides Pixinguinha – beginning with flutist Joaquim Antonio da Silva Callado Jr., author of Flor amorosa *– names connected with this genre, such as Ernesto Nazareth, Chiquinha Gonzaga, Anacleto de Medeiros, Zequinha de Abreu, Luis Americano, Bonfiglio de Oliveira, Luperce Miranda, Garoto, Jacob do Bandolim, Waldyr Azevedo, Severino Araújo and K-Ximbinho, among many others, were responsible for the establishment of some important characteristics of Brazilian music, particularly with relation to melodic phrasing.*

Choro *was the main inspiration of Heitor Villa-Lobos' music and, blending itself with contemporary harmonies, was transformed through the music of composers such as Radamés Gnattali, Tom Jobim, Hermeto Pascoal, Paulinho da Viola and Guinga, or the arrangements and compositions of groups such as Nó em Pingo d'Água, Galo Preto and Camerata Carioca. It is, undoubtedly, to this day, the most representational genre of Rio de Janeiro's instrumental music and the main source of inspiration for Brazil's most important musicians.*

Traditionally, this music has been kept alive through choro *jam sessions*[2] *– "rodas de choro" in Portuguese – which have continuously launched new instrumentalists and composers. One of the most famous, in the 70's, was the one at Sovaco de Cobra (Snake's Armpit), a bar in Penha – a neighborhood located in the outskirts of Rio de Janeiro – attended*

---

[1] Vasconcelos, Ary, Brasil musical, RJ: Ed. Art Bureau, 1988.
[2] *Get-togethers including both amateur and professional musicians, who play a vast repertoire of polkas, waltzes, maxixes, sambas, etc. with acoustic instruments.*

O choro, como outros gêneros musicais, possui códigos próprios – responsáveis por traços de sua personalidade – que geraram ao longo de sua história um "vocabulário" também próprio. Contudo, pouco se conhece sobre esta matéria devido à ausência de publicações, já que predomina o método do aprendizado informal através das rodas de choro (estas cada vez mais escassas).

Pixinguinha é considerado o maior compositor de choros de todos os tempos, e referência fundamental a qualquer um que queira ingressar no universo desta linguagem musical.

Apesar das inúmeras gravações e biografias, não se conhecem *estudos musicais* baseados na sua obra, nem na de autores por ela influenciados, muito embora Pixinguinha seja encarado como uma das grandes "escolas" da música brasileira.

Analisando a música de Pixinguinha, percebe-se um estilo comum de fraseado composto por módulos (*patterns*, para os jazzistas) que, agrupados e arranjados de diferentes maneiras, caracterizam sua composição. Embora possa parecer um modo frio de olhar a música do mestre, esta análise vai contribuir para a criação e sistematização de um estudo técnico sobre o choro, valorizando sua importância na formação de uma *escola* (de fato) para música brasileira. É nesse sentido que caminha o presente trabalho.

Vocabulário do choro é composto de duas partes: Estudos em Choro e Suíte em Choro.

Estudos em Choro

Série de estudos para instrumentos solistas, inspirados em frases musicais extraídas da obra de Pixinguinha ou de outros autores relevantes do choro.

by the likes of Abel Ferreira, Altamiro Carrilho, Joel do Nascimento, Conjunto Época de Ouro, Zé da Velha, Rafael Rabello, etc.

The Choro, *like other musical genres, has its own codes – responsible for its personality – which, through time, has created an equally unique "vocabulary". However, little is known on this subject due to the absence of published material on the subject, since the predominant method of learning is through (increasingly rare)* choro *circles.*

Pixinguinha is considered the greatest choro *composer of all times, a fundamental reference for anyone who wishes to enter the universe of this musical language.*

In spite of countless recordings and biographies on him, there is no known musical study based on his work, nor on the work of authors influenced by him – although Pixinguinha is considered one of the great "schools" of Brazilian music.

In analyzing the music of Pixinguinha, we notice one recurrent phrasing style composed of patterns that, when grouped and arranged in different ways, characterizes his composition. Although this may seem as a cold look into the master's music, this analysis will contribute to the creation and systematism of technical study in choro, *accruing to its importance in the context and formation of a (true) school for Brazilian music. This is the direction taken by this project.*

Choro Vocabulary *is composed of two parts:* Choro *Studies and* Choro *Suite.*

Choro *Studies*

A series of studies for solo instruments, inspired by musical phrases taken from Pixinguinha's works or those of other composers relevant to choro.

Tais estudos são construídos em cima de uma espécie de "choro *patterns*" – criando subsídios ao músico para a intimidade com a linguagem do choro, seja na sua interpretação, na composição ou nas diversas maneiras de se usar a improvisação. E também, por que não dizer, são a lembrança de idéias concebidas (e existe uma infinidade delas) por vários autores brasileiros a serem "recriadas" na música contemporânea.

Os Estudos em Choro contemplam, além das *melodias* em todos os tons, aspectos das *divisões rítmicas*, *acentuações* e *articulações* do fraseado, e mais uma visão geral dos aspectos das *harmonias* e *acompanhamentos* do choro.

Suíte em Choro

Suíte de cinco peças musicais, abordando estilos executados nas rodas de choro.

A Suíte em Choro simboliza um "retrato" de tais encontros musicais, funcionando, também, como conseqüência imediata da aplicação da primeira parte do projeto.

As peças passam pelo choro, maxixe, valsa, samba, frevo, marcha e baião.

These studies are built upon a type of choro pattern – *providing the musician with a close acquaintance with the* choro's *language, be it in interpretation, composition or in the various manners of improvising. Furthermore, they are the memories of ideas conceived by various Brazilian composers (and they are endless) to be "recreated" in our contemporary music.*

In Choro Studies, *aspects such as* melody, rhythmic division, ornaments, articulations, accents *and* accompaniments *are analyzed, as well as* harmonic *aspects utilizing all musical keys.*

Choro *Suite*

A five-piece suite, using different styles played at choro circles.

The Choro Suite *symbolizes a portrait of such musical get-togethers. It also functions as the immediate consequence of putting into practice the first part of the project.*

The pieces travel through choro, maxixe, *waltz,* samba, frevo, marcha *and* baião.

PARTE I / ESTUDOS EM CHORO

PART I / CHORO STUDIES

ESTUDOS PRELIMINARES[3]

✦ Divisões rítmicas do fraseado

O fraseado europeu que deu origem ao choro foi se modificando à medida que a música se expunha à dança, sempre se adaptando aos novos gingados do brasileiro. E, assim, a polca foi se transformando em maxixe, o maxixe em samba etc.

Na música popular, principalmente quando associada à dança, permite-se grande liberdade de interpretação. Com relação às suas partituras, pode-se dizer que "o que se escreve nem sempre é o que se toca".[4]

Como se sabe, no jazz, um grupo de colcheias ♫ é interpretado como uma divisão intermediária entre ♫ e ♫., quase ♩ ♪, sugerindo um compasso composto. Da mesma forma, na música brasileira, uma das suas figuras características – a síncope – ♫♩ está, em sua interpretação, entre ♫♩ e ♫♩.

Outra figura característica – sobretudo na polca e no choro – ♫♫♪, é executada com exatidão em andamentos *ligeiros*, mas tende a ser modificada para ♫♫♪ ou ♫♫♪ em andamentos mais *lentos*.

Também, enquanto no jazz os acentos fortes do compasso **4/4** estão no 2º e 4º tempos,[5] na música brasileira em **2/4** esses acentos localizam-se na maioria das vezes no 2º tempo (samba, choro, frevo etc).[6]

---

[3] Os *estudos preliminares* vão dar subsídios para se compreender o universo de onde saíram as frases dos *estudos melódicos*. E, também, fornecer algumas ferramentas importantes a serem aplicadas em tais seqüências de frases.
[4] A notação muitas vezes corresponde apenas a um esboço ou proposta.
[5] Apesar dos sotaques próprios apresentados, vale observar uma certa semelhança entre o choro (brasileiro) e o *bebop* (americano), ambos com melodia *ativa*, articulada em semicolcheias e colcheias, respectivamente.
[6] O melhor exemplo para perceber o acento do tempo 2 é ouvir a marcação do surdo no samba.

O choro permite, ainda, mais liberdade em relação à *alteração das divisões rítmicas*. Estão aqui expostos dois exemplos típicos, onde cada figura rítmica é seguida das suas mais usadas *variações*. É importante que sejam praticadas, e sobre qualquer seqüência de notas. Algumas divisões, sem dúvida, se prestam mais a determinados estilos.

In addition, choro provides for greater freedom with relation to the alteration of rhythmic divisions. Here, we have two typical examples in which each rhythmic figure is followed by its most frequently used variations. It is important to practice them, and over any sequence of notes. Some divisions are, undoubtedly, more appropriate for certain styles.

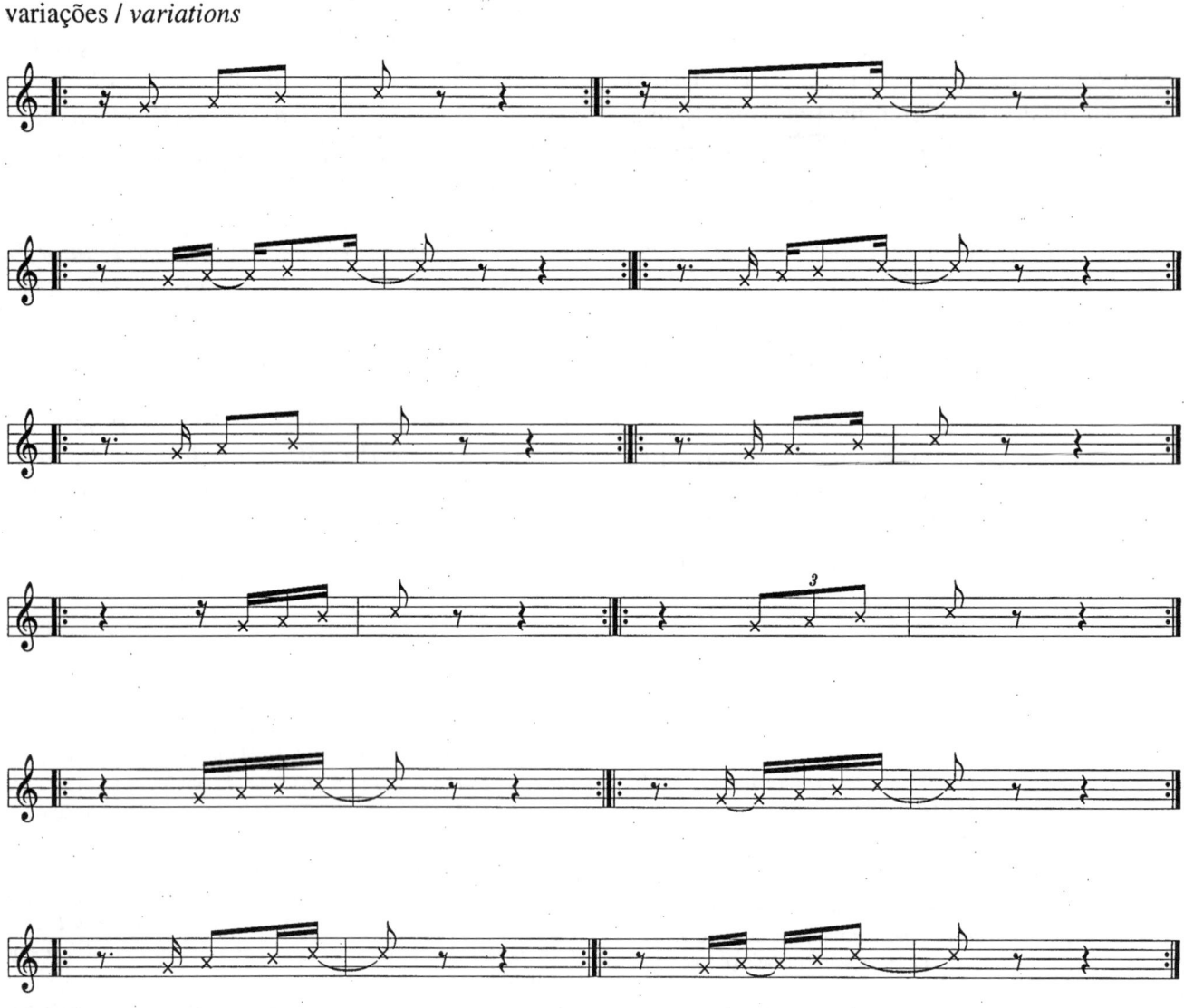

figura / *figure*

variações / *variations*

figura / *figure*

variações / *variations*

✦ Acentuações

As *acentuações* no fraseado, assim como as alterações nas divisões, devem obedecer à estrutura rítmica dos acompanhamentos – uma mesma frase em um choro pode ser tocada diferente para se adaptar a um samba, por exemplo.

Foram elaboradas variações a partir do grupo de semicolcheias ♫♫♫ ♫♫♫. Algumas vão se encaixar melhor ora num samba, choro ou baião etc.

✦ *Accents*

The phrasing accents, *as well as the division alterations, must obey the rhythmic structure of accompaniments – the same phrase in a* choro *can be played differently to be adapted to a* samba, *for example.*

Variations have been developed from the group of sixteenth notes ♫♫♫ ♫♫♫. *At times, some will fit better in a* samba, *in a* choro, *in a* baião, *etc.*

Recomenda-se começar com apenas *uma nota*, depois *duas notas* e, a partir daí, aplicar tais acentuações em quaisquer frases com a mesma divisão.

We recommend beginning with one single note, then with two notes and, from then on, these accents can be applied to any phrase with the same rhythmic division.

figura / *figure*

variações / *variations*

✦ Ornamentos e articulações

É comum o uso de trilos, apojaturas e mordentes nos choros, sobretudo nos 1ᵒˢ tempos (ex.: 𝄽) ou nas 2ᵃˢ notas das figuras 𝄽, ou seja, 𝄽. Algumas vezes usam-se, também, glissandos e grupetos, principalmente em andamentos lentos.

Não há regras para o uso de tais recursos, que vão variar a cada intérprete. Mas deve-se ter muito cuidado com exageros, que podem desviar a atenção de importantes aspectos rítmicos do fraseado ou cansar o ouvinte com sua repetição.

Existem, também, diversas opções de *articulações*. Aqui, são sugeridas algumas *variações* que devem ser aplicadas nas frases dos *estudos melódicos*.

É importante comentar sobre a sílaba usada nos instrumentos de sopro para ataque das notas no grupo de *semicolcheias* 𝄽; **ta-ra-ra-ra** para andamentos médios e lentos e **ta-ka-ta-ka** para andamentos ligeiros. A figura sincopada 𝄽 𝄽 tende a ser executada com **ta-ra-ta ra-ra-ta**.

✦ *Ornaments and articulations*

The use of trills, appoggiaturas and mordents in choro *is common, particularly in the 1ˢᵗ beat (ex.:* 𝄽 *) or in the figure's 2ⁿᵈ note* 𝄽 *, which is to say* 𝄽 *. Sometimes,* glissandos *and* grupettos *are used, particularly in slower tempos.*

There are no rules for the use of such resources, which will vary according to the player. But we must be very careful of excesses that may divert attention from important rhythmic aspects of the phrasing or may even bore the listener with repetition.

There are also many options for articulations. *Here are some suggestions of* variations *that should be applied to the phrases in the* melodic studies.

It is important to highlight the syllables used by wind instruments for attack on the group of sixteenth notes 𝄽*;* **ta-ra-ra-ra** *for medium and slow tempos and* **ta-ka-ta-ka** *for fast tempos. The syncopated figure* 𝄽 𝄽 *tends to be played with* **ta-ra-ta ra-ra-ta**.

figura / *figure*

variações / *variations*

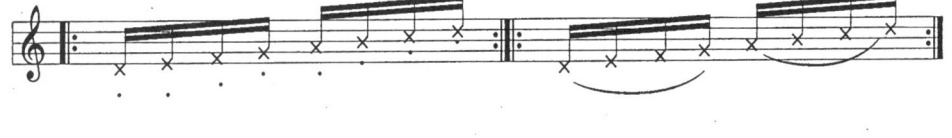

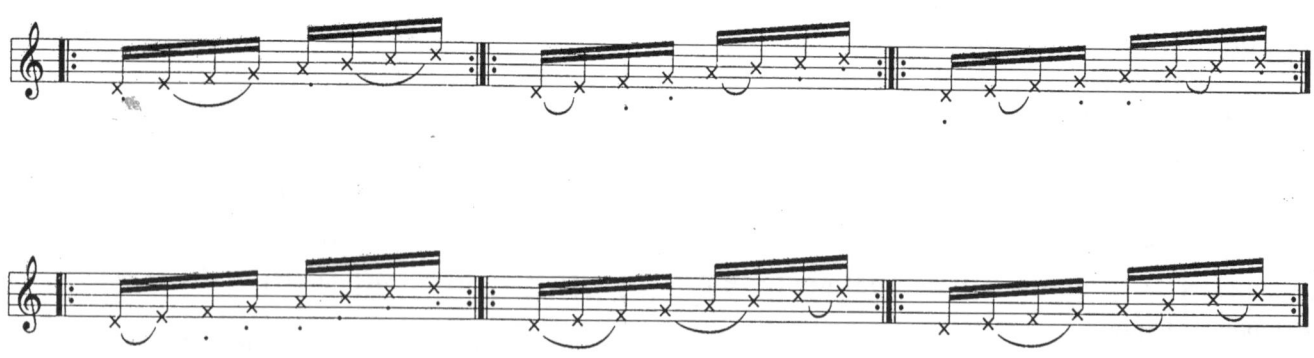

✦ Acompanhamentos

Não sendo o foco de estudo deste trabalho, é colocada aqui apenas uma idéia muito simples sobre a função dos instrumentos de base em alguns gêneros do universo do choro.

Nas partituras que se seguem, as vozes (ou instrumentos) mais graves estão representadas na *clave de fá* e as mais agudas na *clave de sol*, como um cavaquinho e um violão de sete cordas, ou um violão e um baixo, ou mesmo um piano, por exemplo.

Sem dúvida, ainda existem muitas outras variações ou gêneros, mas isso seria assunto para um estudo específico.

✦ *Accompaniments*

Although they are not the focus of this study, they have been included here solely to provide a very simple idea of the function of the rhythm section in some styles of the choro's *universe.*

Lower voices (or instruments) are represented by the bass clef *and higher ones by the* treble clef, *which can be represented by a* cavaquinho *and a seven-string guitar, or a guitar and a bass, or a piano, for example.*

There are, undoubtedly, many other variations or genres, but that would be a subject worthy of a specific study.

choro/maxixe / *choro/maxixe*

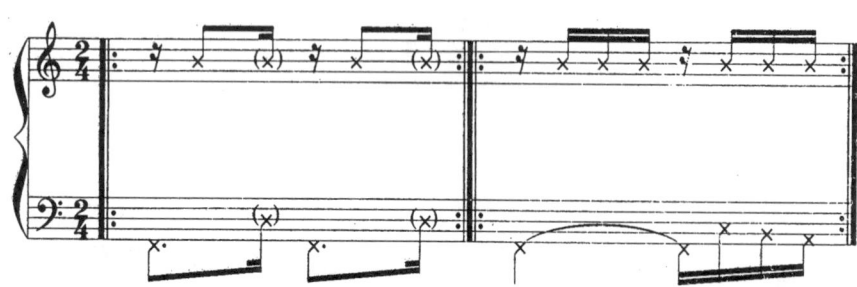

vocabulário do choro | choro vocabulary

polca / *polka*

schottisch / *schottisch*

samba / *samba*

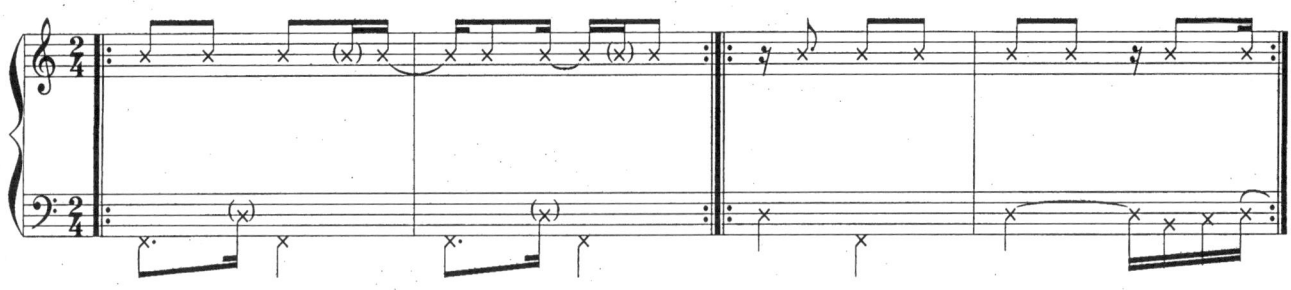

marcha/frevo / *marcha/frevo*

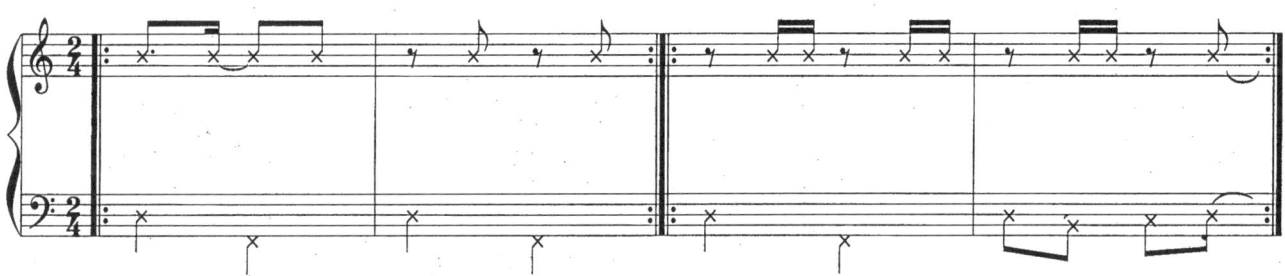

baião / *baião*

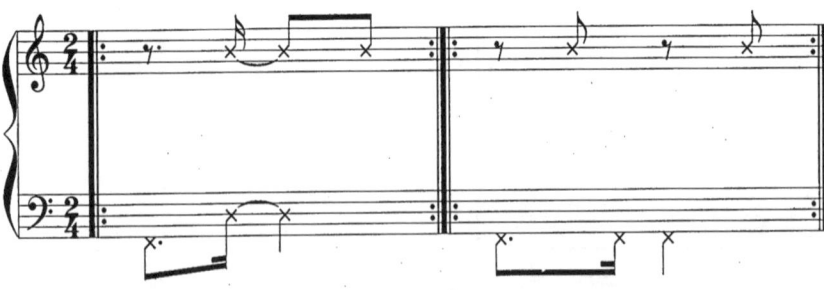

valsa / *waltz*

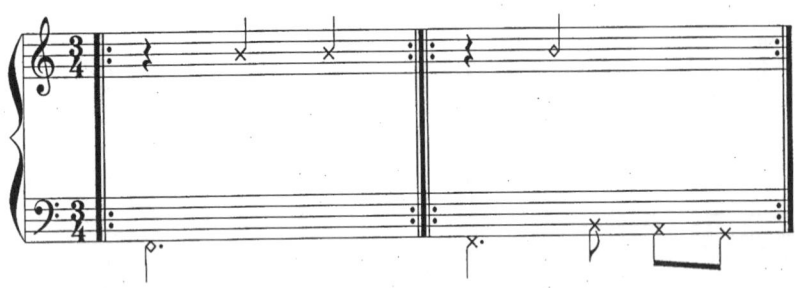

É importante notar que esses acompanhamentos estão centrados, em sua maioria, na figura do grupo de semicolcheias ♫♫ e no acento forte do 2º tempo do compasso binário.[7]

Uma das maiores características de nossa música é a sofisticação do *contraponto* popular – que tem no violão de sete cordas seu principal representante, procurando conduzir linhas de baixo por movimentos adjacentes diatônicos ou cromáticos, além de desenhar de maneiras diversas grupos de síncopes e semicolcheias em escalas e arpejos.[8]

It is important to observe that these chords are, for the most part, centered around the figure with the group of sixteenth notes ♫♫ and in the strong accent of the 2nd tempo in the binary tempo.[7]

One of the greatest characteristics of Brazilian music is the sophistication of the popular counterpoint – having the seven-string guitar as its main representative, seeking to guide bass lines through adjacent diatonic or chromatic movements, besides designing, in various ways, groups of syncopations and sixteenth notes in scales and in arpeggios.[8]

---

[7] O pandeiro, por exemplo, toca essas semicolcheias alternando a posição dos graves ou das acentuações, dependendo do gênero.
[8] As gravações de Pixinguinha no sax tenor, ou de Dino no violão de sete cordas, são referências fundamentais para o entendimento desta matéria.

[7] *The* pandeiro *– "Brazilian tambourine" – for example, plays these sixteenth notes by alternating the position of the lower registers or accents, depending on the genre.*
[8] *Pixinguinha's recordings on sax tenor, or Dino's on the seven-string guitar, are fundamental references for the understanding of this subject.*

◆ Estruturas e seqüências harmônicas

Um choro típico possui três partes – A, B e C – e sua estrutura harmônica estabelece modulações para tons relativos, vizinhos ou homônimos entre as partes, que costumam ter *16 compassos cada uma*.[9] O padrão de execução dessas partes obedece à seguinte ordem: **A-A-B-B-A-C-C-A**. Duas composições de Pixinguinha, para exemplificar, obedecem a esse formato e modulam assim:

A vida é um buraco – polca-choro – 1ª parte, **A**, em dó maior, 2ª, **B**, em lá menor, e 3ª, **C**, em fá maior.
Naquele tempo – choro-serenata – 1ª parte, **A**, em ré menor, 2ª, **B**, em fá maior, e 3ª, **C**, em ré maior.

Embora isso tudo não corresponda a uma regra geral, é importante sua assimilação para quebrá-la com consciência. É uma tendência moderna os choros diminuírem o número de partes, ou até mesmo partirem para modulações mais bruscas.

Nas *seqüências harmônicas* utilizam-se freqüentemente movimentos lineares descendentes ou ascendentes, diatônicos ou cromáticos, na linha do baixo.[10] Para o estudo detalhado deste assunto é recomendável o conhecimento de um vasto repertório (choros de Pixinguinha, Jacob do Bandolim, Ernesto Nazareth, ou outros clássicos) e a audição dos mais representativos grupos de choro (principalmente Regional do Canhoto e Conjunto Época de Ouro).

Costumam-se usar, ainda, *diminutos de passagem* no choro. Seguem-se alguns exemplos em dó maior:

◆ *Structures and harmonic sequences*

A typical choro *contains three parts – A, B and C – and its harmonic structure establishes modulations for relative, neighboring or homonymous tones between parts that normally have 16 measures each.*[9] *The standard for the execution of these parts obeys the following order: **A-A-B-B-A-C-C-A**. To exemplify this, two compositions by Pixinguinha obey this format and modulate in the following manner:*

A vida é um buraco – *polka*-choro – *1ˢᵗ part, **A**, in C major, 2ⁿᵈ part, **B**, in A minor, 3ʳᵈ part, **C**, in F major.*
Naquele tempo - choro-*serenade* – *1ˢᵗ part, **A**, in D minor, 2ⁿᵈ part, **B**, in F major, 3ʳᵈ part, **C**, in D major.*

Although none of these correspond to a general rule, its assimilation is important so it can be consciously broken. It is a modern tendency to decrease the number of parts in a choro *or even to break into harsher modulations.*

In the harmonic sequences, *descendent or ascendent, diatonic or chromatic linear movements are frequently used in the bass line.*[10] *For a detailed study on this subject, acquaintance with a vast repertoire is recommended (*choros by Pixinguinha, Jacob do Bandolim, Ernesto Nazareth or other classics*) and listening to the most representational* choro *groups (particularly Regional do Canhoto and Conjunto Época de Ouro).*

The use of diminished passing tones *is also customary in* choro. *Below are some examples in C major:*

‖ C C#° | Dm ‖ C C#° | G7/D ‖ C/E Eb° | G7/D ‖ Dm D#° | C/E ‖

‖ F F#° | C/G ‖ Em Eb° | Dm ‖ G G#° | Am ‖ G° G7 ‖ C° C ‖

---

[9] Em alguns casos, usa-se outro *múltiplo de 4* (8, 20, 32, por ex.).
[10] O choro *Odeon*, de Ernesto Nazareth, é um bom exemplo da condução da linha do baixo.

[9] *In some cases, other* multiples of 4 *are used (8, 20, 32, for example).*
[10] *Ernesto Nazareth's choro, Odeon, is a good example of the direction of the bass line.*

Os *diminutos*, por vezes, estão apenas substituindo inversões de dominantes que preparam acordes menores. Exemplo: ‖ **C#°** | **Dm** ‖ ou ‖ **A7(b9)/C#** | **Dm** ‖.

É comum, também, o uso de *introduções* instrumentais, sobretudo em músicas cantadas (valsas, choros, sambas etc.), onde se aproveita, normalmente, o *final da 1ª parte* da composição (últimos 4 ou 8 compassos), a partir da chegada, na harmonia, da região da *subdominante* – IV grau. Seguem exemplos de *seqüências harmônicas* (Os cinco companheiros, Ingênuo e Soluços) e uma *introdução* (Rosa) extraídos da obra de Pixinguinha.

The diminished is, at times, only substituting dominant inversions that prepare minor chords. Example: ‖ **C#°** | **Dm** ‖ *or* ‖ **A7(b9)/C#** | **Dm** ‖.

The use of instrumental introduction *is also common, particularly in compositions with lyrics* (waltzes, choros, sambas, *etc.*), *in which the* end of the composition's *first part is utilized (the last 4 or 8 tempos), from the arrival, in the harmony, of the subdominant* region - IV chord. *The following are examples of* harmonic sequences *(Os cinco companheiros, Ingênuo and Soluções) and an* introduction *(Rosa) by Pixinguinha.*

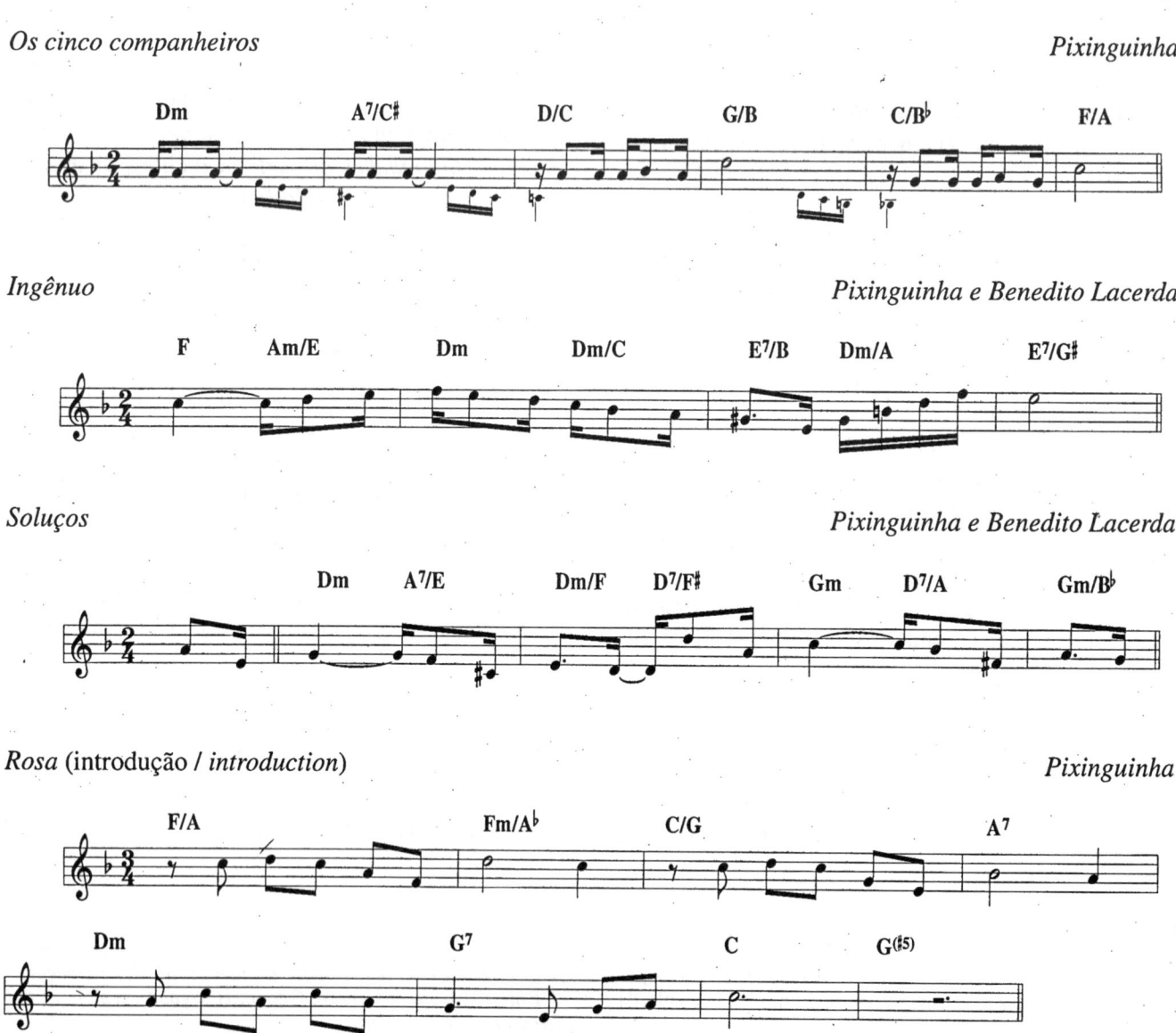

ESTUDOS MELÓDICOS

Aqui encontra-se o fundamento deste projeto, onde se aplica muito daquilo que foi descrito anteriormente – como articulações e acentuações, por exemplo.

Esses estudos são compostos em cima de células (*patterns*) extraídas de algumas composições de choro e agrupadas dentro de uma seqüência harmônica ou melódica escolhida.[11]

Além de desenvolvimento técnico, tais estudos procuram trazer ao músico a intimidade com o fraseado brasileiro, sobretudo do choro – que tem em Pixinguinha seu principal autor.

Os estudos não estão dispostos, necessariamente, dentro de uma ordem crescente de dificuldade técnica, como também não se encerram com sua simples execução. Mas, para efeito de organização, estão discriminados de acordo com suas principais características.[12]

Para se adquirir domínio técnico sem limitação, as frases passam necessariamente por todas as *tonalidades*.[13] A extensão usada é a do saxofone[14] – podendo-se adaptar a qualquer outro instrumento melódico[15] com a mudança simples das oitavas escolhidas em determinados trechos.

Deve-se fazer, sempre que possível, o uso do metrônomo[16], ajustado inicialmente ao estágio técnico do executante. E para facilitar o aprendizado

MELODIC STUDIES

Here, we find the basis of this project, where much of what was previously described, such as articulations and accents, is applied.

These studies are composed upon patterns extracted from choro *compositions grouped within a chosen harmonic or melodic sequence.*[11]

Besides technical development, these studies seek to provide the musician with a close familiarity with Brazilian phrasing, particularly with choro *– which has Pixinguinha as its main composer.*

The studies are not necessarily organized in a growing order of technical difficulty. Likewise, they do not end with their simple execution. For the sake of organization, they are listed according to their main characteristics.[12]

In order to obtain unlimited technical mastering, phrases necessarily go through all tonalities.[13] *The extension adopted is that of the saxophone*[14] *– and it can be adapted to any other melodic instrument*[15] *with the simple octave change chosen in specific passages.*

The metronome[16] *should be used whenever possible, initially adjusted to the player's technical proficiency. And to make learning easier still, practice can be accompanied by a harmonic*

---

[11] Normalmente, as modulações caminham por quartas nesses estudos.
[12] Tal classificação não os separa "rigorosamente" nem os isenta de possíveis interseções. Observa-se, por exemplo, que dentro das *terminações* estudam-se vários *arpejos*, e das *frases rítmicas e cromáticas* várias *seqüências harmônicas* etc.
[13] É uma carência dentro do repertório de choros o uso de tonalidades com mais de três bemóis e sustenidos.
[14] Muito embora tais frases tenham sido geradas originalmente por instrumentos tão distintos quanto o cavaquinho, o bandolim, o clarinete etc., o saxofone foi escolhido por ter uma extensão comum à maioria e, por isso, corresponder ao padrão usado em boa parte dos métodos de *jazz*.
[15] Algumas dessas frases podem ser ouvidas, também, nos contrapontos às melodias ("baixarias" dos violões de sete cordas, por exemplo).
[16] Geralmente, ♩ entre 60 e 120.

[11] *Normally, the modulations included in these studies use fourths.*
[12] *This classification does not separate them "rigorously", neither does it exempt them from possible intersections. We do observe, for example, that in the* endings *many* arpeggios *are studied and in* rhythmic *and* chromatic phrases, *many* harmonic sequences, *etc.*
[13] *The use of tonalities in the* choro *repertoire with more than three flat and sharp is rare.*
[14] *Although such phrases were originally created for instruments as the* cavaquinho, *the mandolin, the clarinet, etc., the saxophone was chosen because it has an extension common to the majority and, for that reason, corresponds to the standard used in great parts of jazz methods.*
[15] *Some of those phrases can be listened to, also, in the counterpoints to melodies (bass lines of the seven-string guitar, for example).*
[16] *Generally,* ♩ *between 60 and 120.*

pode-se, ainda, praticar acompanhado de um instrumento harmônico.[17] Para tal, praticamente todos os estudos possuem sugestões de *acordes cifrados*, que respeitam as harmonizações originais das frases.

É importante que, numa 2ª etapa, tais frases e estudos passem a ser *decorados*, a fim de facilitar muito sua real assimilação e uso prático.

Recomenda-se, ainda, que se amplie para outras situações os estudos a seguir, ou seja, é possível modificar para os modos *menores* algumas *escalas* e aplicar *arpejos aumentados* ou *diminutos*[18] sobre certos arpejos dados. Estão sugeridas anexas algumas dessas *alterações* em cima dos *desenhos* dessas escalas e arpejos.

Enfim, há, na verdade, muitas outras frases ou células[19] que poderiam ser transformadas em estudos. Cabe ao leitor compreender sua idéia original para que possam ser expandidas, usando-se inclusive ferramentas de outros universos musicais.[20]

instrument.[17] To that end, practically every study contains suggestions of chords *which respect the phrases' original harmonizations.*

In a second phase, it is important to learn such phrases by heart, *in order to enable assimilation and practical use.*

Furthermore, we recommend that the following studies be expanded. This is to say that it's possible to modify some of the scales to minor *modes and to apply* augmented *and* diminished *arpeggios[18] on certain given arpeggios. Some of the alterations on these scales and arpeggios are suggested in the attachments.*

Finally, there are many other phrases or cells[19] that could be transformed into studies. It's up to the reader to grasp the original idea so that it can be expanded, using tools from other musical universes.[20]

---

[17] O acompanhamento, como sugestão, pode ser gravado em fita ou *sequencer*.
[18] Ainda podem-se usar outros acordes – 7, m7, m7(b5), 7M etc. – para aplicação dos desenhos de arpejos.
[19] Aqui já existe uma boa quantidade de frases, talvez algumas das mais representativas.
[20] Sugere-se praticar, também, sobre escalas encontradas no mundo do *jazz* – diminutas, pentatônicas, alteradas etc. –, usando-se desenhos e elementos rítmicos dos estudos.

[17] *Let me suggest the rhythm section be recorded on tape or sequencer.*
[18] *Other chords – 7, m7, m7(b5), 7M, etc. – can be used to apply the arpeggios' designs.*
[19] *There is already a good amount of phrases here, perhaps some of the most representational.*
[20] *We suggest practices with scales from the jazz world – diminished, pentatonic, altered –, using rhythmic elements from the studies.*

Escalas / *Scales*

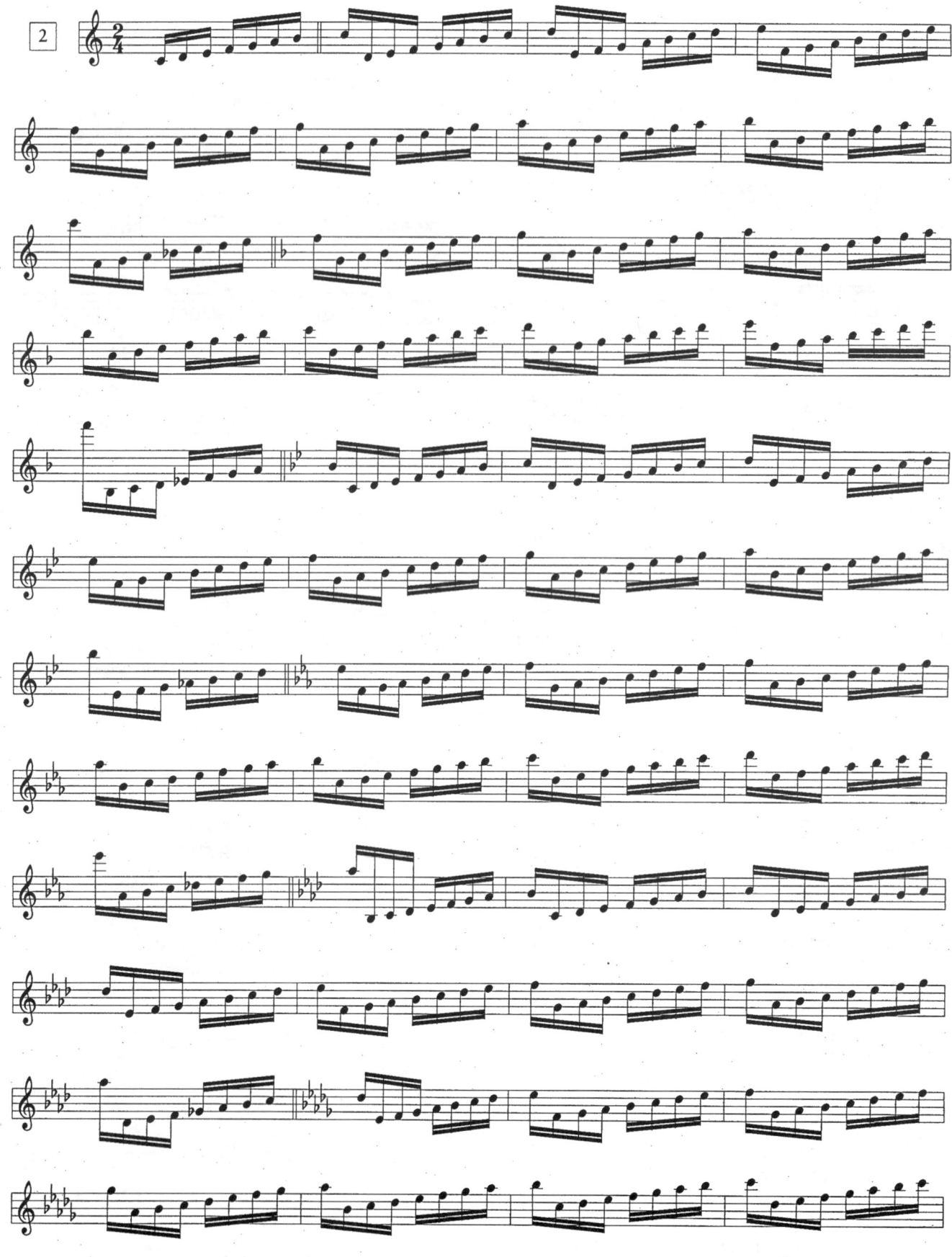

vocabulário do choro | choro vocabulary

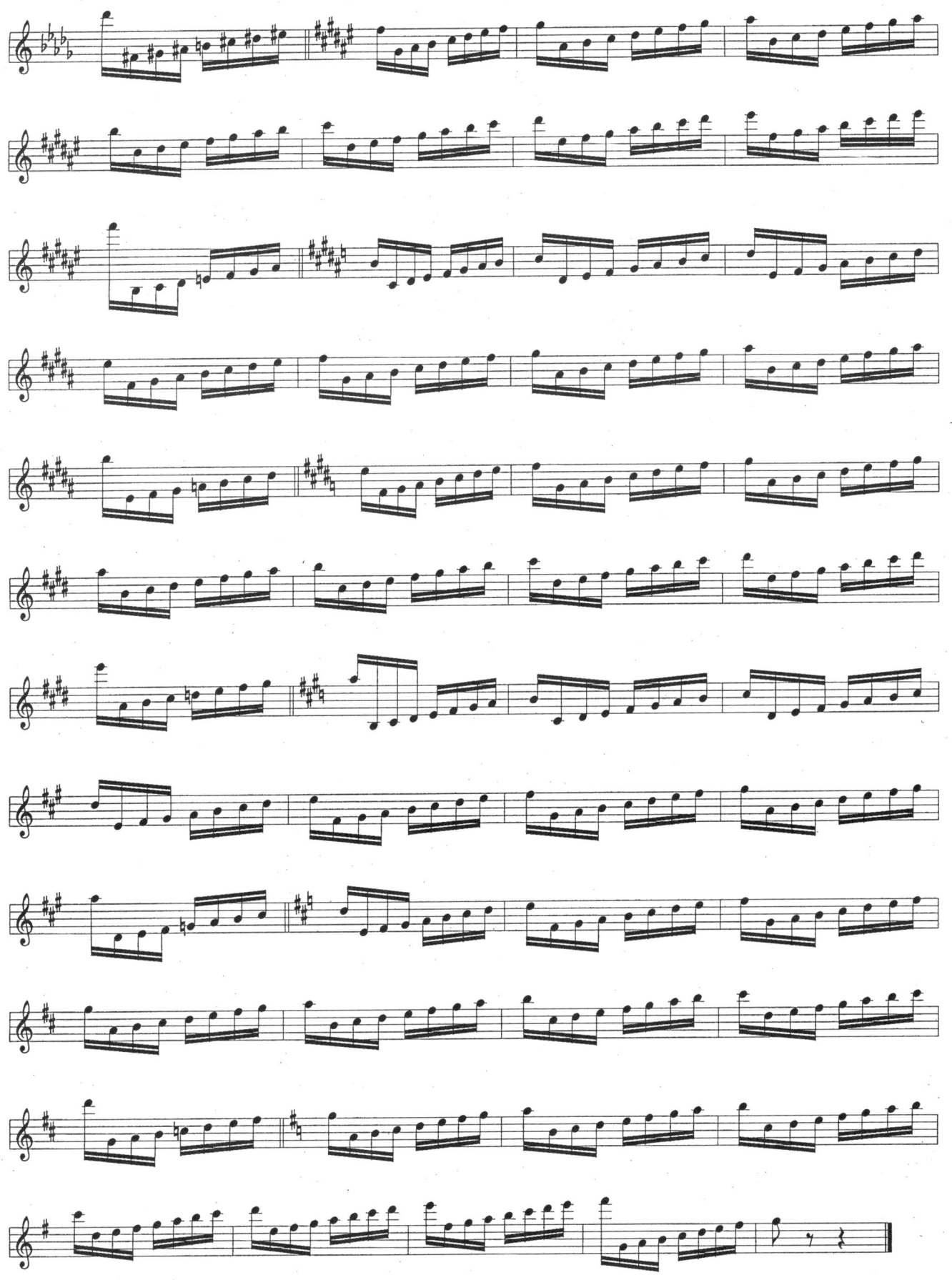

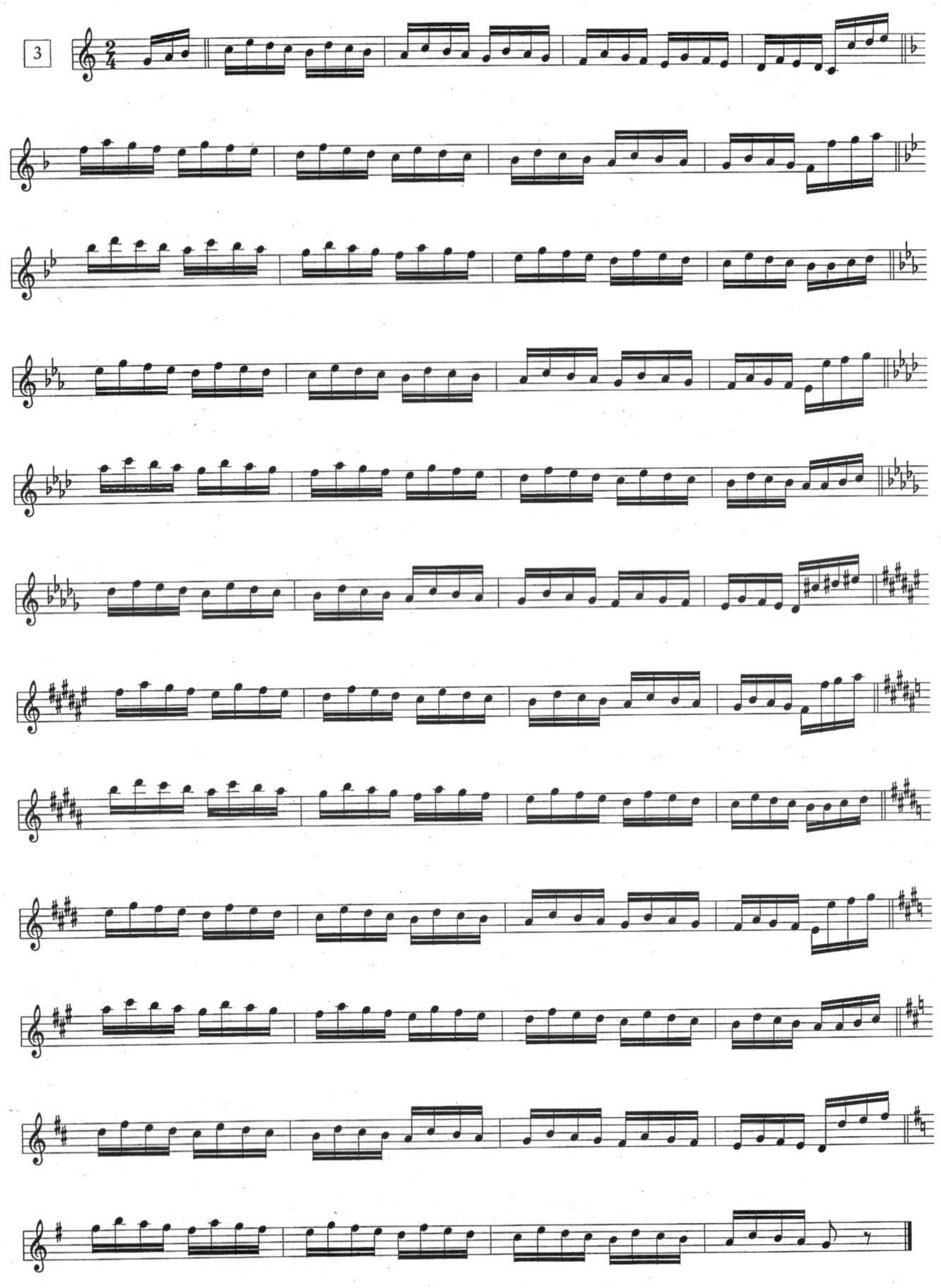

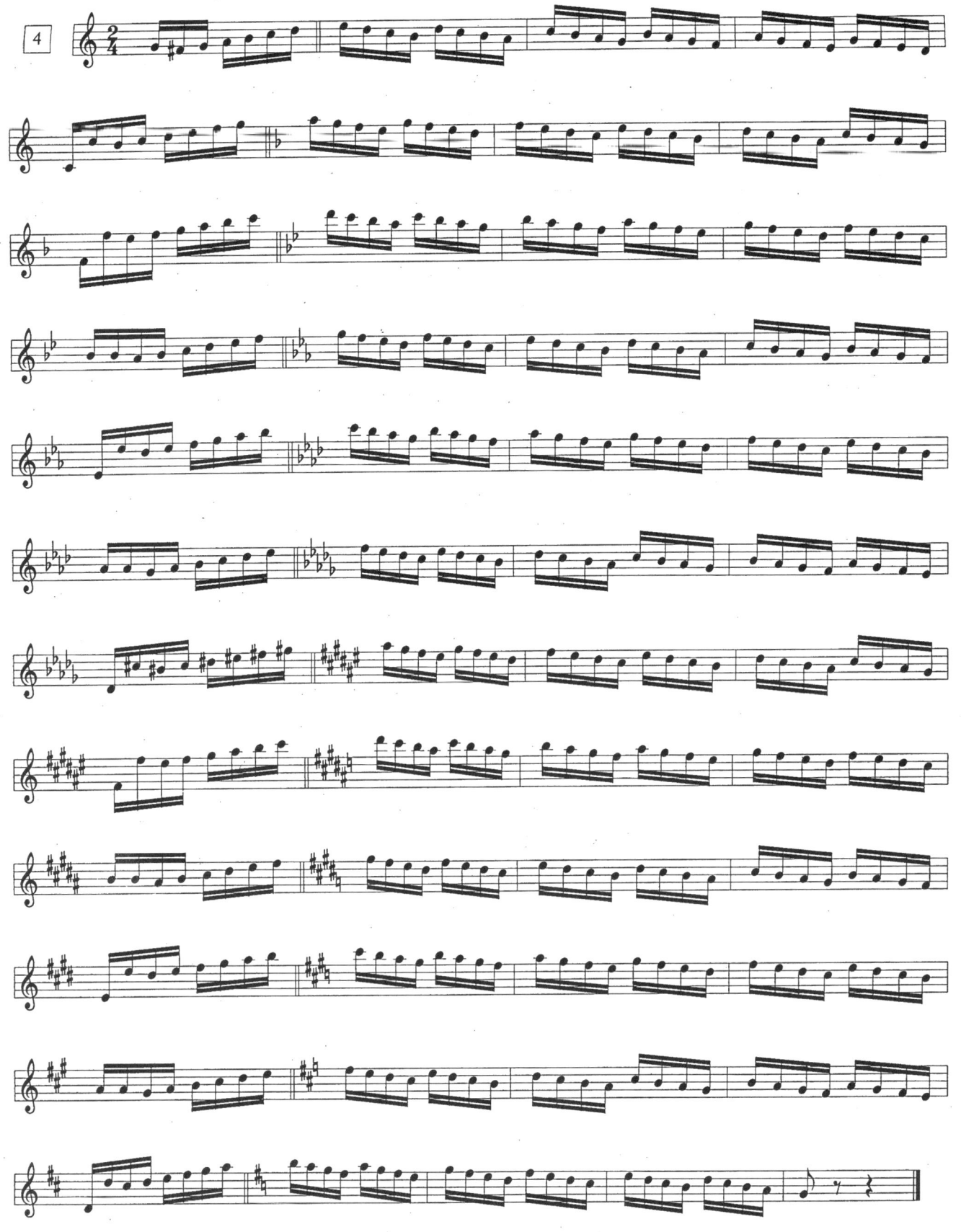

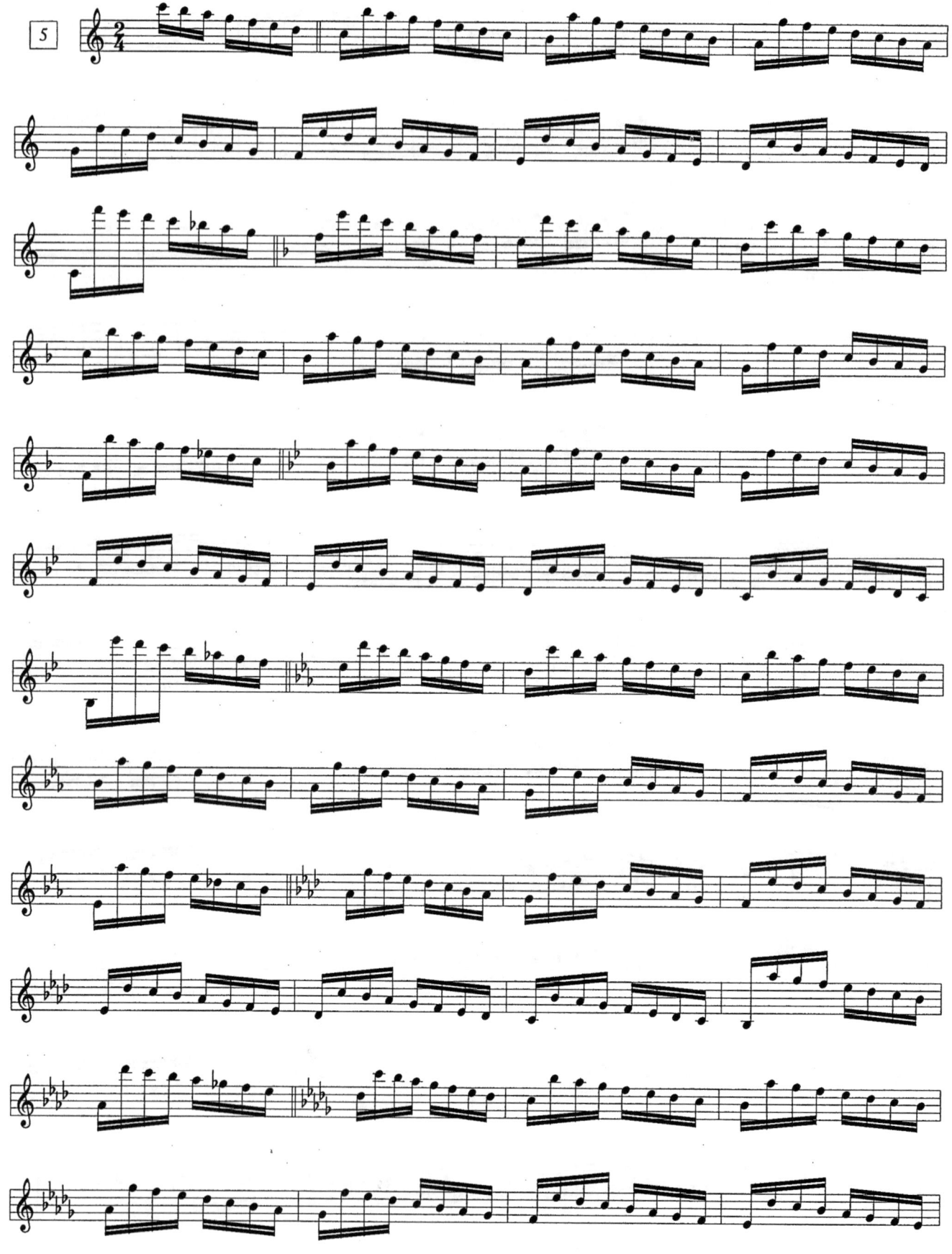

vocabulário do choro | choro vocabulary

vocabulário do choro | choro vocabulary

33

vocabulário do choro | choro vocabulary

35

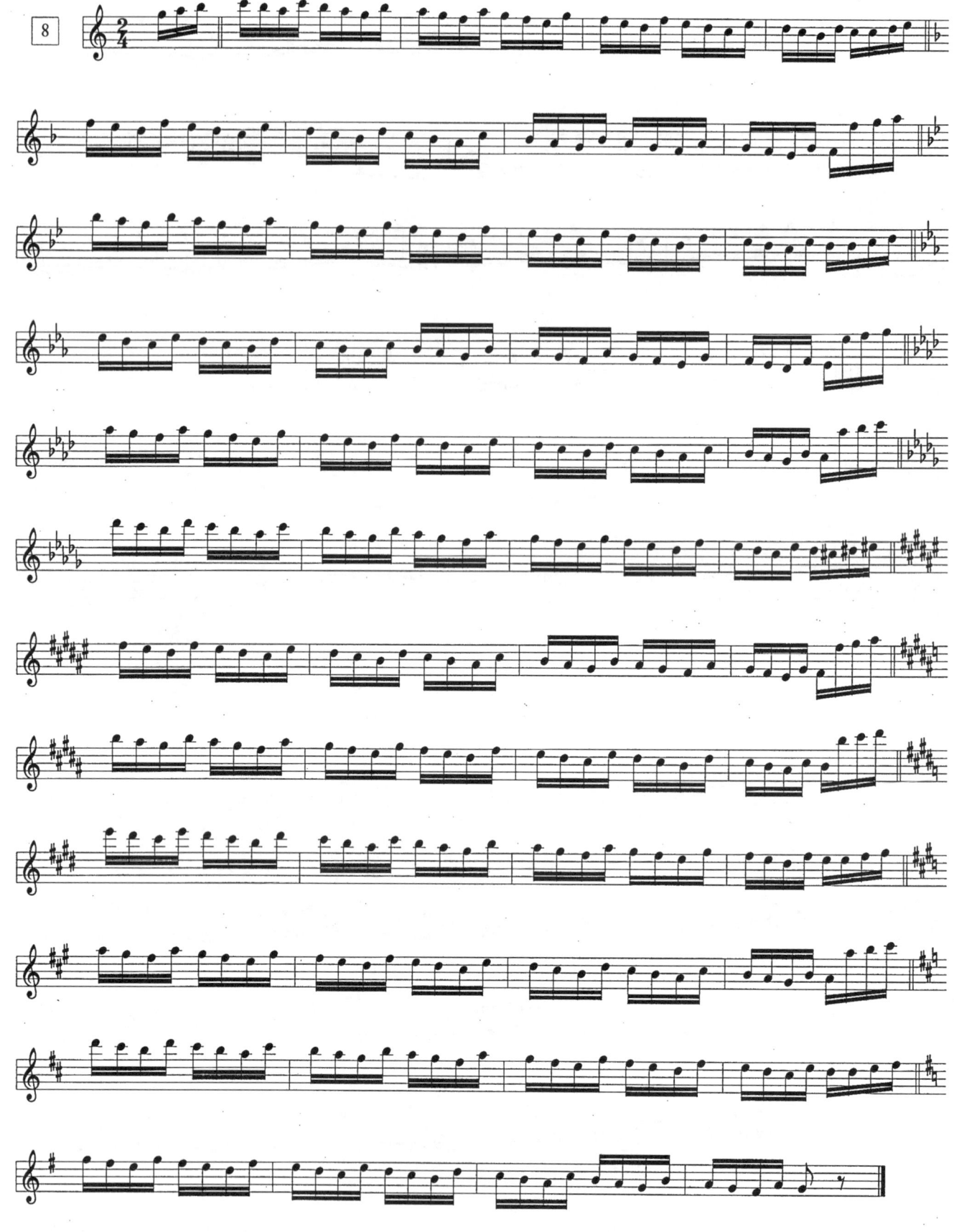

vocabulário do choro | choro vocabulary

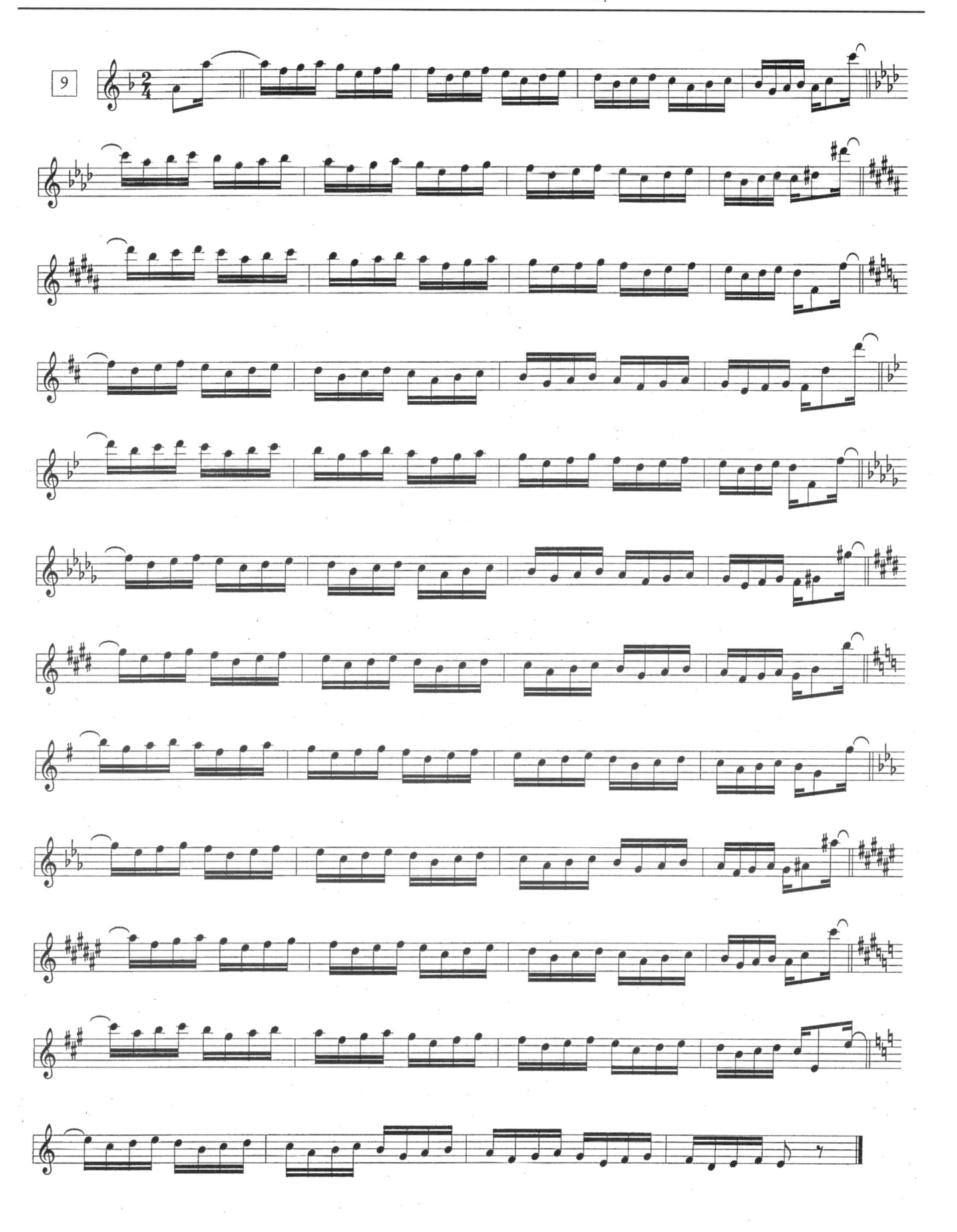

10

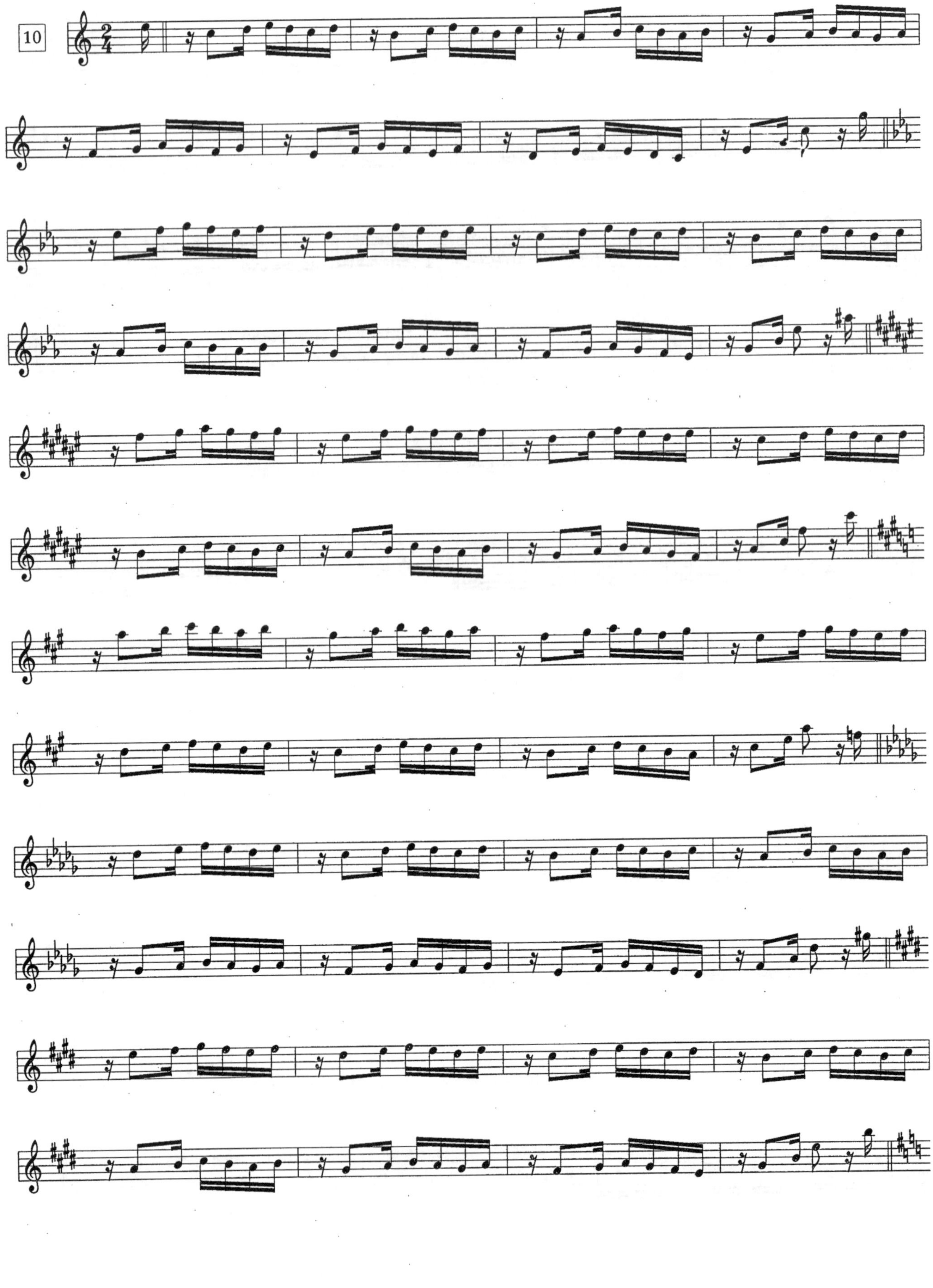

vocabulário do choro | choro vocabulary

11

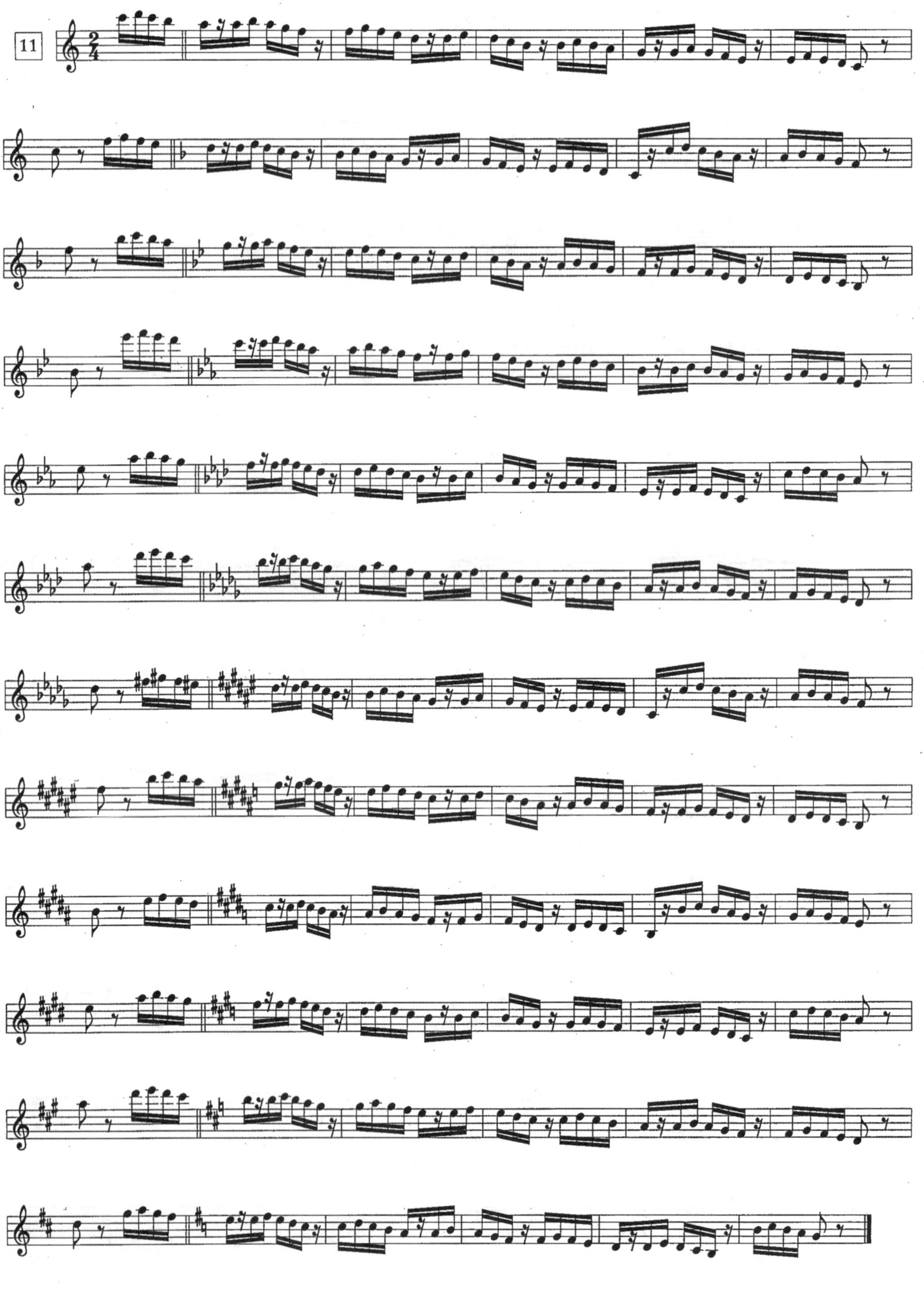

vocabulário do choro | choro vocabulary

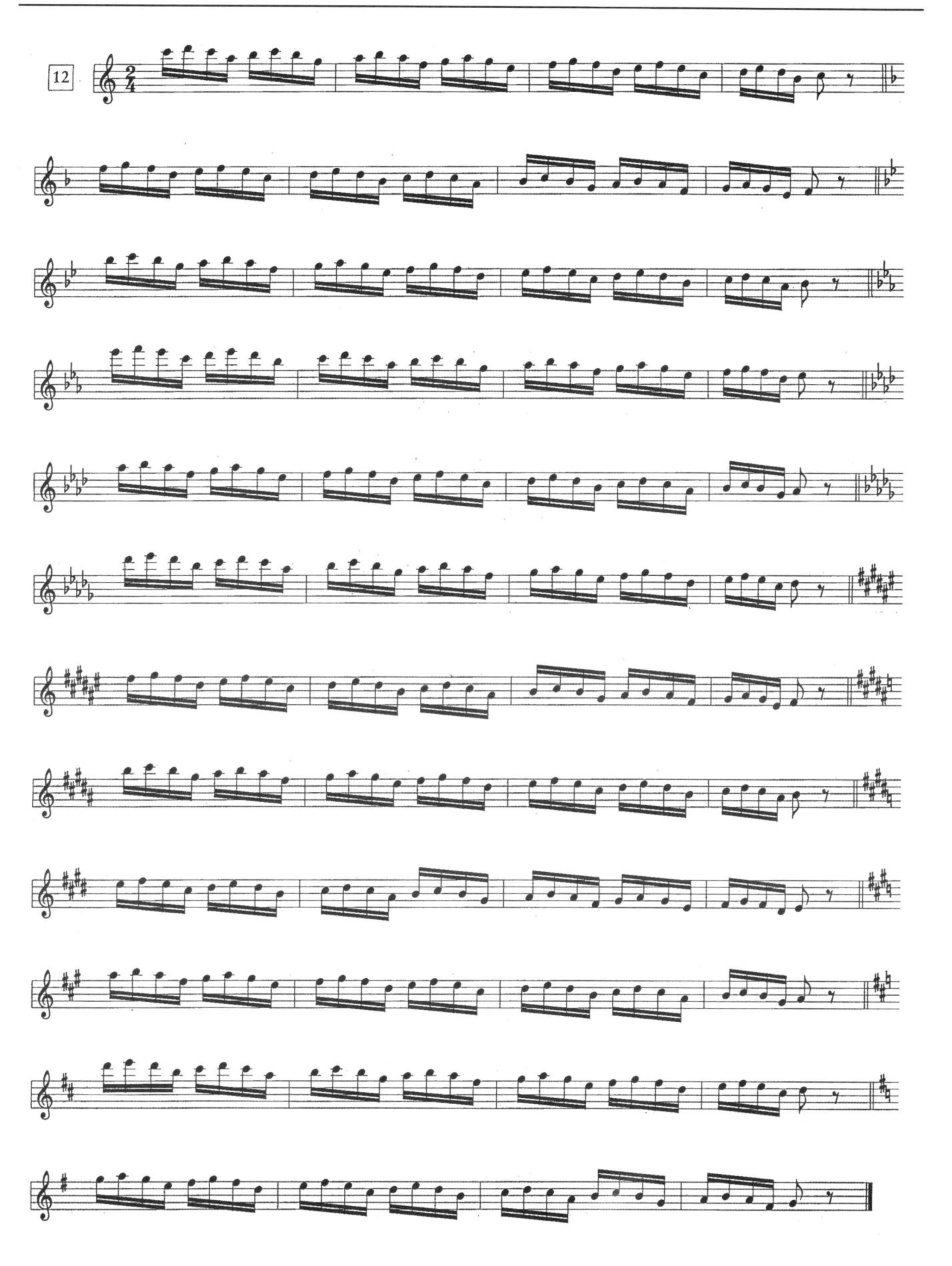

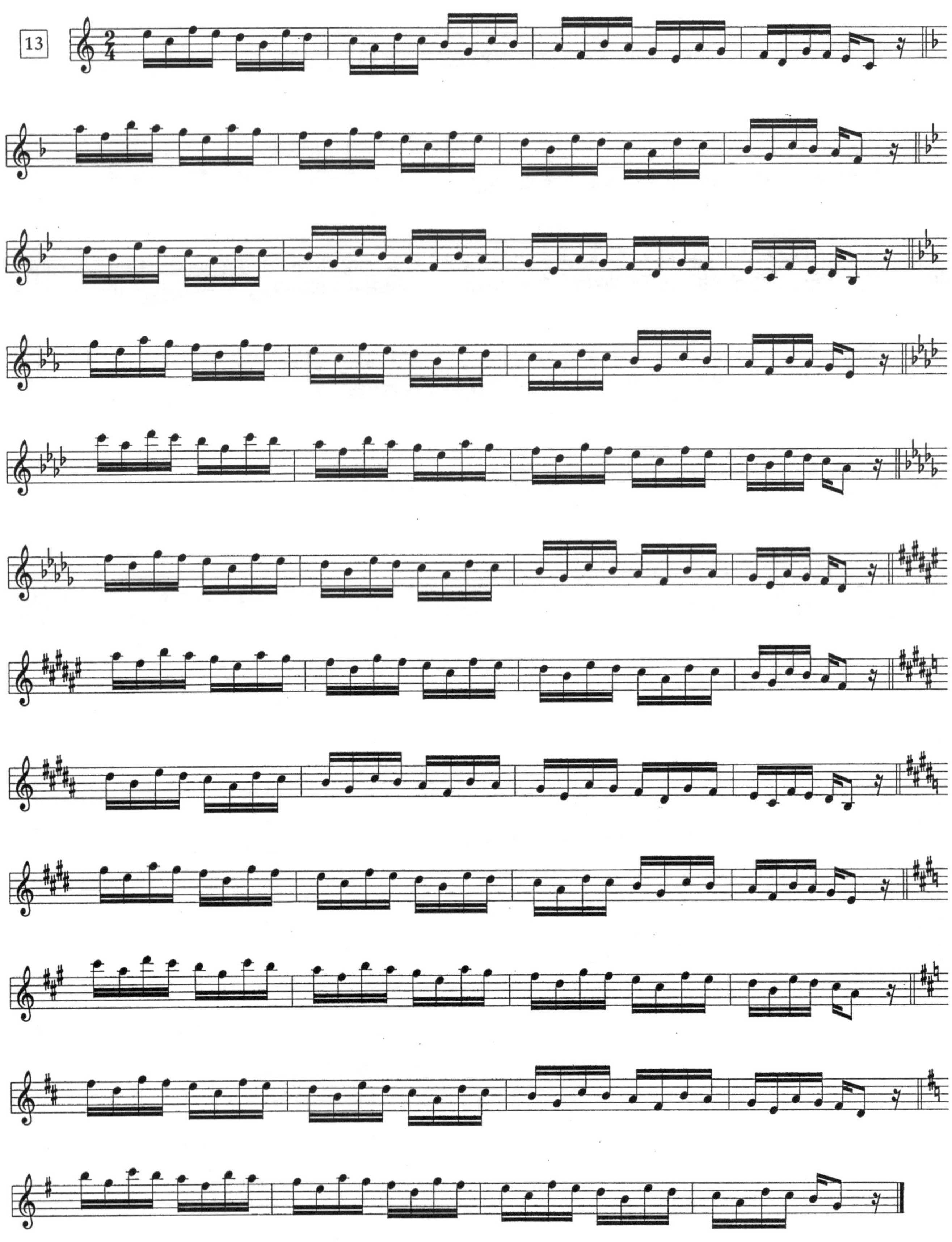
13

vocabulário do choro | choro vocabulary

14

15

vocabulário do choro | choro vocabulary

45

16

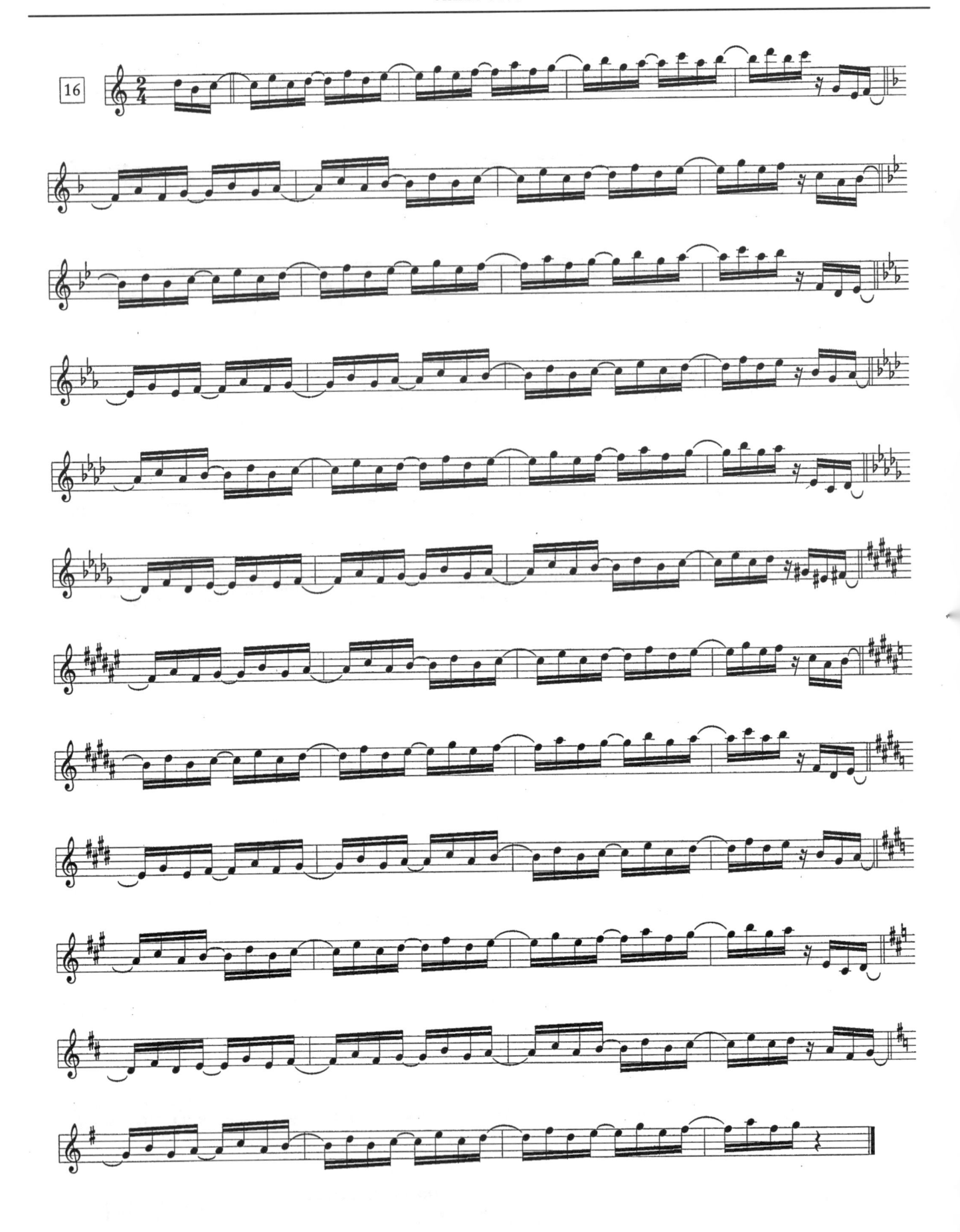

17

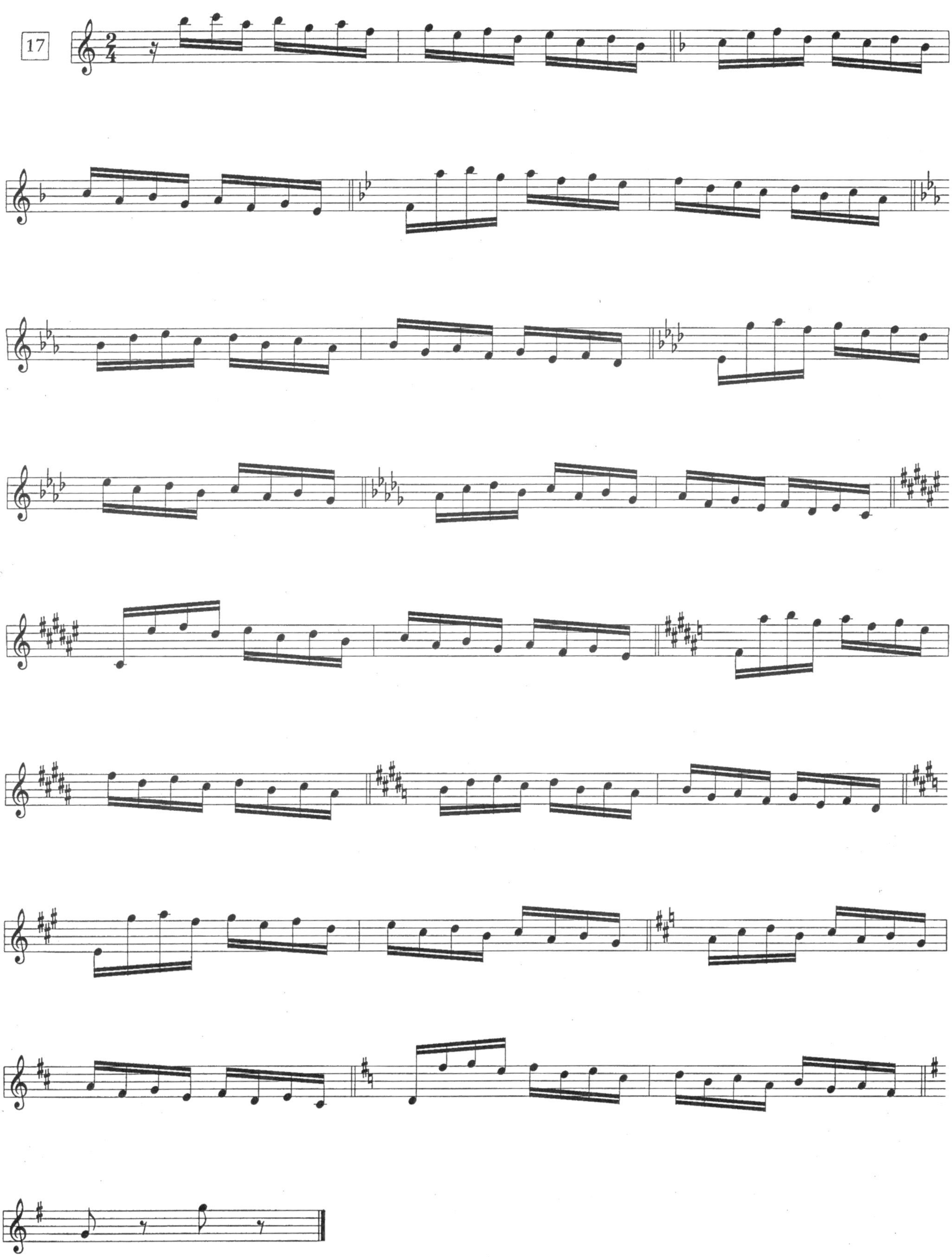

18

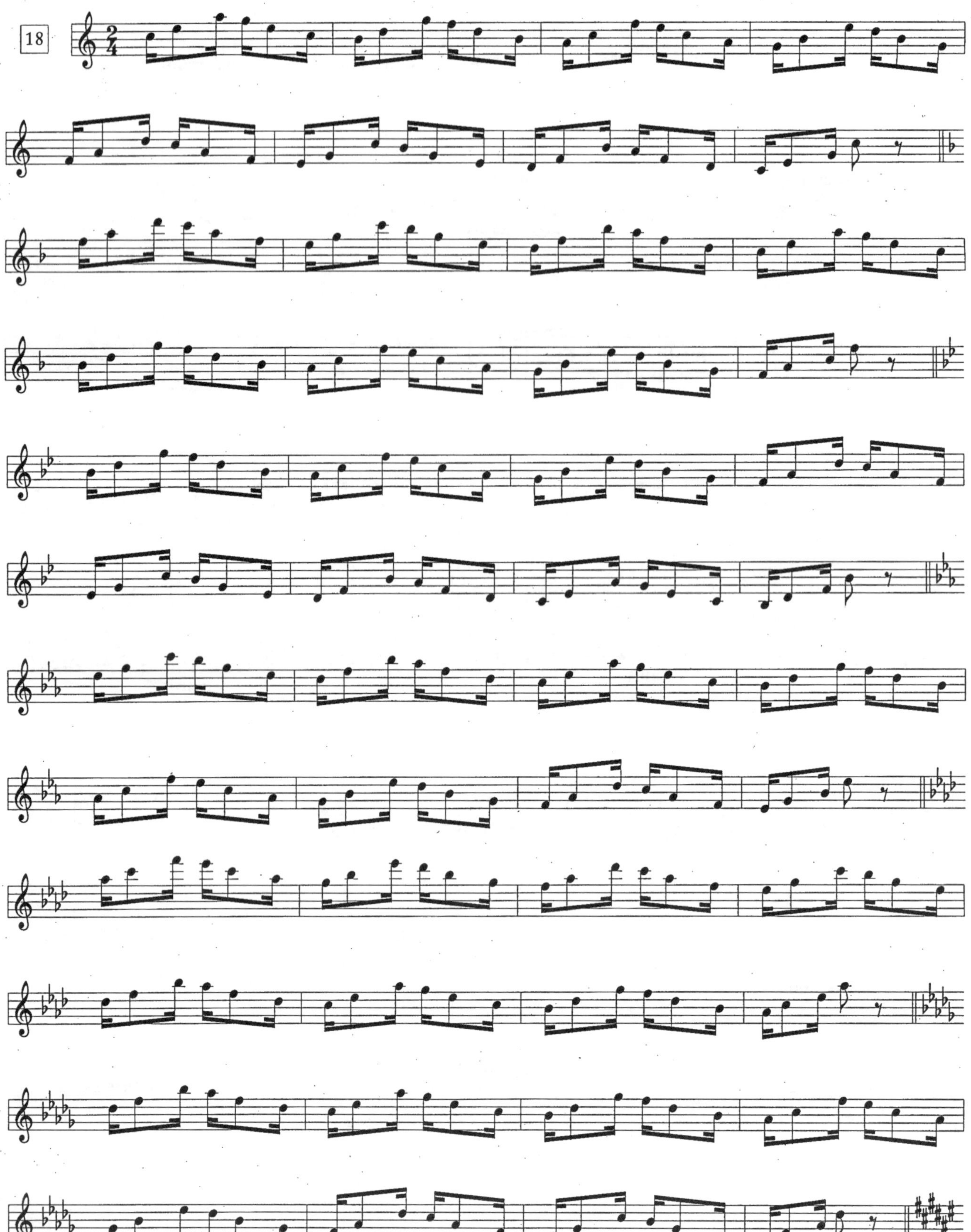

vocabulário do choro | choro vocabulary

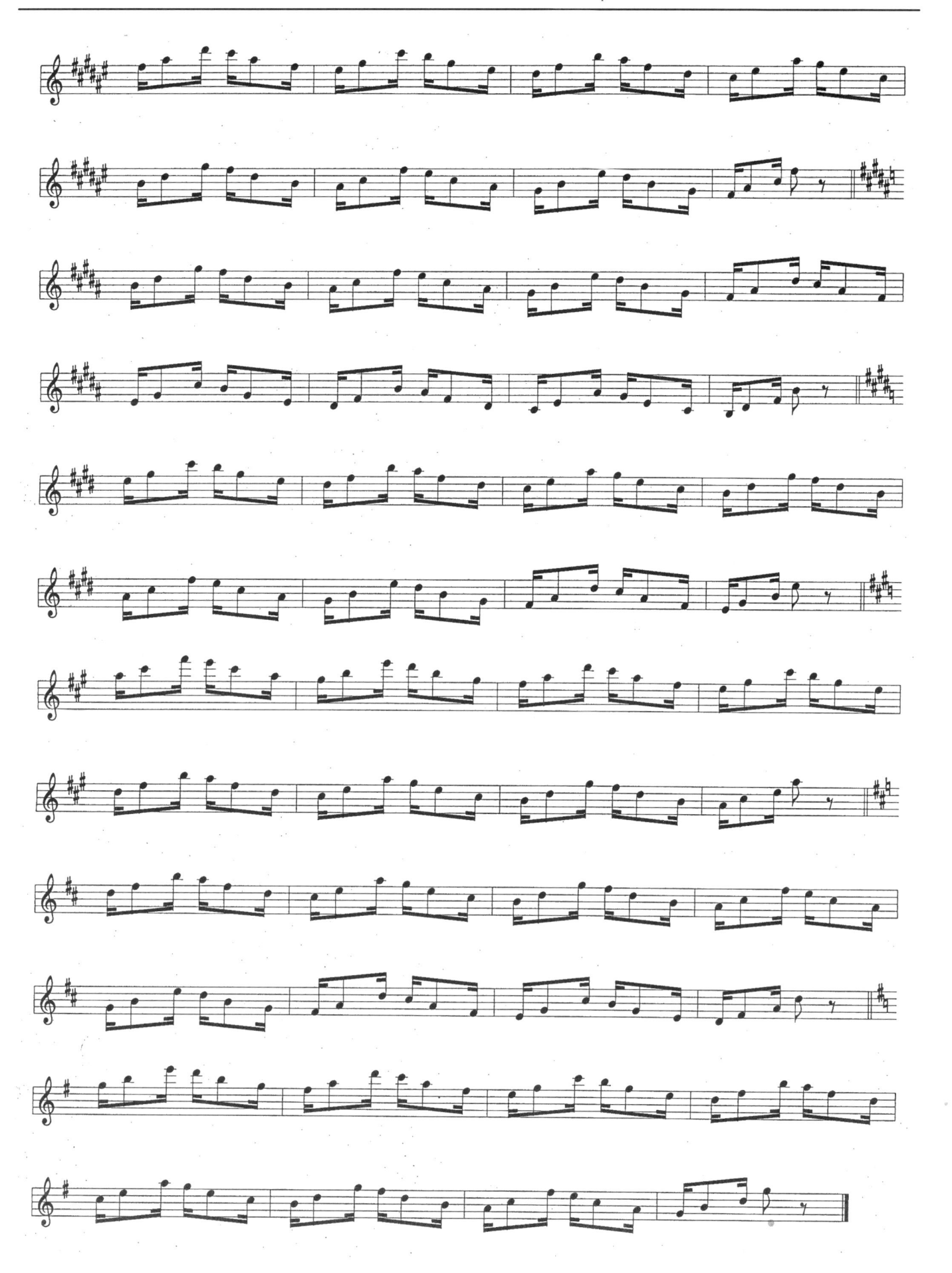

19

20

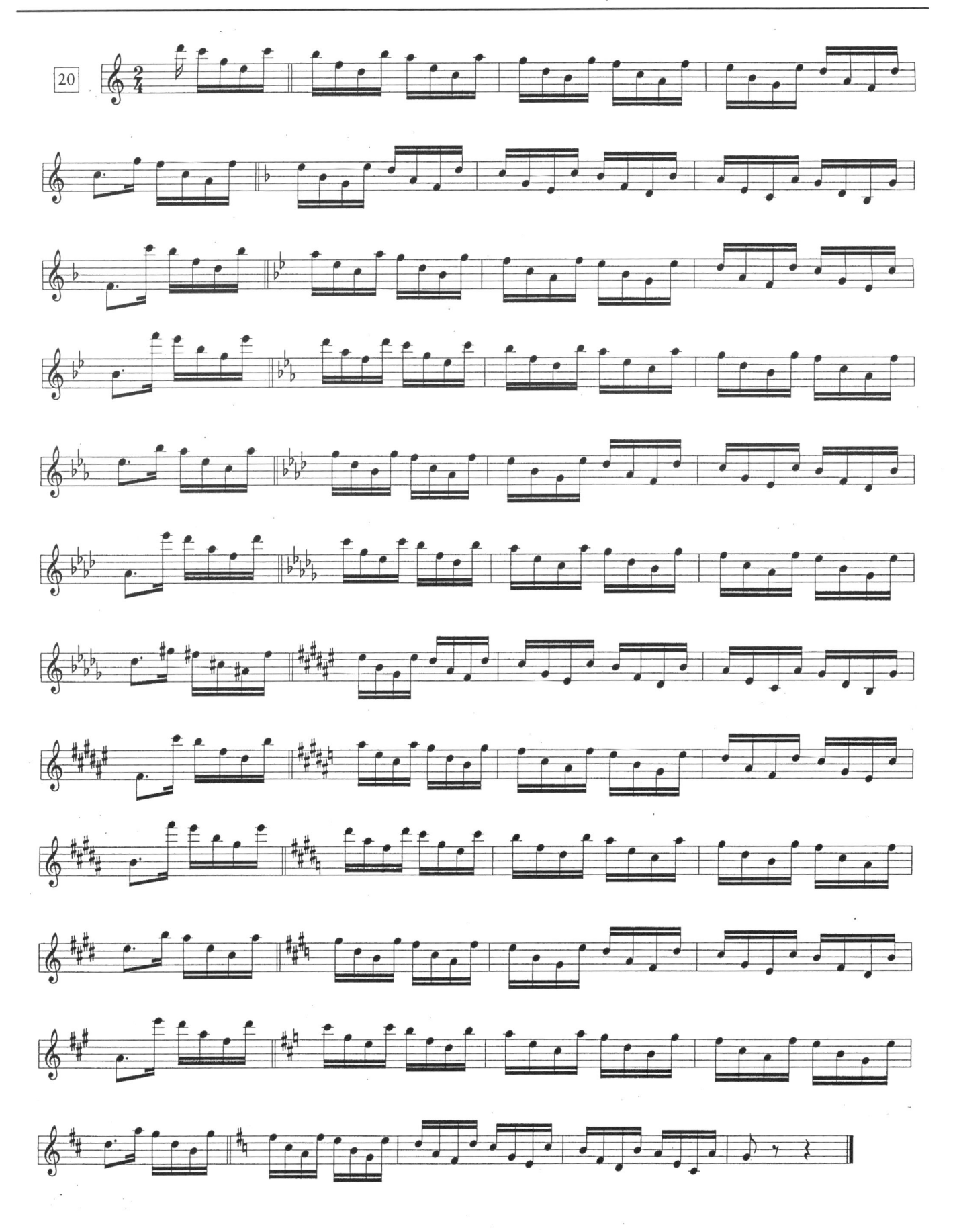

✦ Arpejos – maiores e menores / Arpeggios – *major and minor*

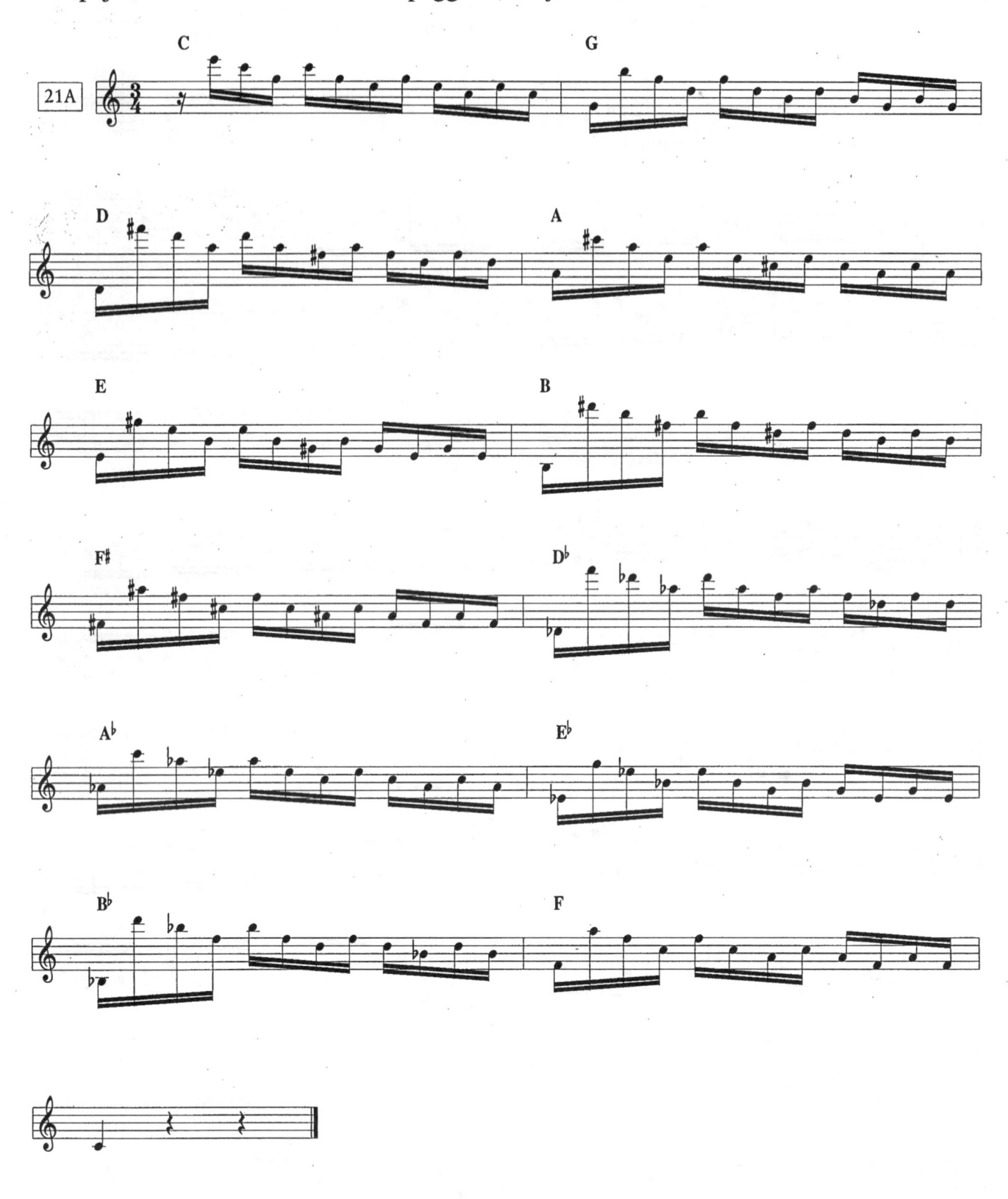

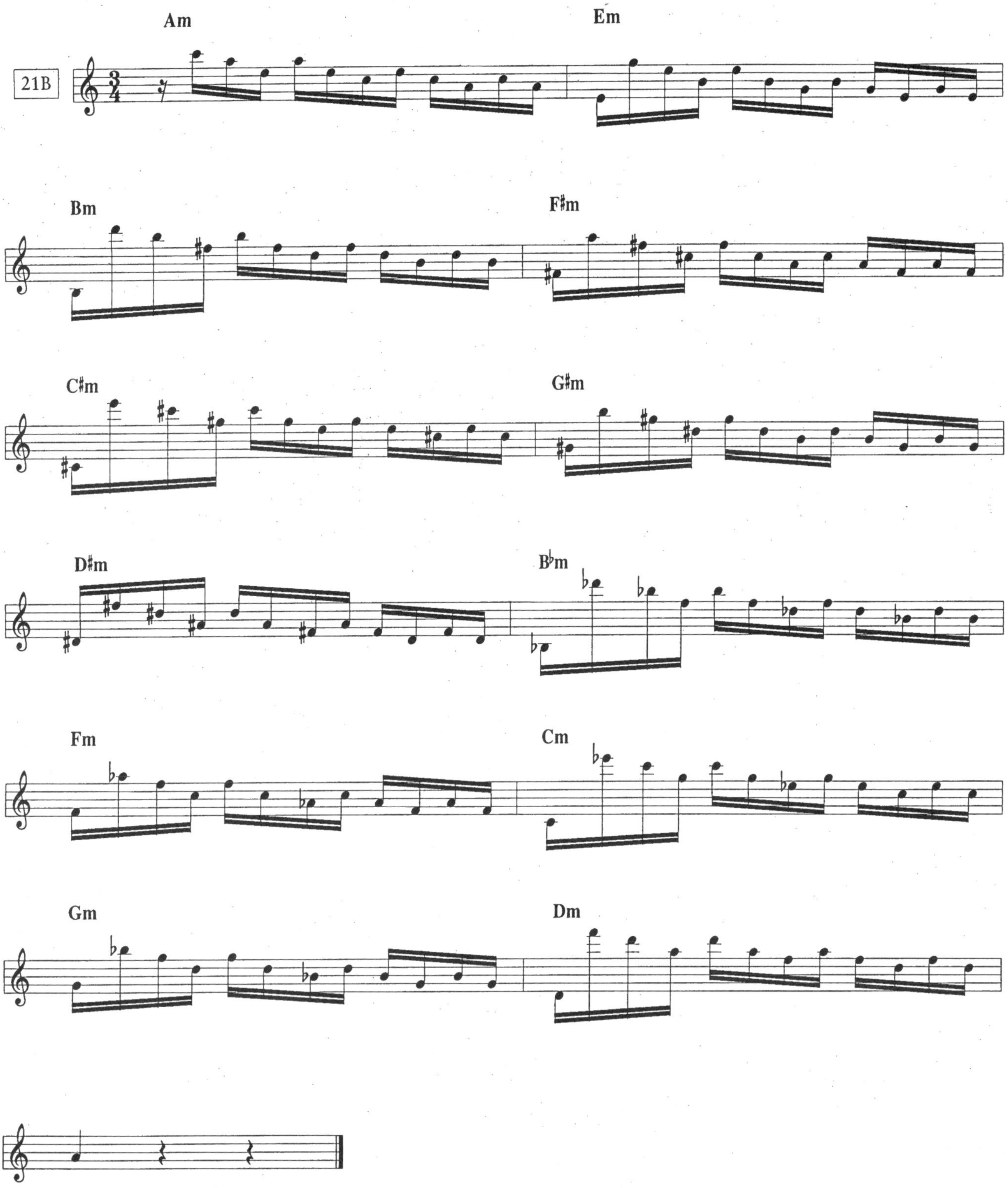
21B
Am
Em
Bm
F♯m
C♯m
G♯m
D♯m
B♭m
Fm
Cm
Gm
Dm

22A

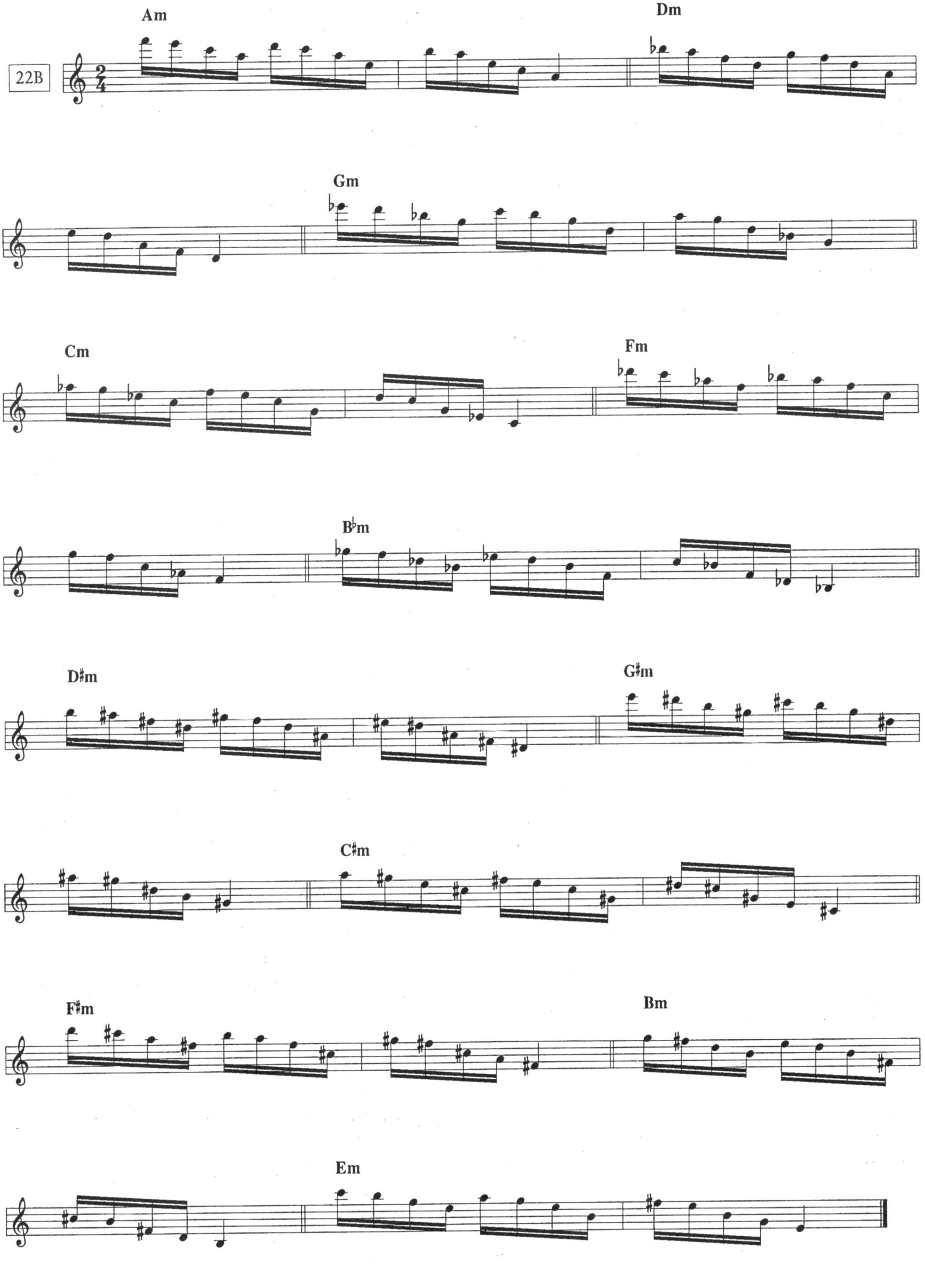
22B
Am
Dm
Gm
Cm
Fm
B♭m
D♯m
G♯m
C♯m
F♯m
Bm
Em

23A

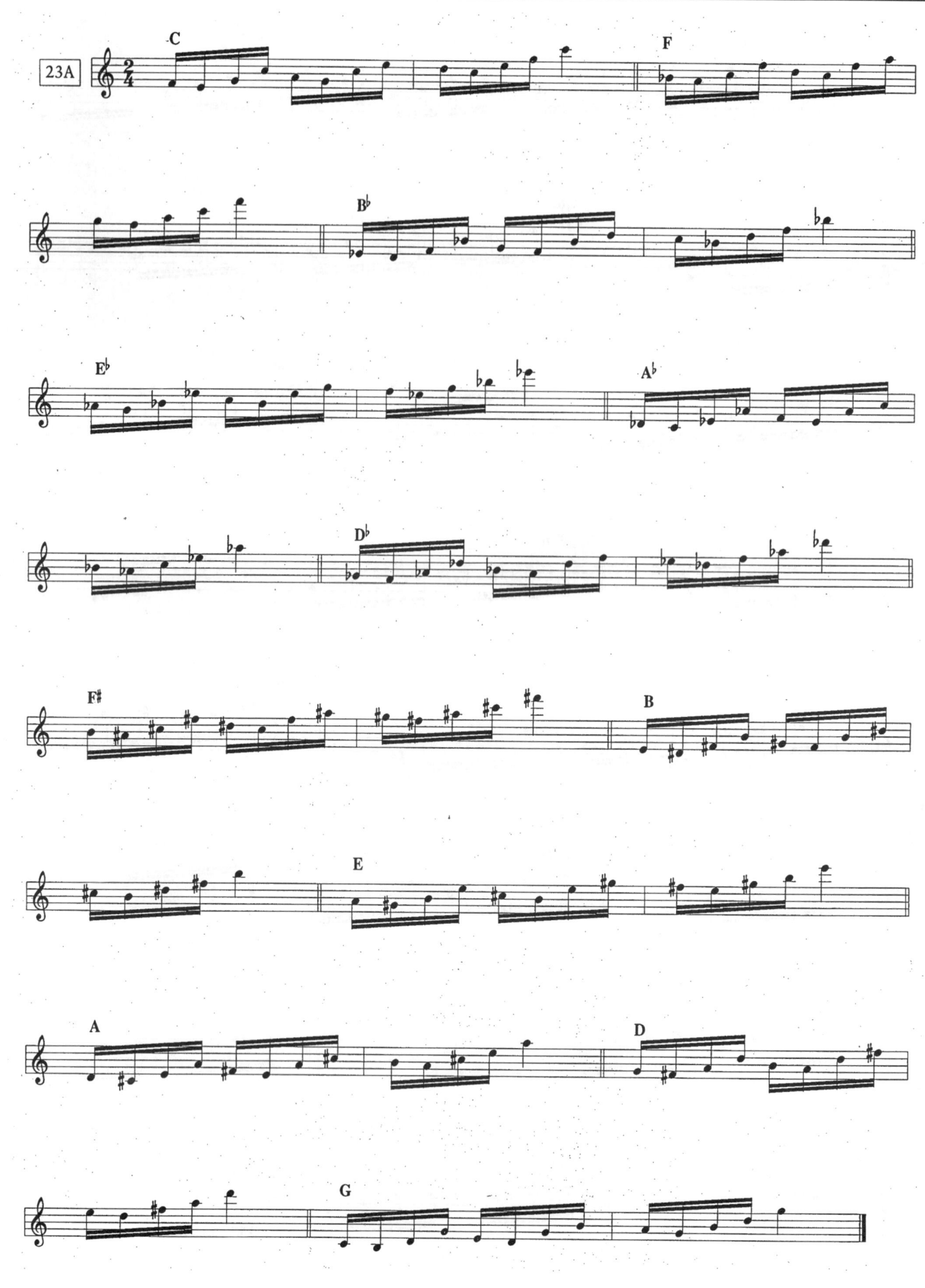

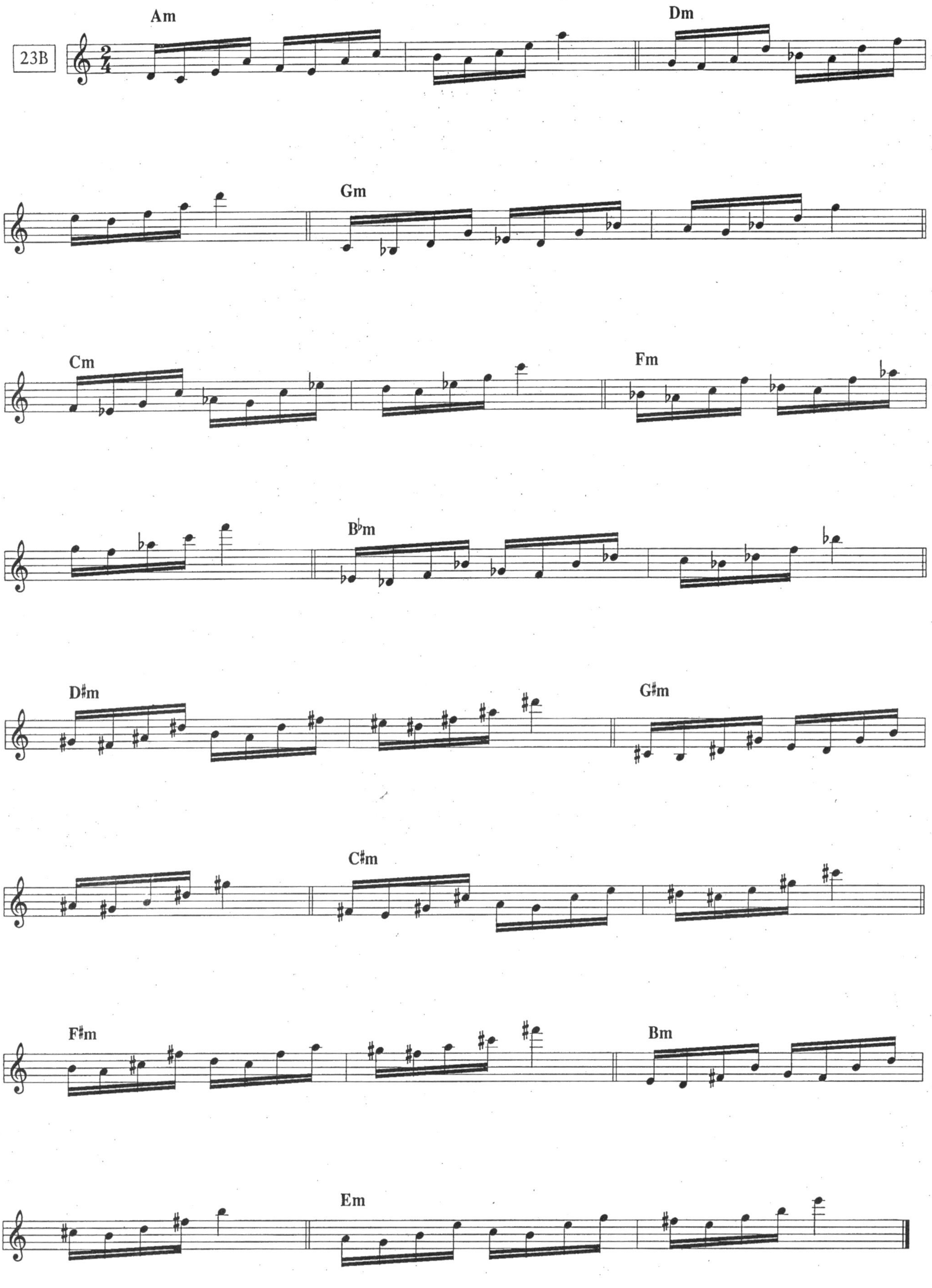
23B
Am
Dm
Gm
Cm
Fm
B♭m
D♯m
G♯m
C♯m
F♯m
Bm
Em

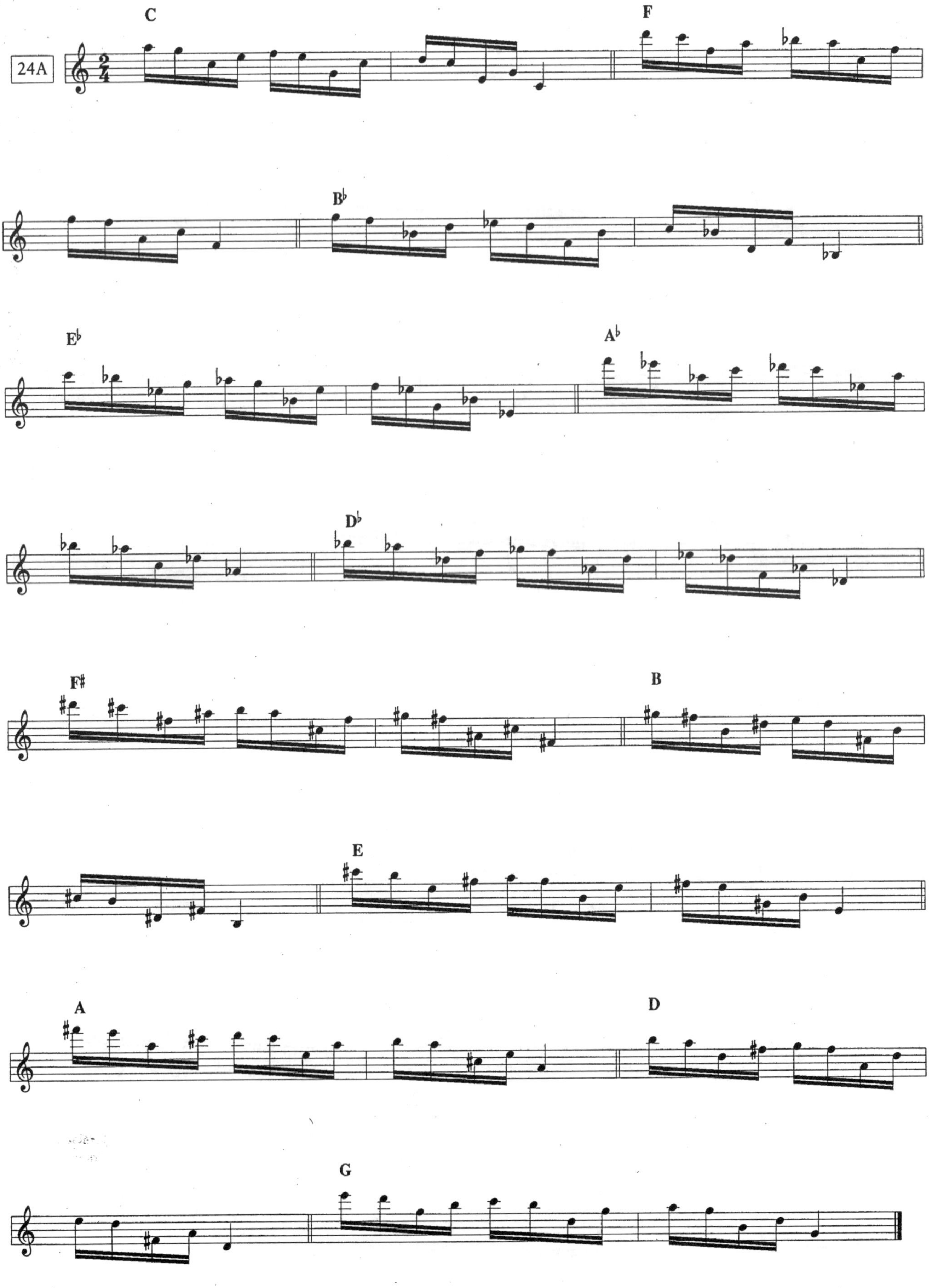
24A
C
F
B♭
E♭
A♭
D♭
F♯
B
E
A
D
G

vocabulário do choro | choro vocabulary

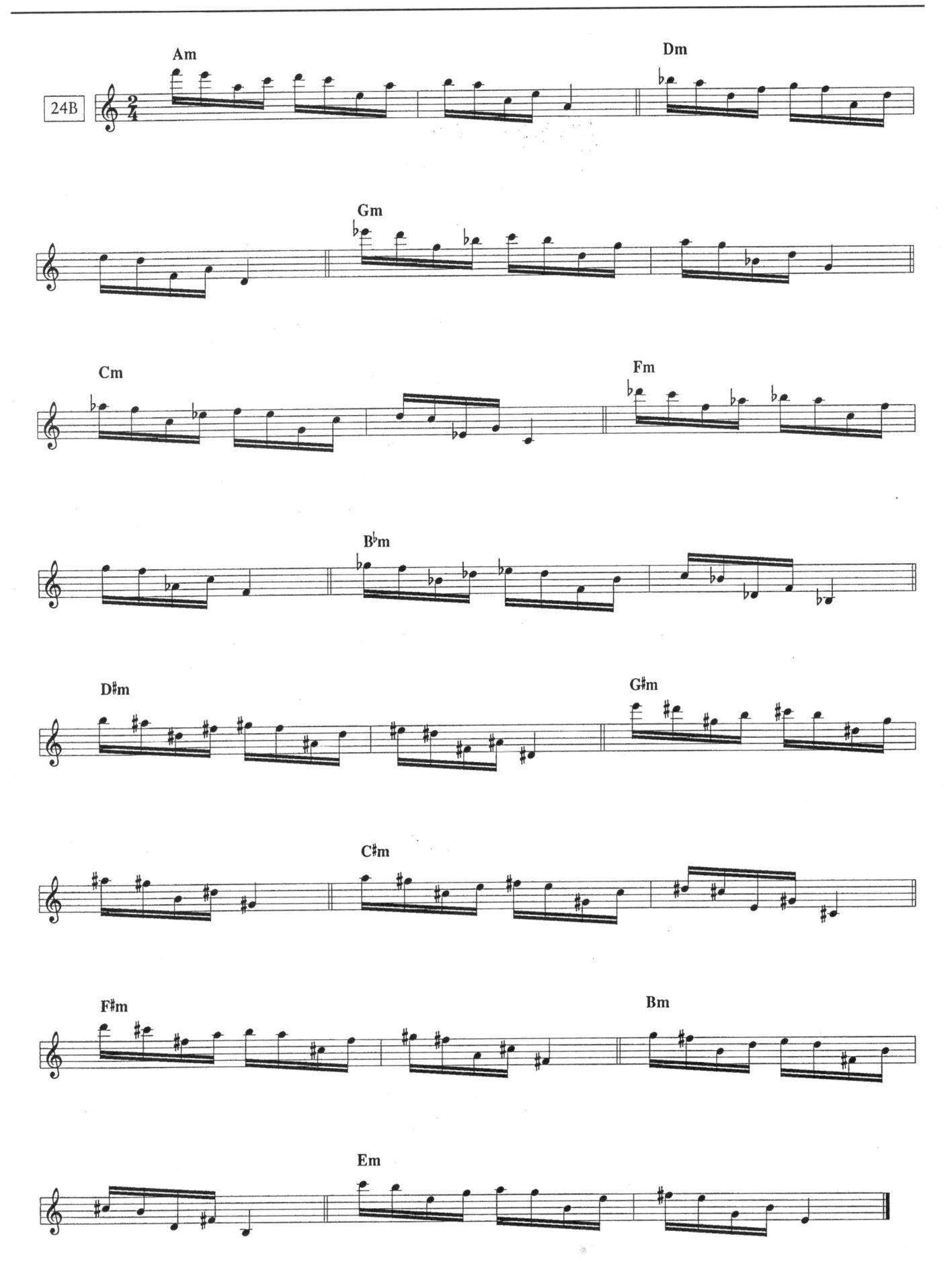

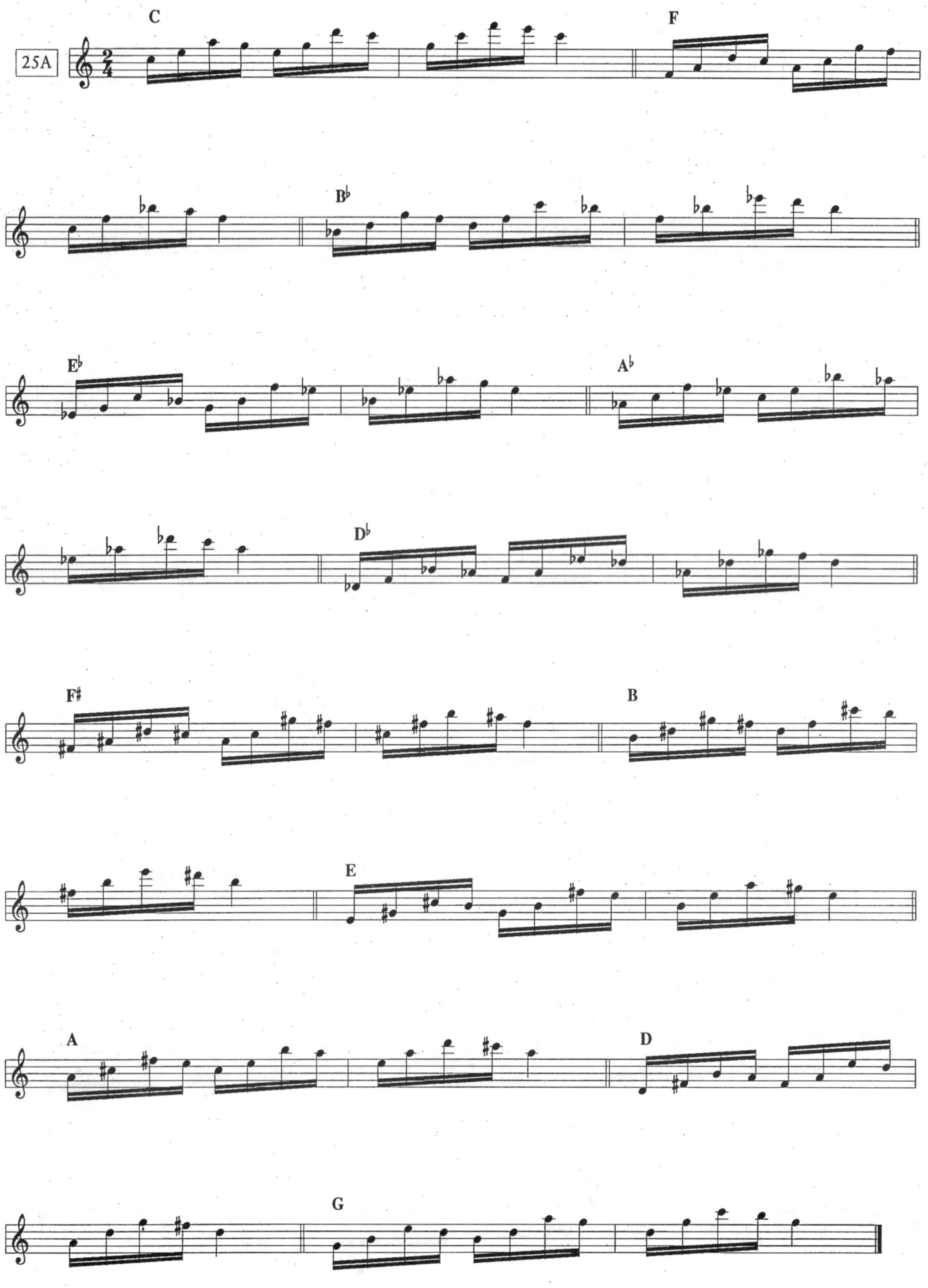
25A
C
F
B♭
E♭
A♭
D♭
F♯
B
E
A
D
G

vocabulário do choro | choro vocabulary

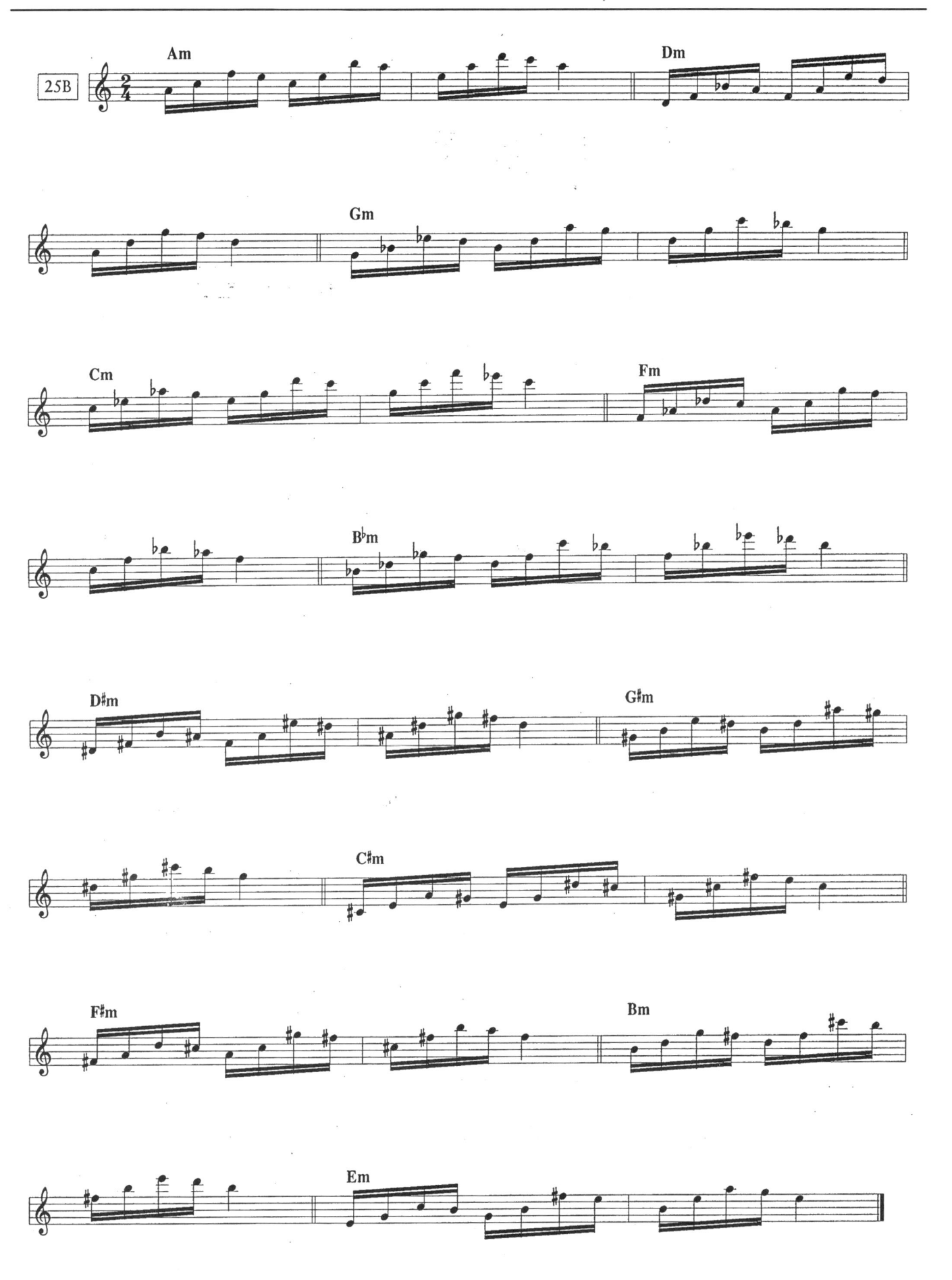

26A

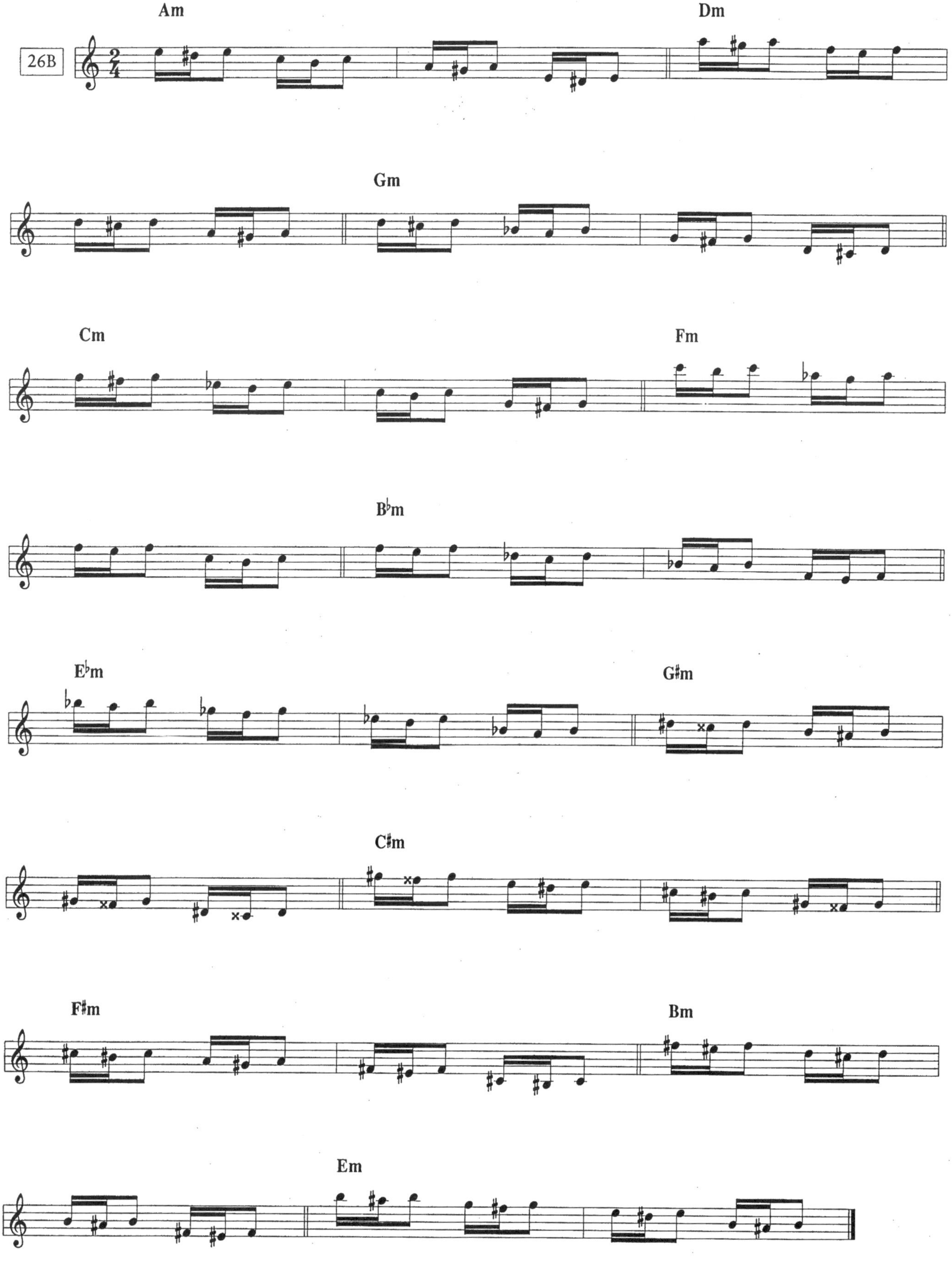
26B
Am
Dm
Gm
Cm
Fm
B♭m
E♭m
G♯m
C♯m
F♯m
Bm
Em

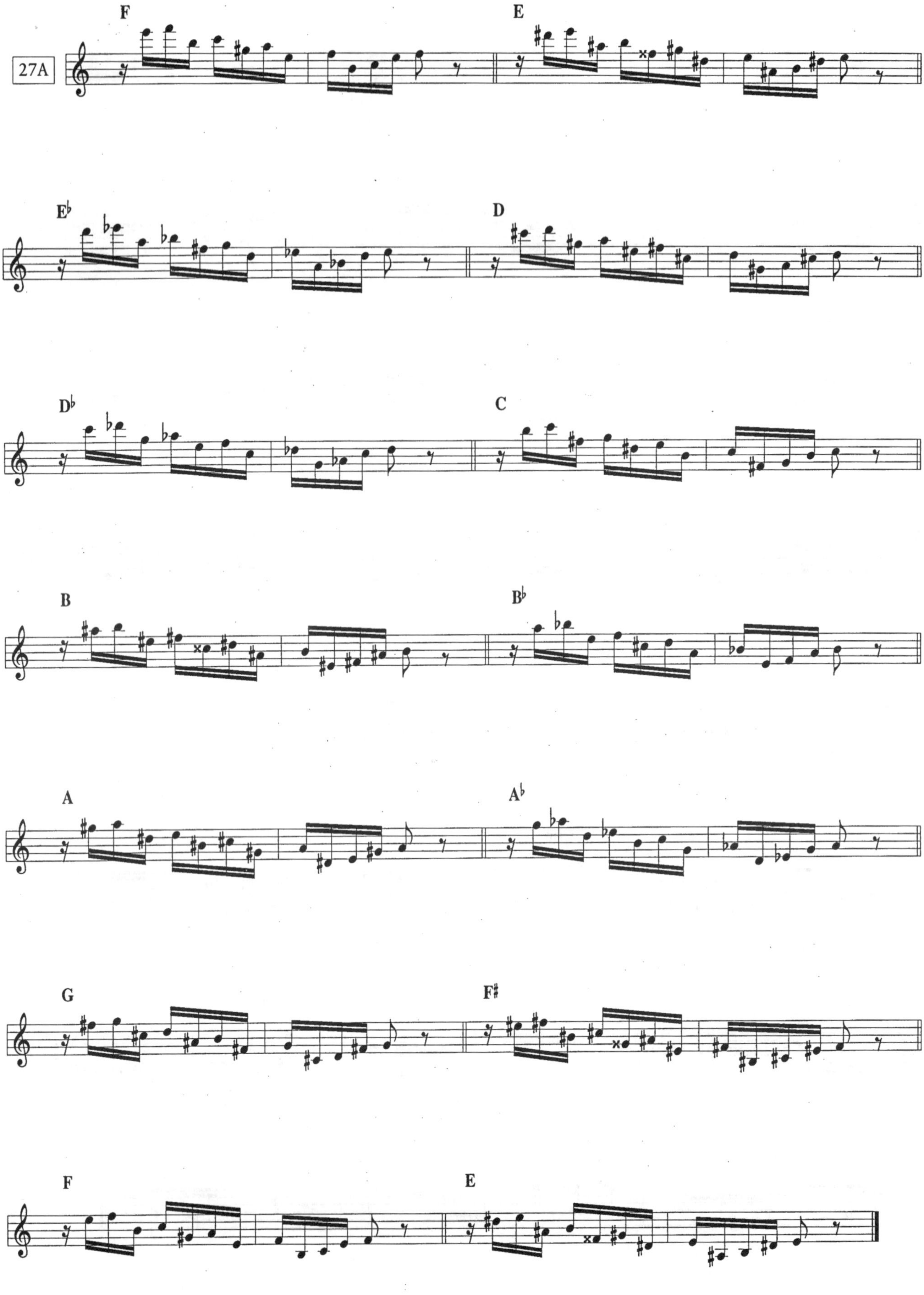
27A
F
E
E♭
D
D♭
C
B
B♭
A
A♭
G
F♯
F
E

vocabulário do choro | choro vocabulary

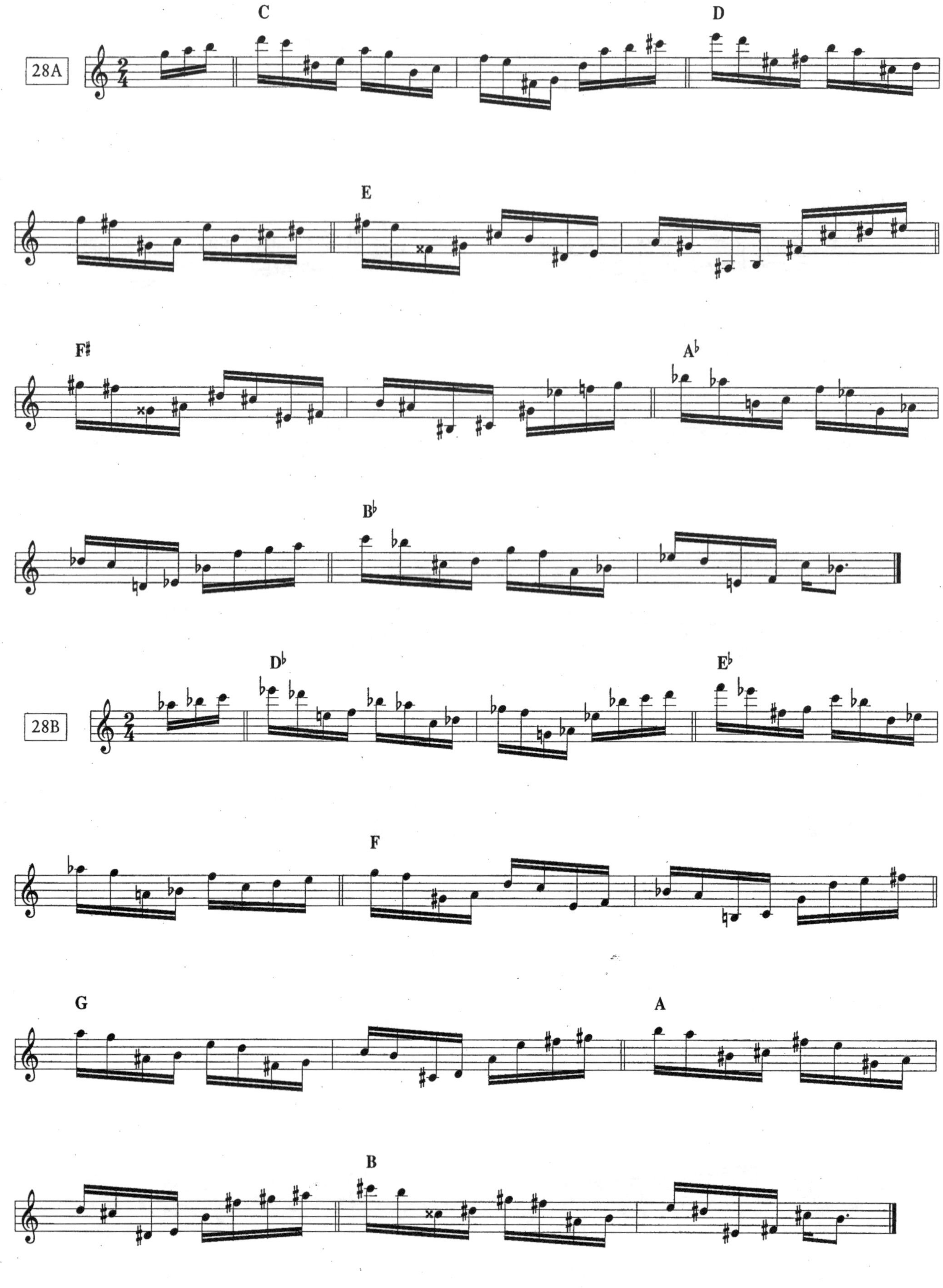
28A
C
D
E
F♯
A♭
B♭
28B
D♭
E♭
F
G
A
B

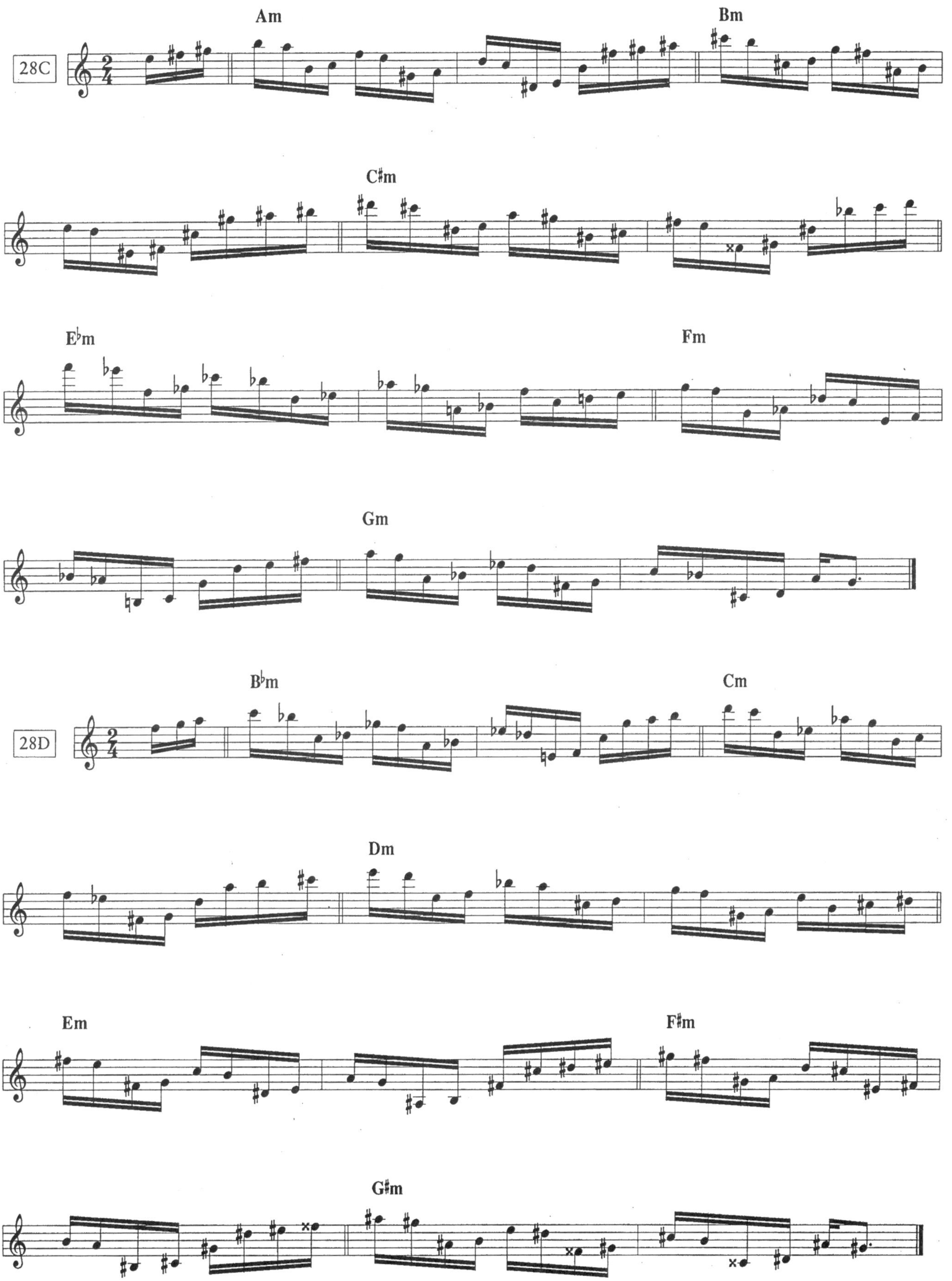
28C
Am
Bm
C♯m
E♭m
Fm
Gm
28D
B♭m
Cm
Dm
Em
F♯m
G♯m

✦ Inícios e terminações / *Beginnings and endings*

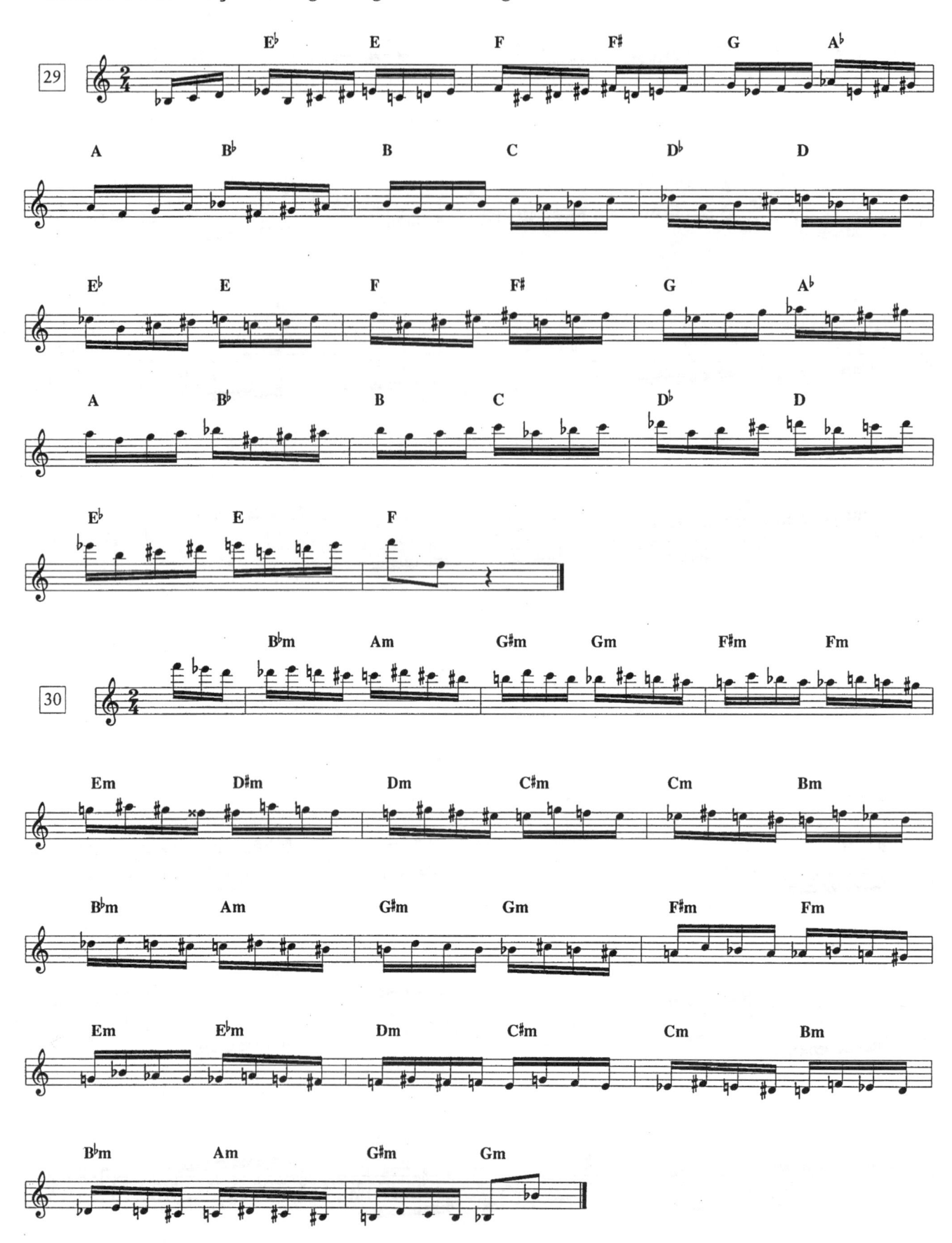

vocabulário do choro | choro vocabulary

32A

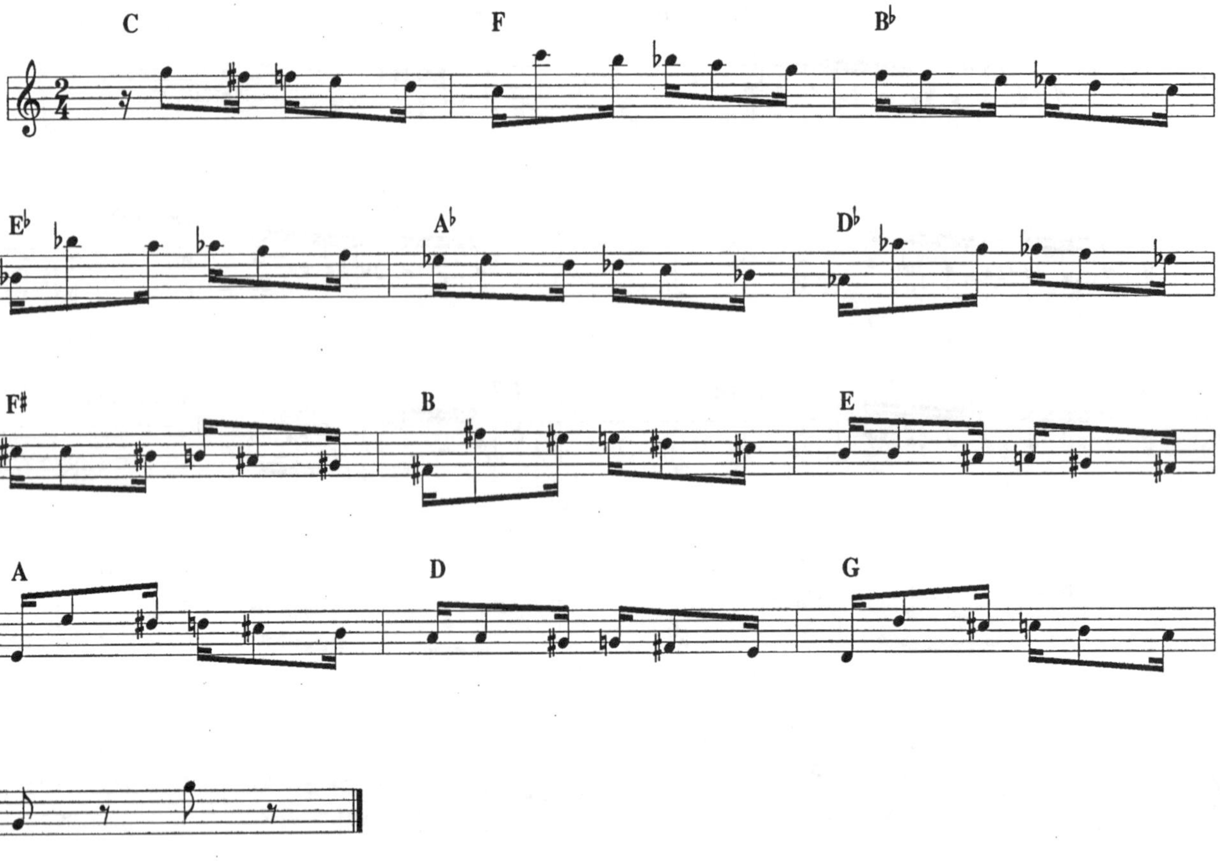

32B

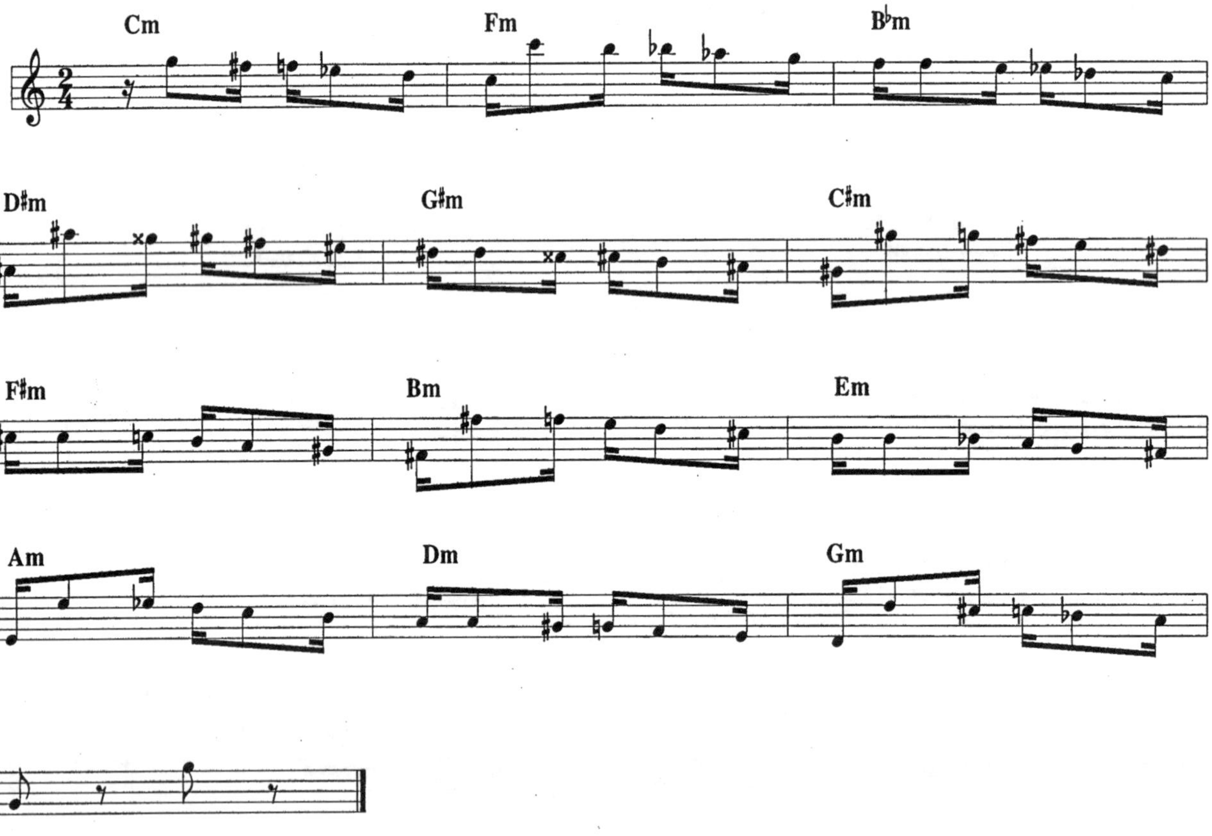

33A

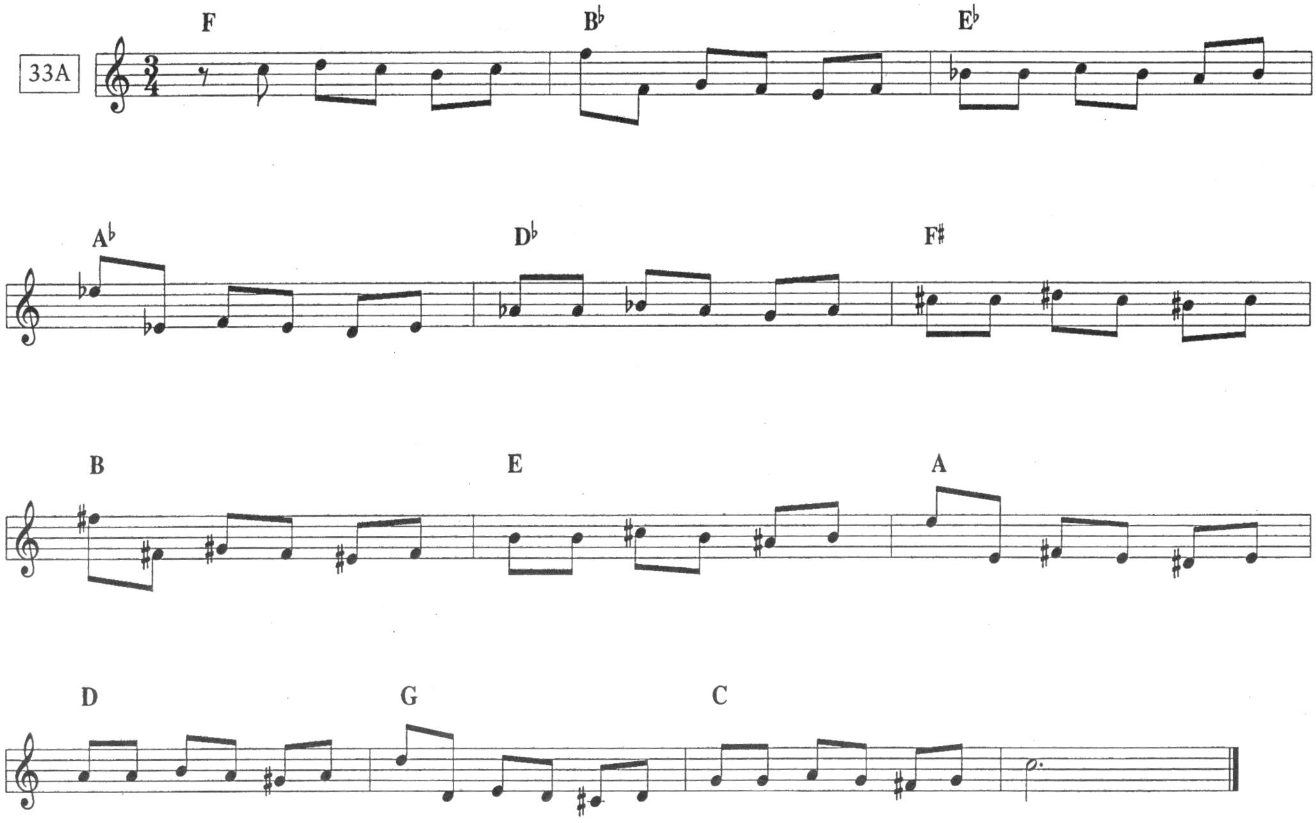

33B

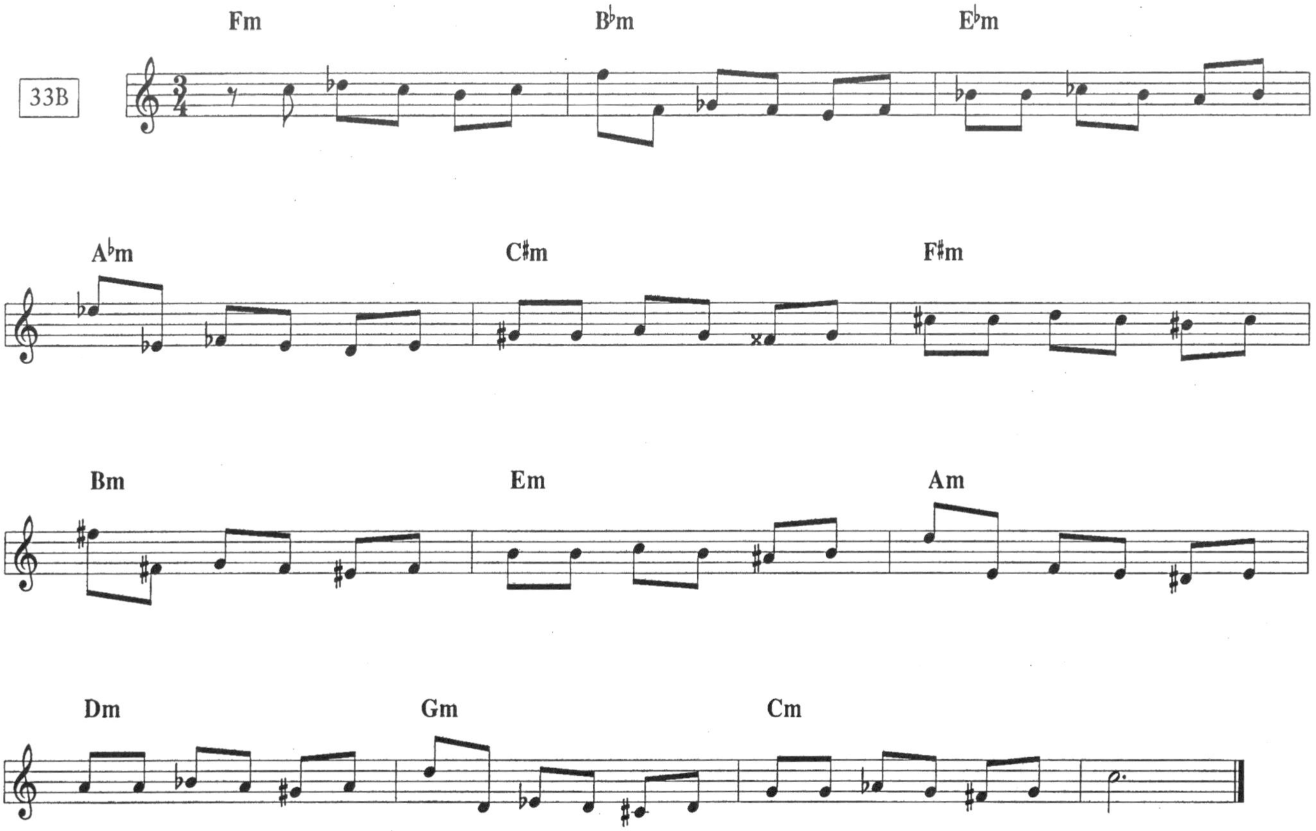

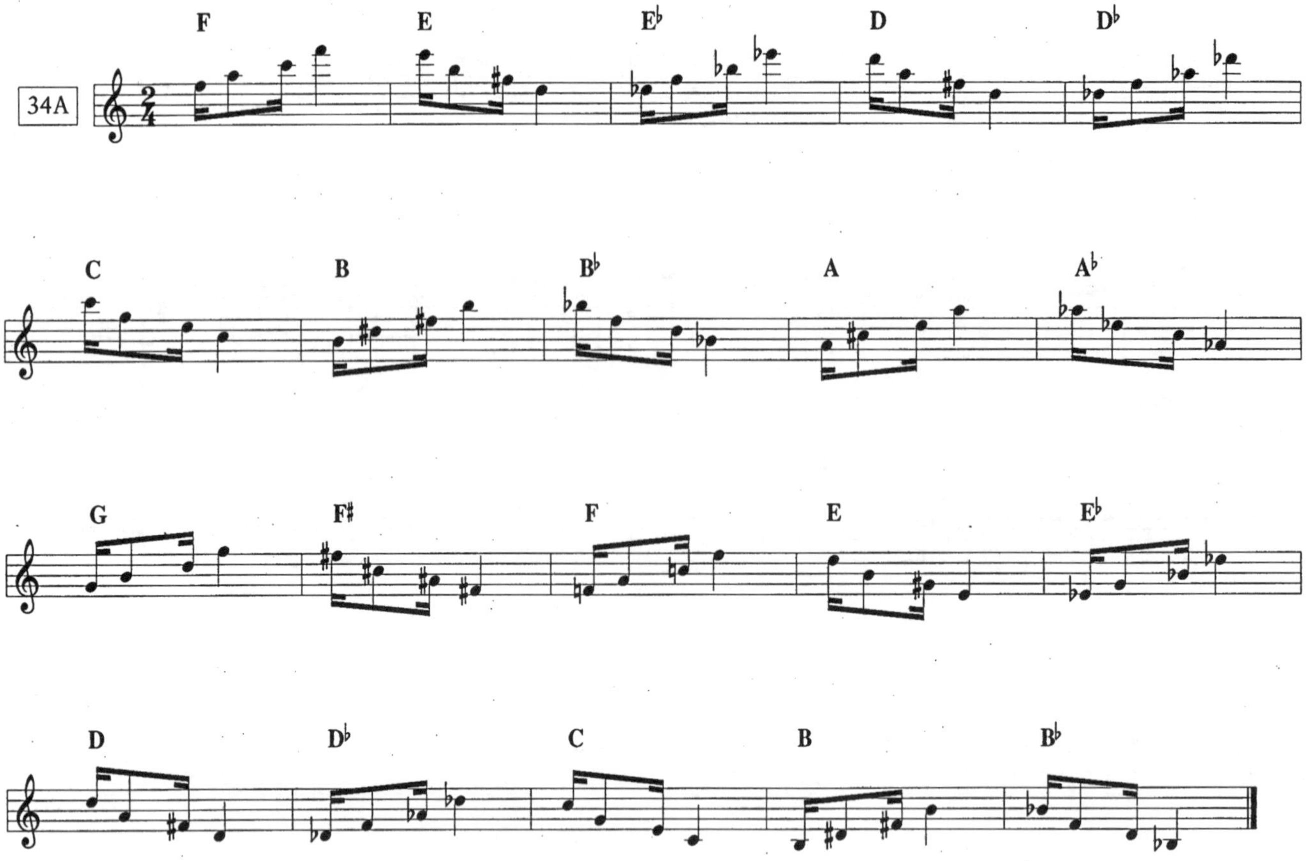
34A
F
E
E♭
D
D♭
C
B
B♭
A
A♭
G
F♯
F
E
E♭
D
D♭
C
B
B♭

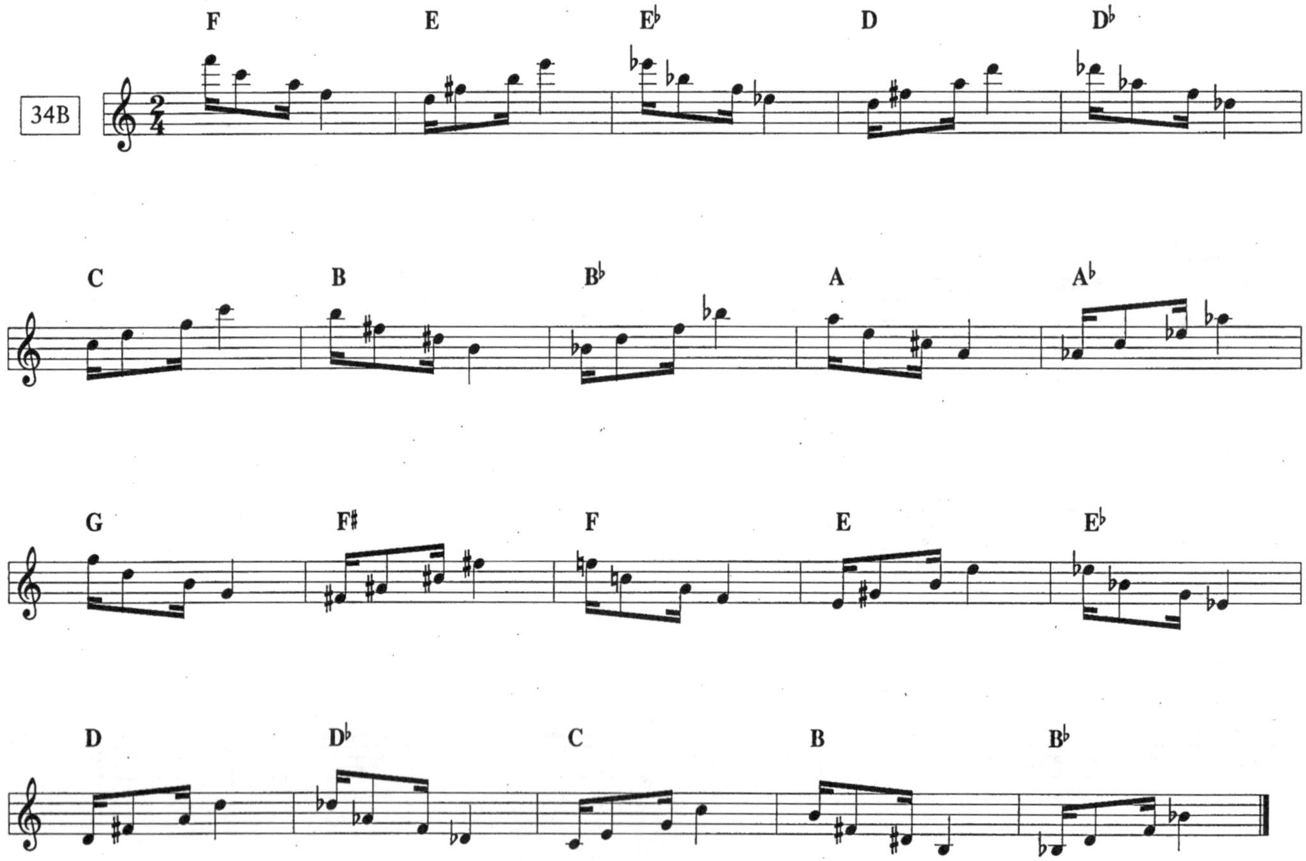
34B
F
E
E♭
D
D♭
C
B
B♭
A
A♭
G
F♯
F
E
E♭
D
D♭
C
B
B♭

vocabulário do choro | choro vocabulary

35A

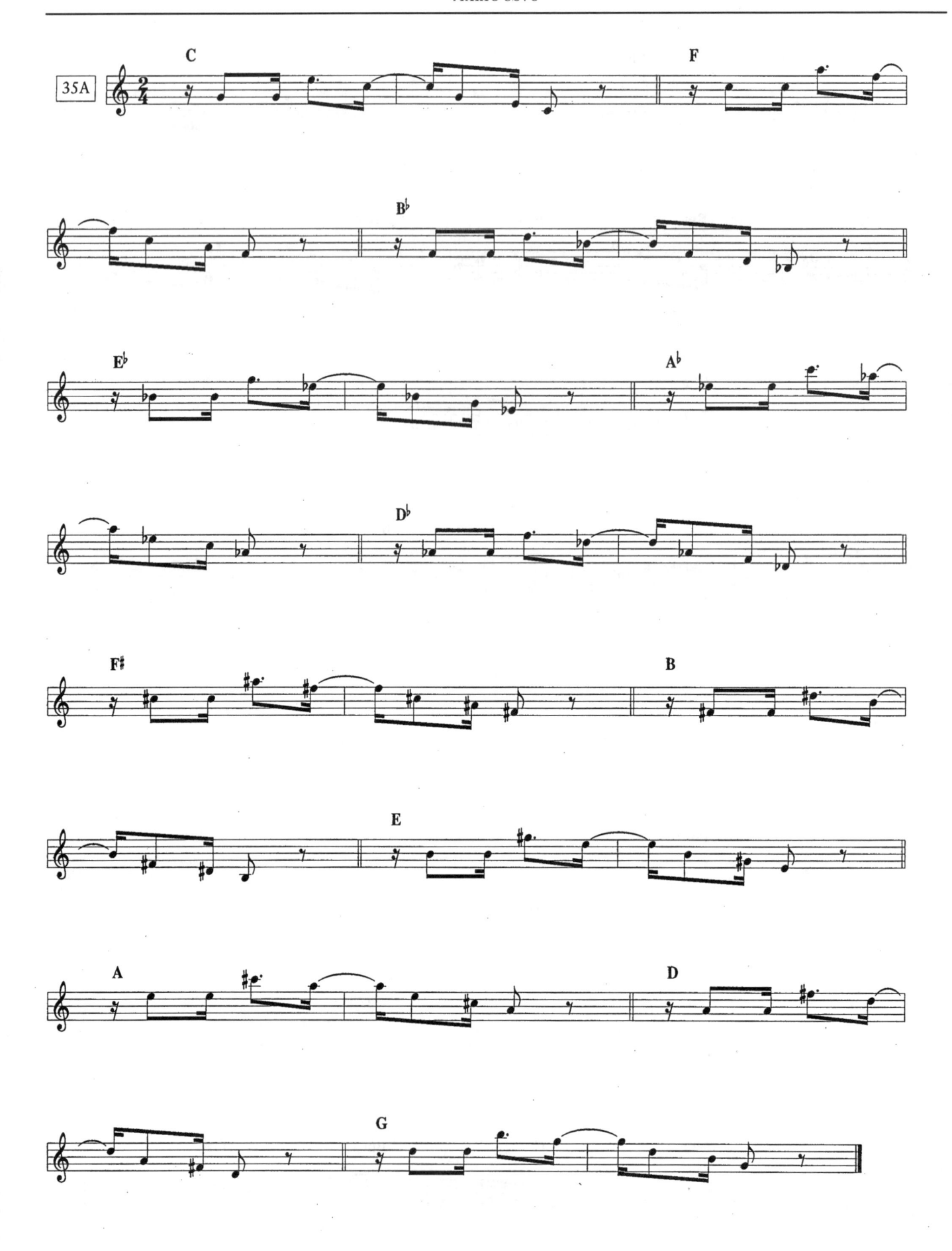

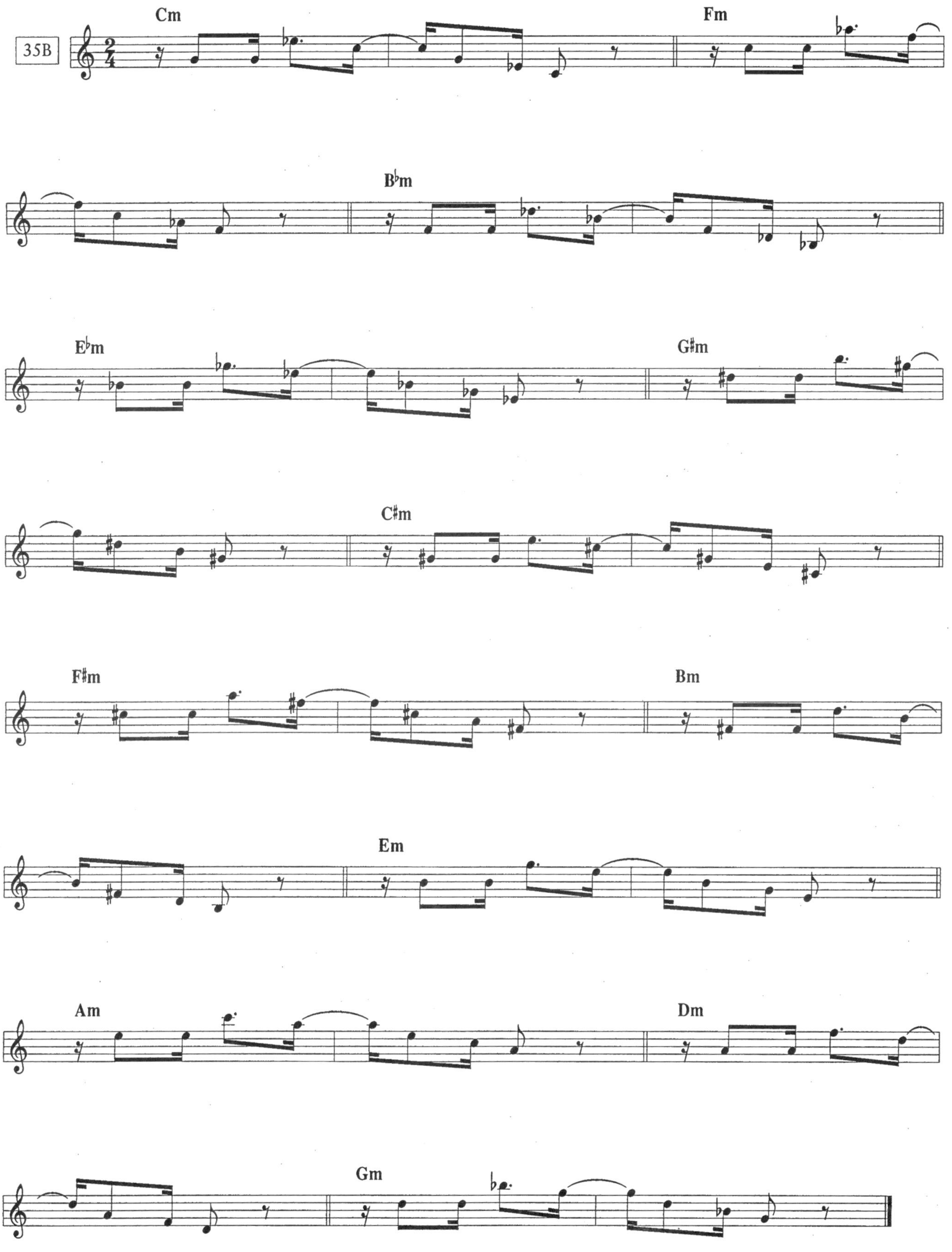
35B
Cm
Fm
B♭m
E♭m
G♯m
C♯m
F♯m
Bm
Em
Am
Dm
Gm

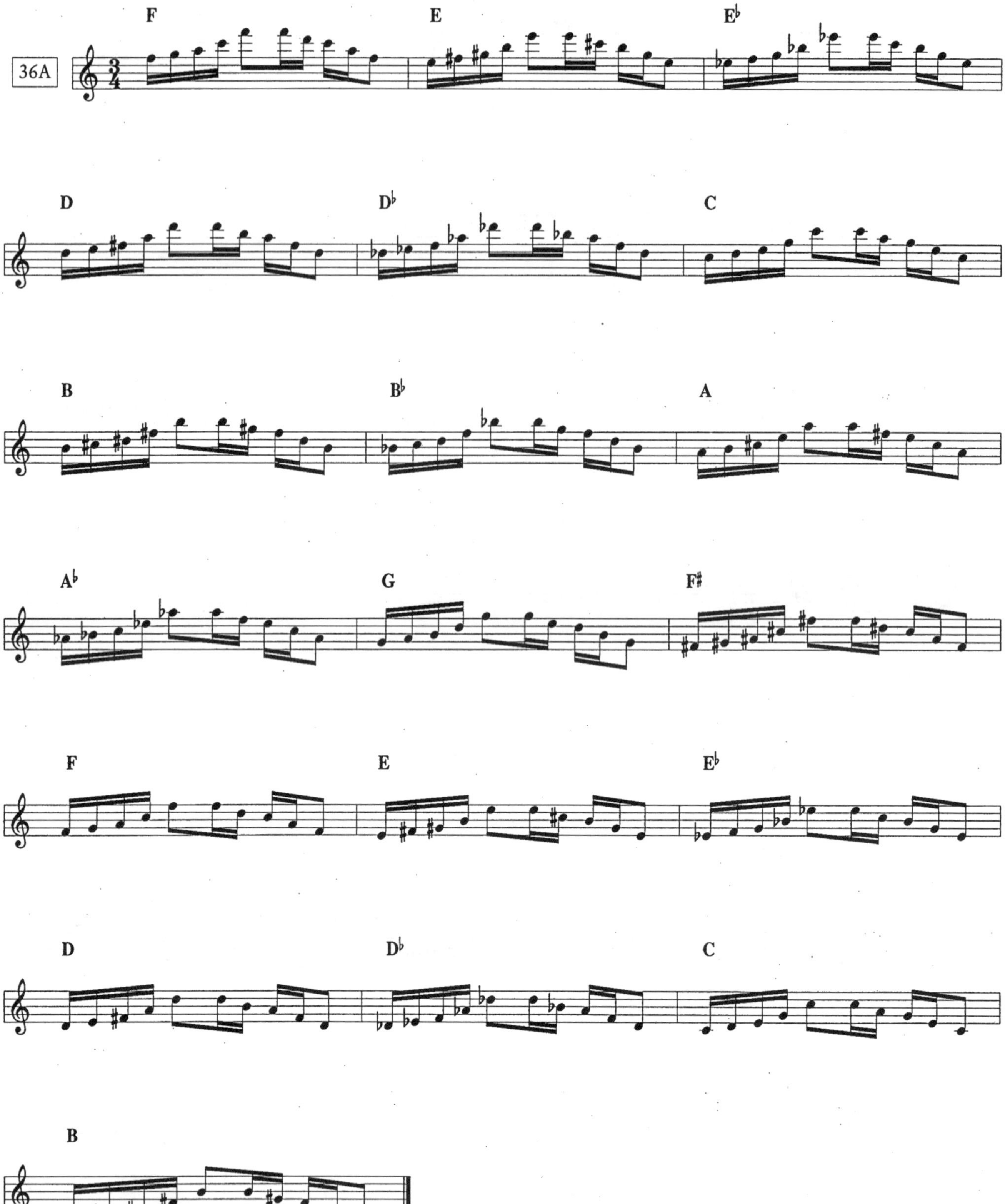
36A
F
E
E♭
D
D♭
C
B
B♭
A
A♭
G
F♯
F
E
E♭
D
D♭
C
B

vocabulário do choro | choro vocabulary

37A

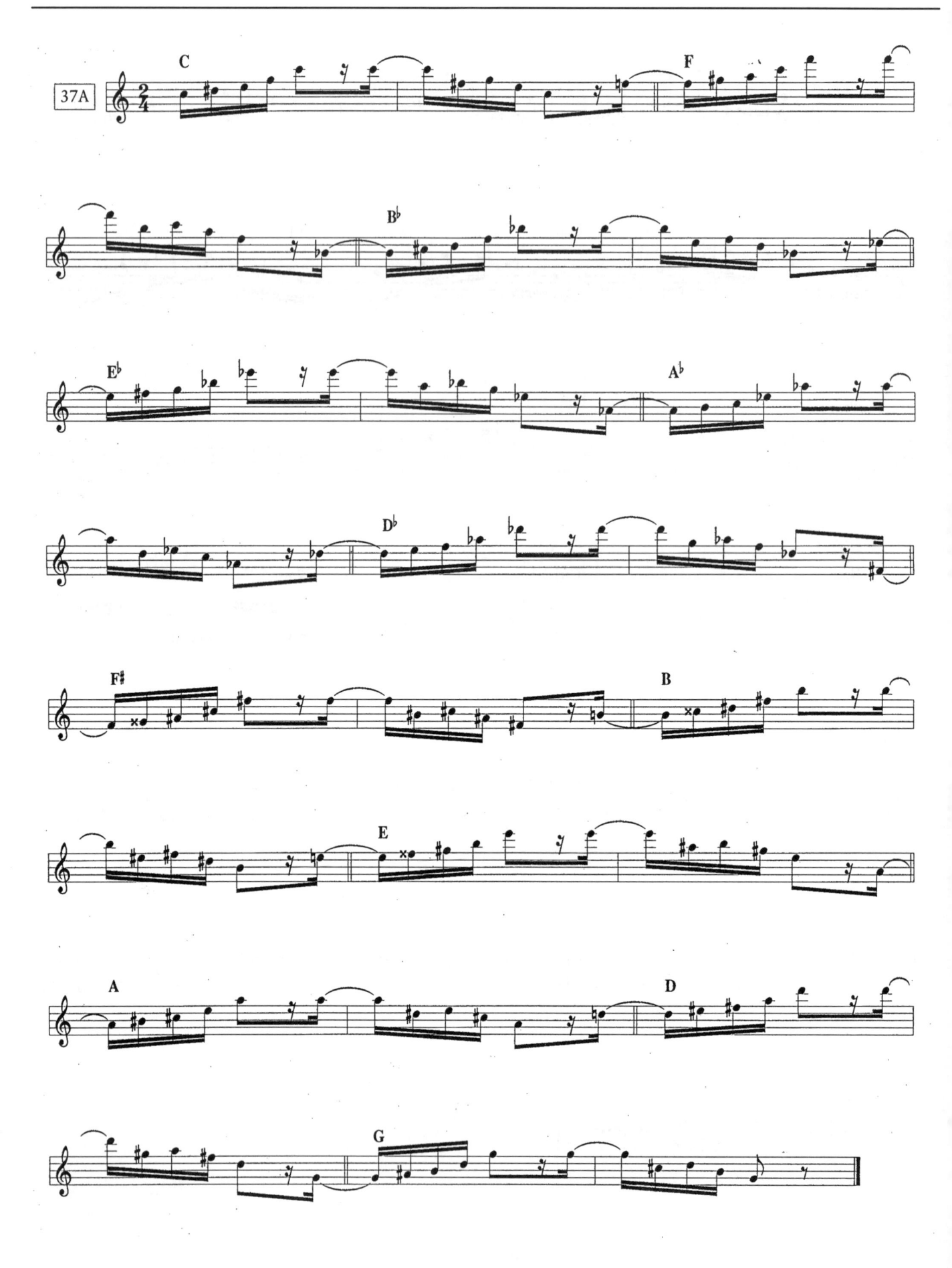

vocabulário do choro | choro vocabulary

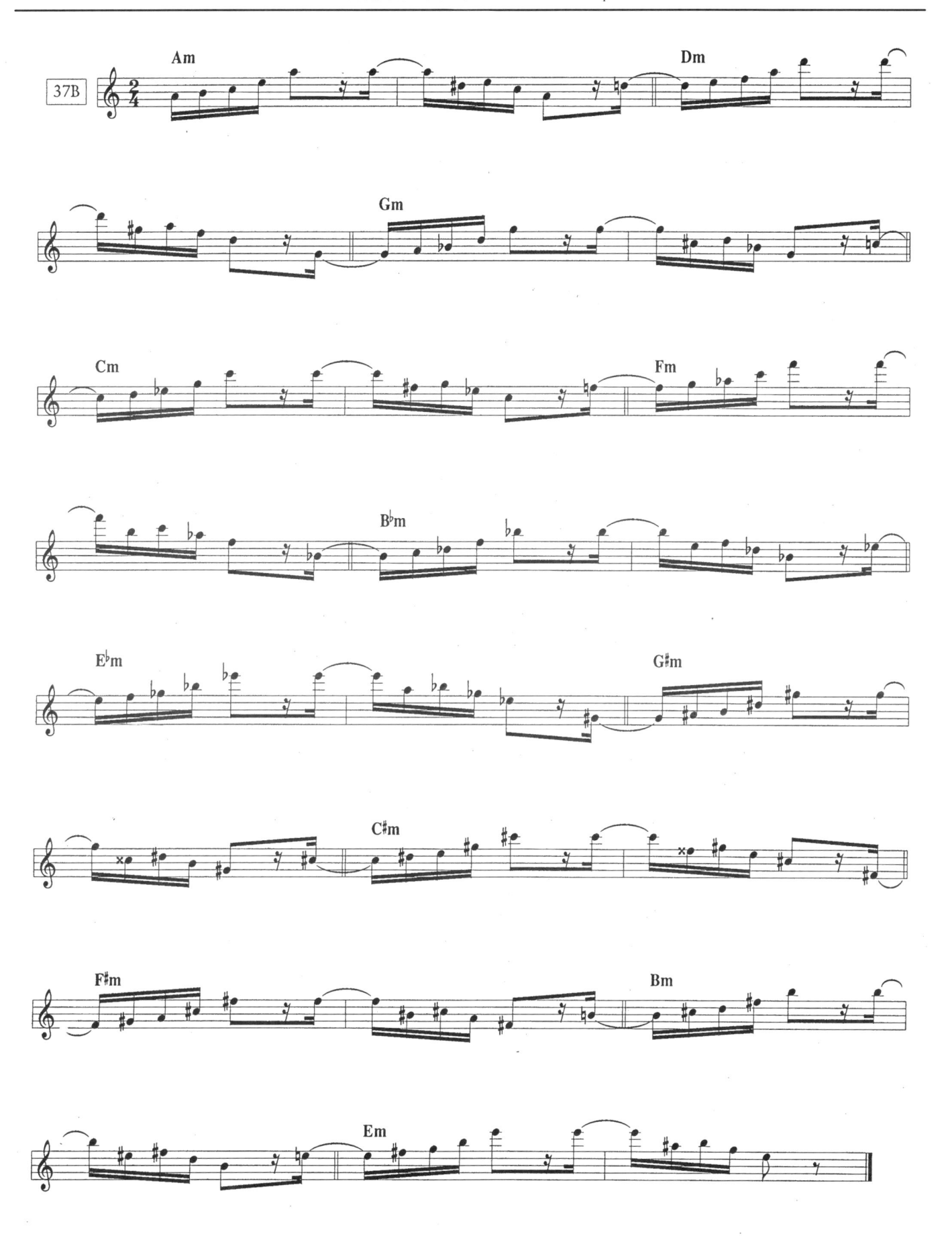

38A

vocabulário do choro | choro vocabulary

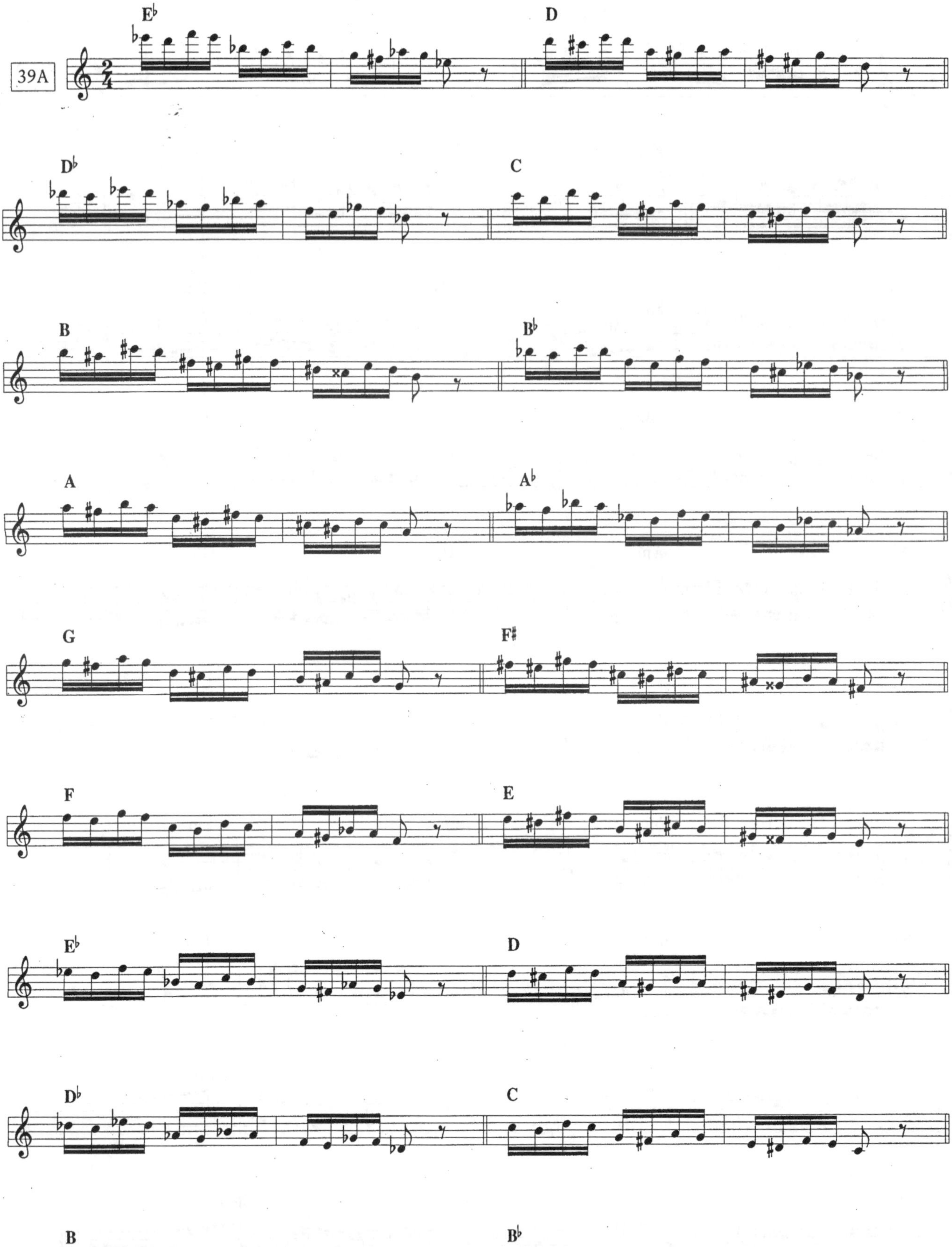
39A
E♭
D
D♭
C
B
B♭
A
A♭
G
F♯
F
E
E♭
D
D♭
C
B
B♭

vocabulário do choro | choro vocabulary

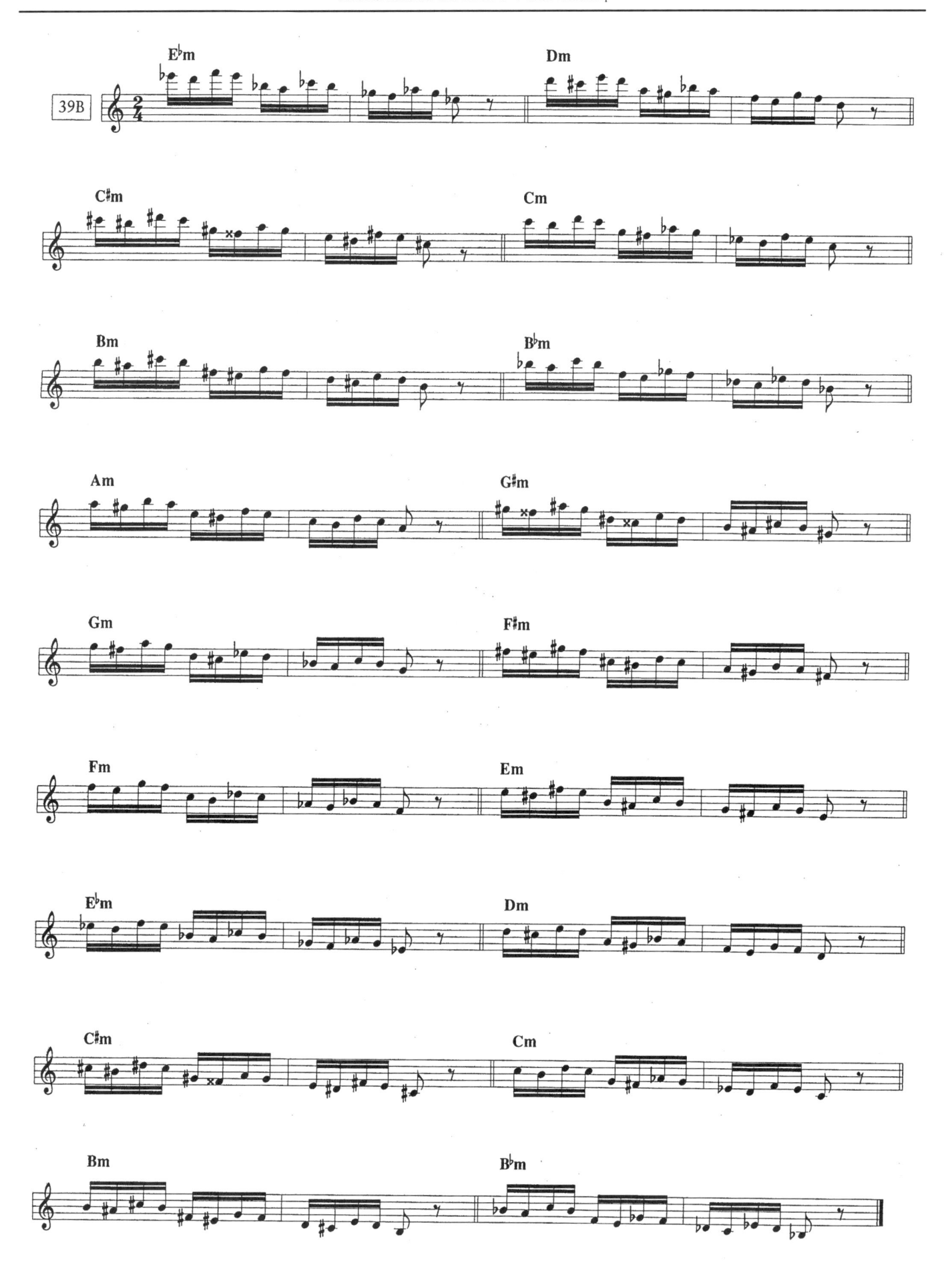

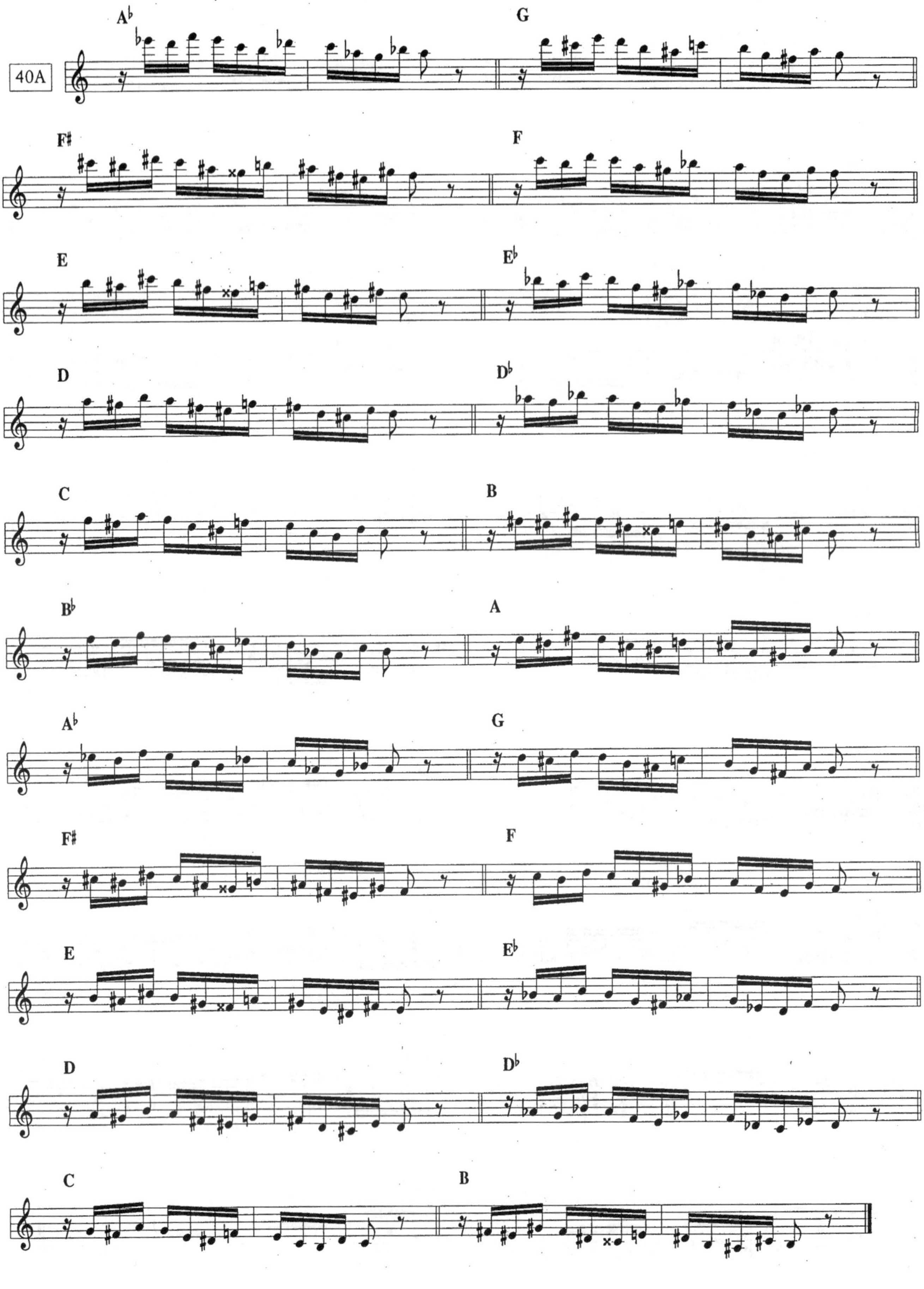
40A
A♭
G
F♯
F
E
E♭
D
D♭
C
B
B♭
A
A♭
G
F♯
F
E
E♭
D
D♭
C
B

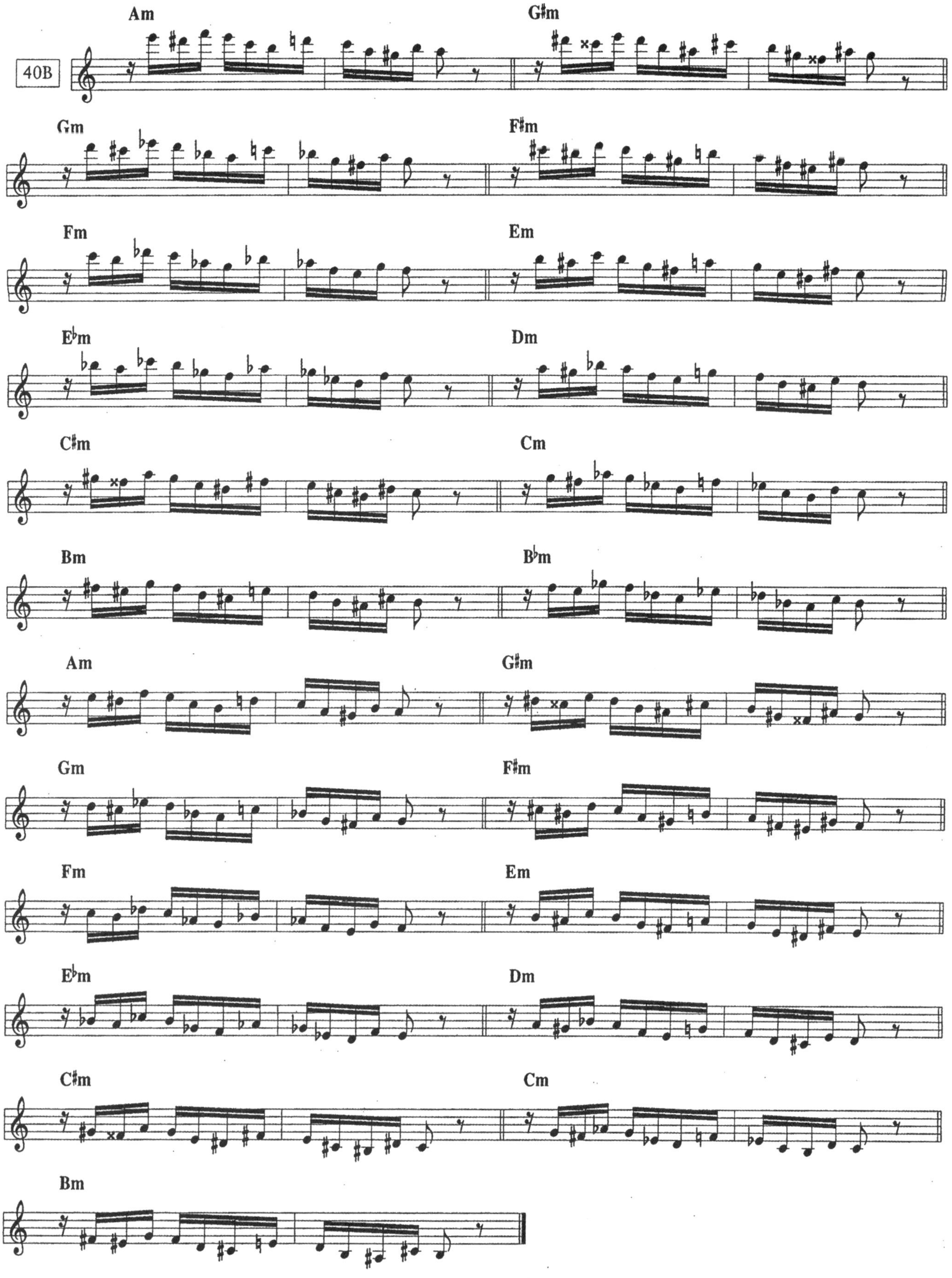
40B
Am
G♯m
Gm
F♯m
Fm
Em
E♭m
Dm
C♯m
Cm
Bm
B♭m
Am
G♯m
Gm
F♯m
Fm
Em
E♭m
Dm
C♯m
Cm
Bm

41A

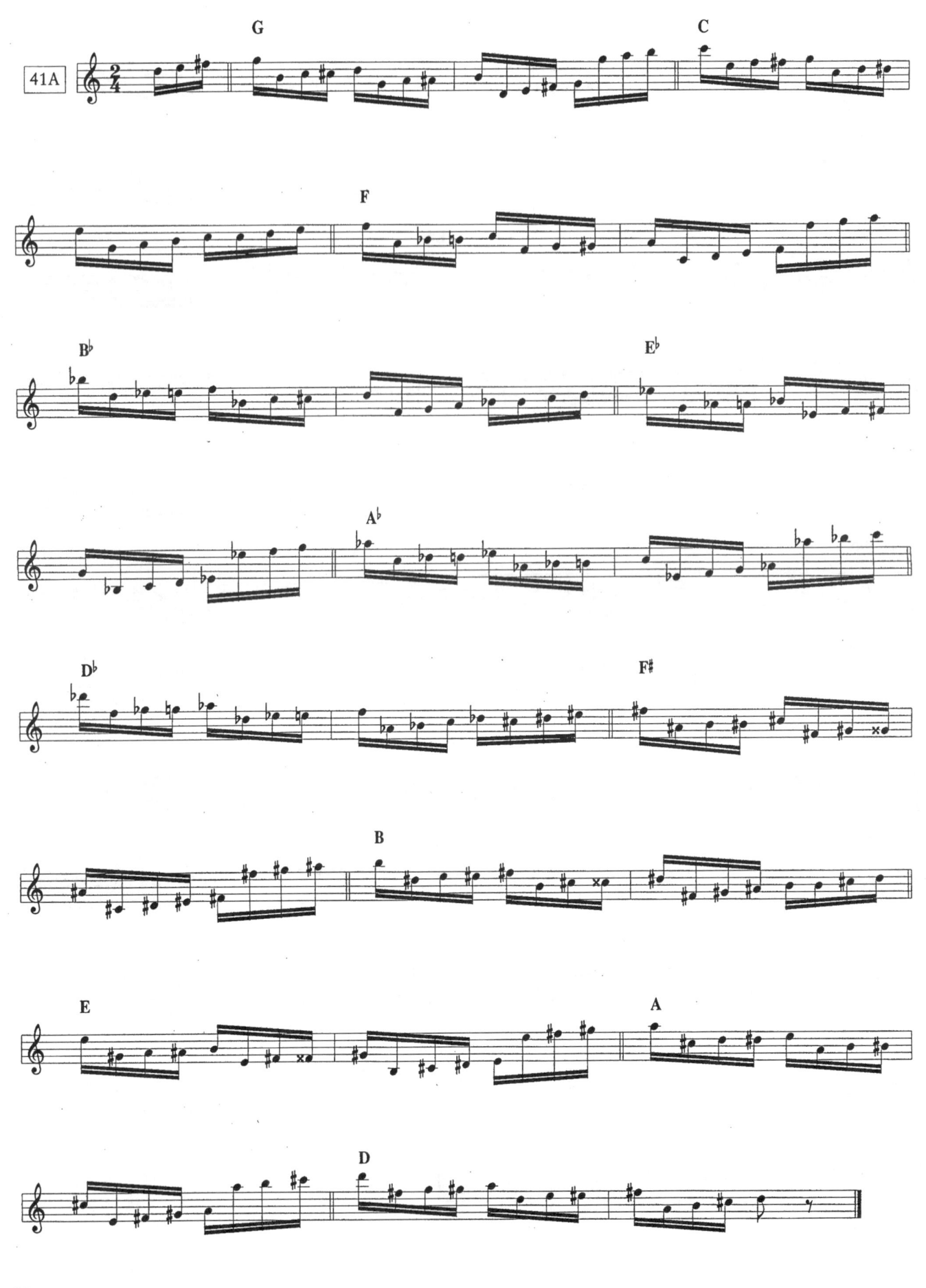

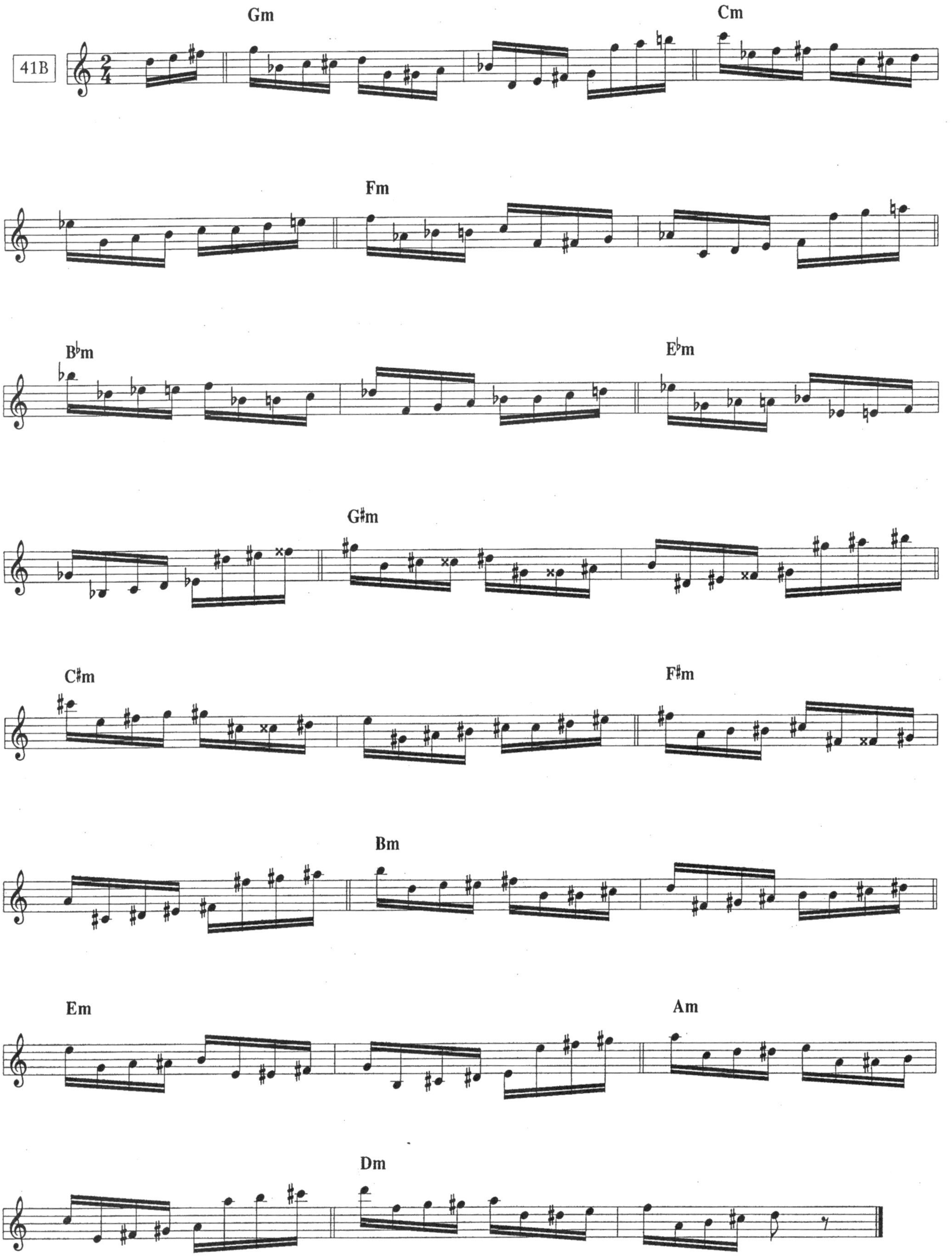
41B
Gm
Cm
Fm
B♭m
E♭m
G♯m
C♯m
F♯m
Bm
Em
Am
Dm

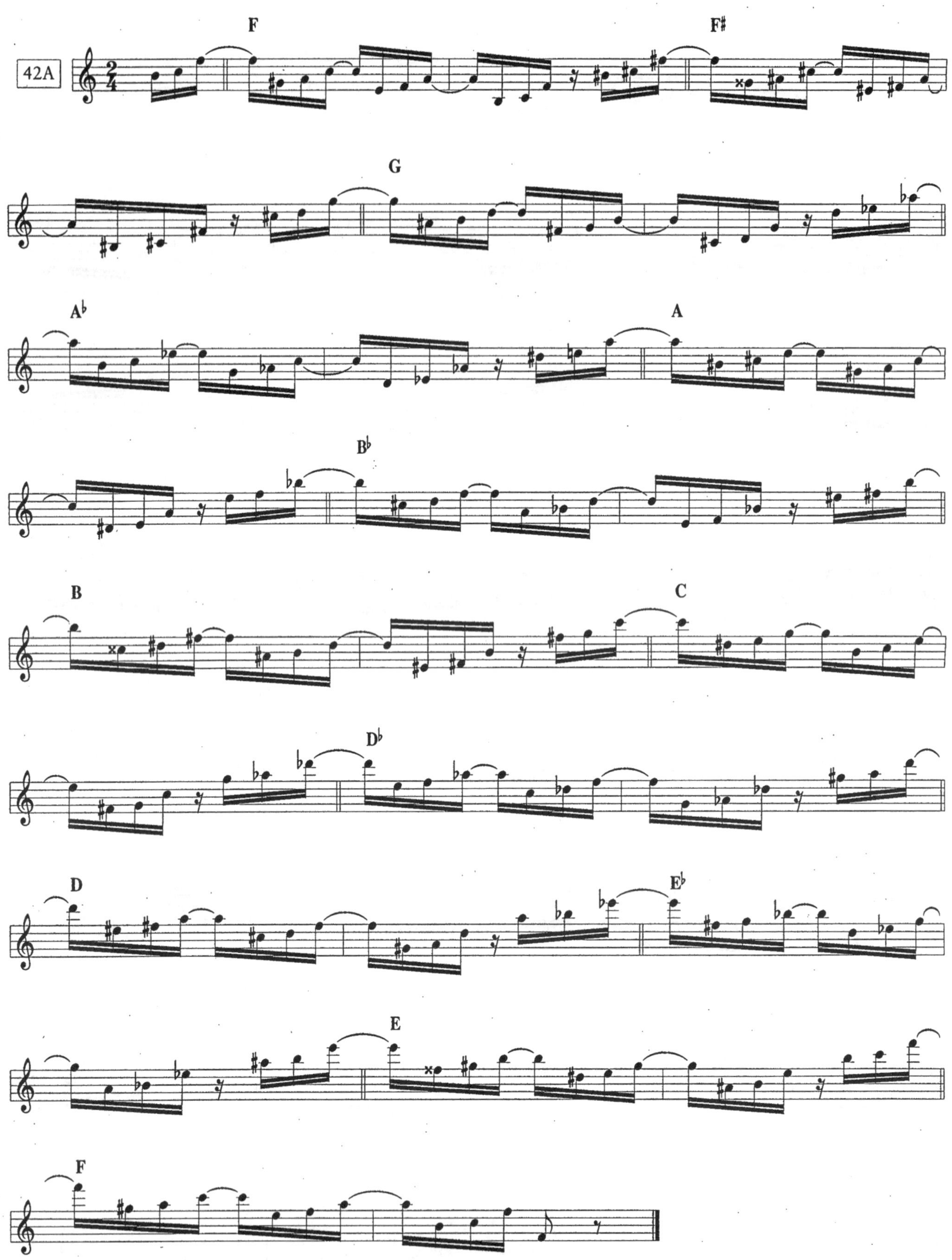
42A
F
F♯
G
A♭
A
B♭
B
C
D♭
D
E♭
E
F

vocabulário do choro | choro vocabulary

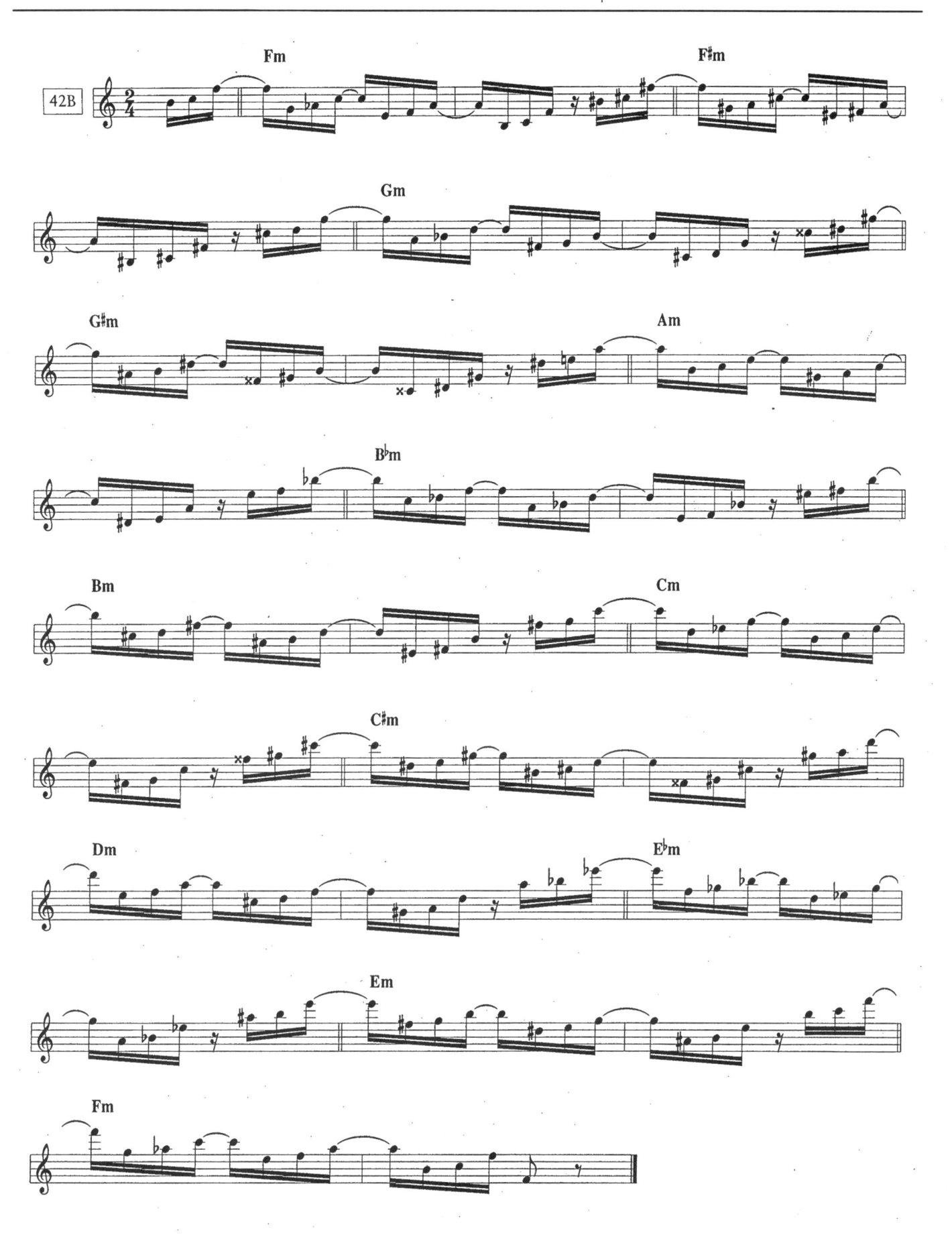

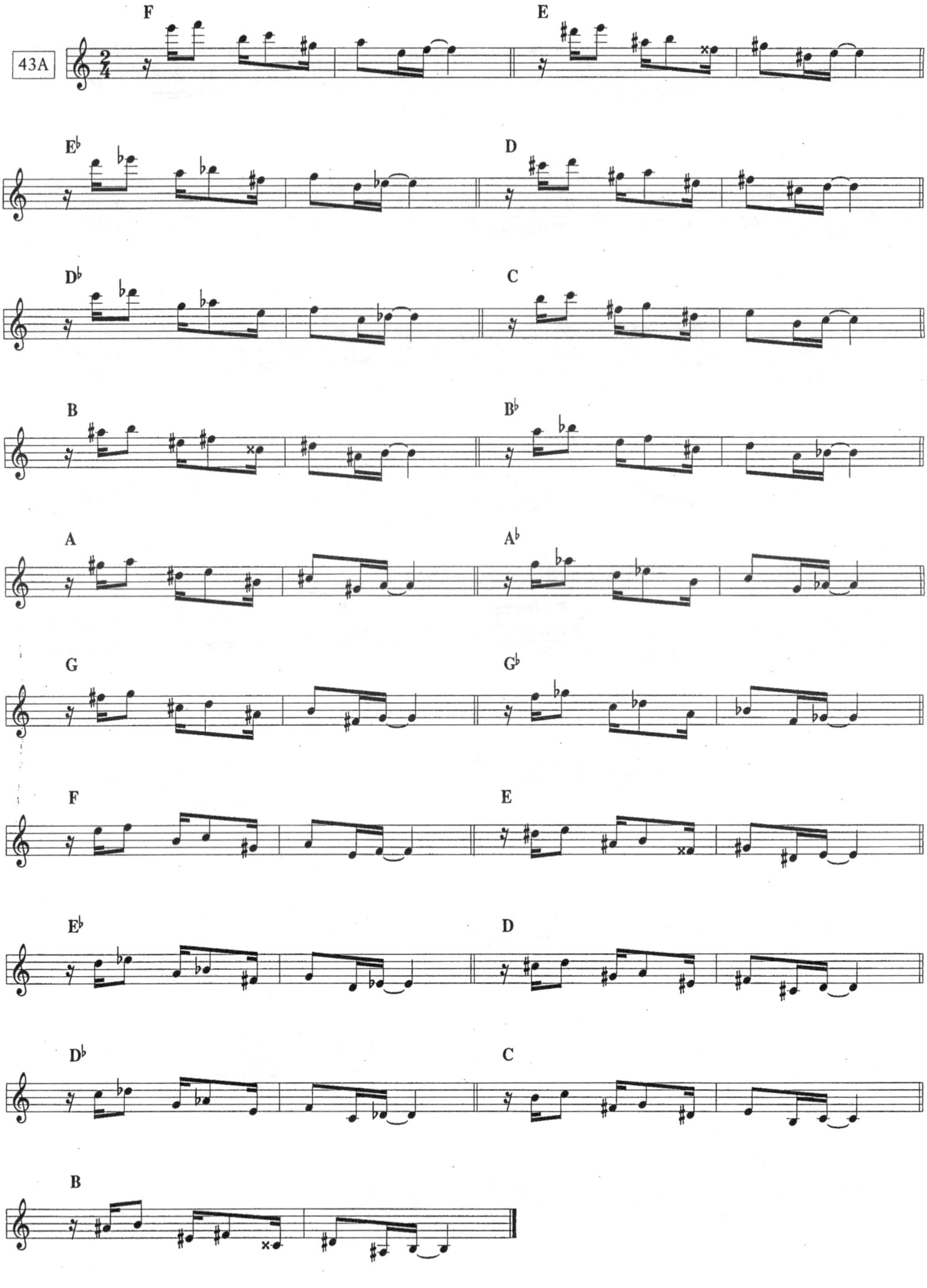
43A
F
E
E♭
D
D♭
C
B
B♭
A
A♭
G
G♭
F
E
E♭
D
D♭
C
B

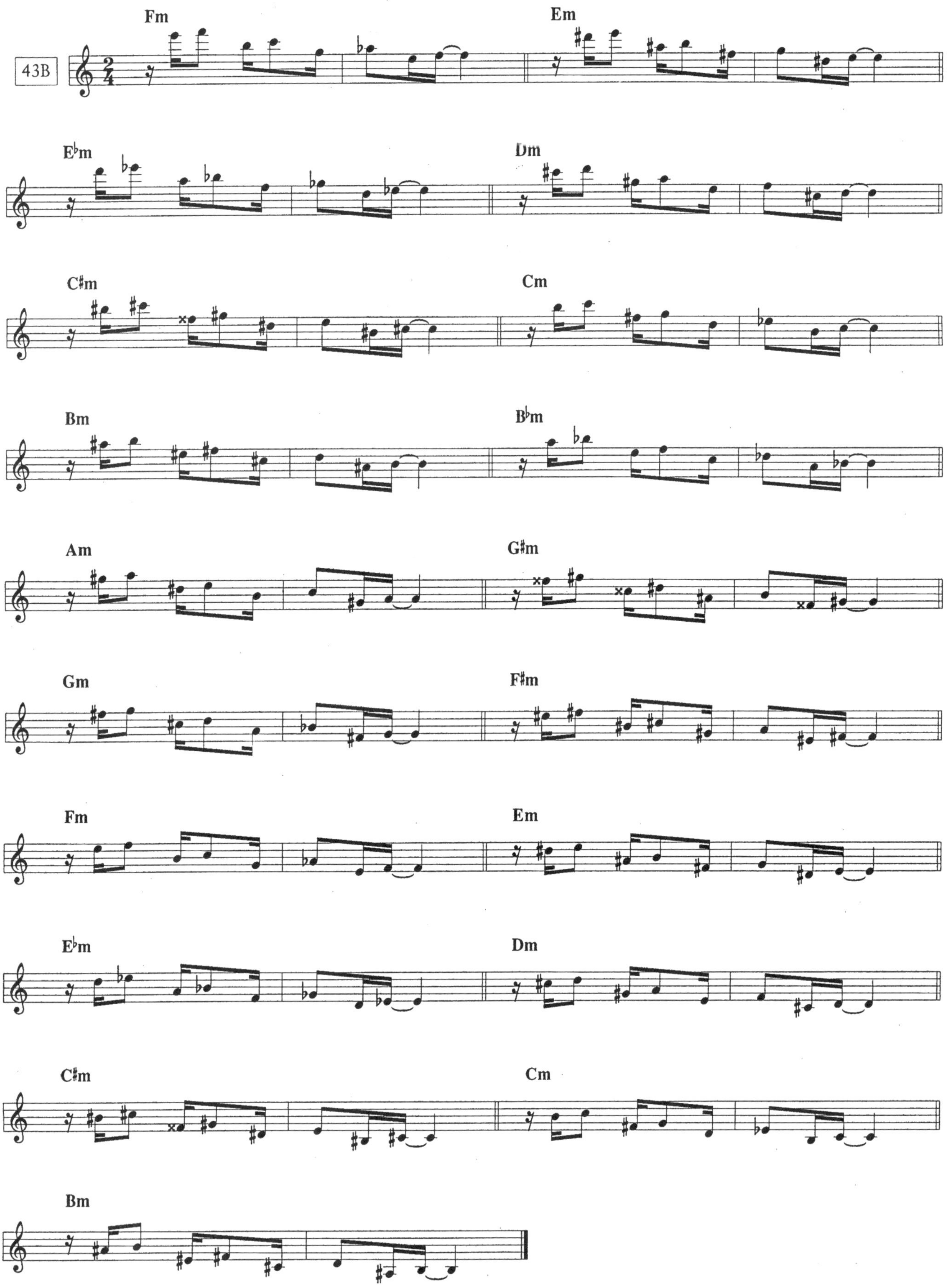
43B
Fm
Em
E♭m
Dm
C♯m
Cm
Bm
B♭m
Am
G♯m
Gm
F♯m
Fm
Em
E♭m
Dm
C♯m
Cm
Bm

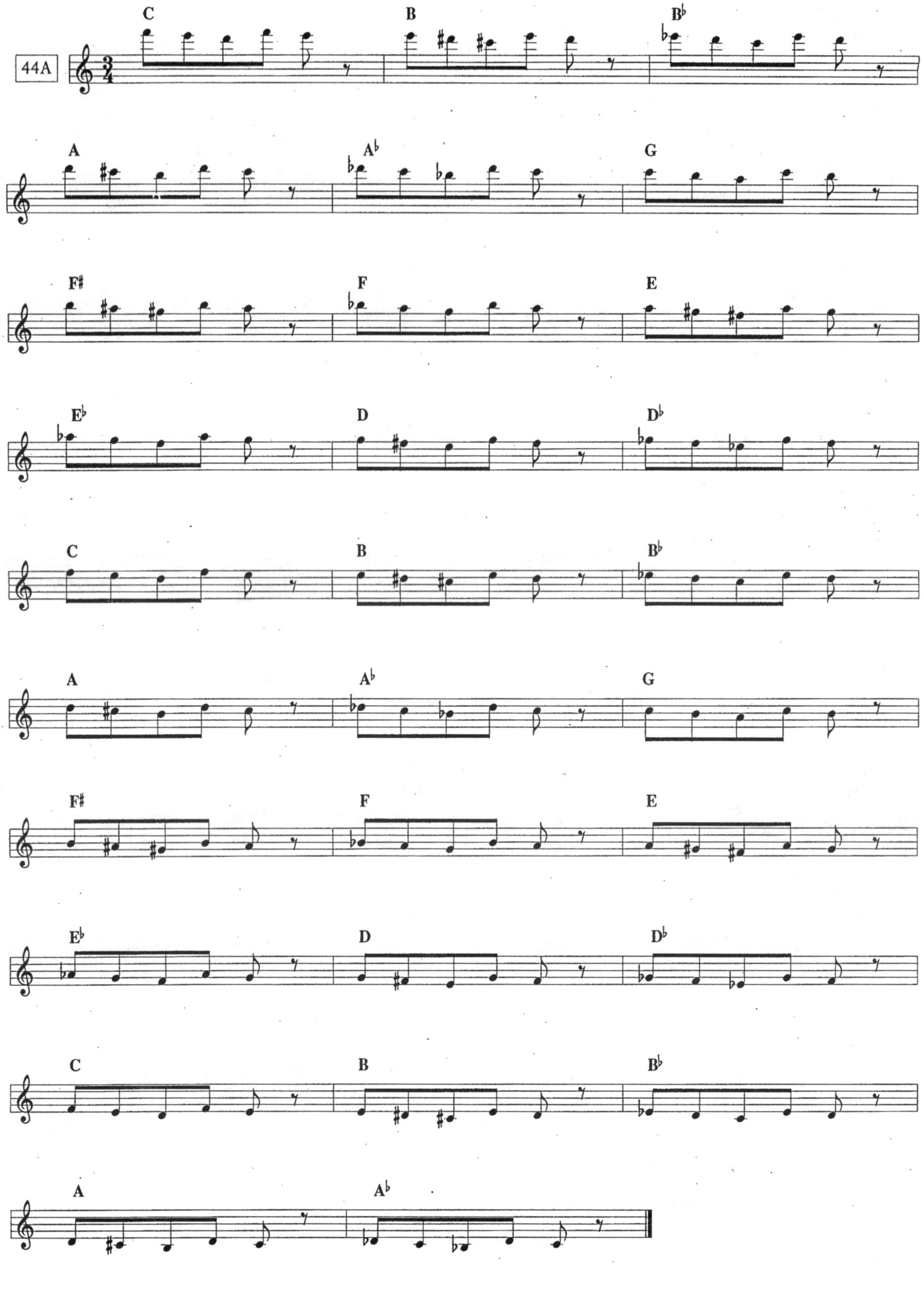
44A
C
B
B♭
A
A♭
G
F♯
F
E
E♭
D
D♭
C
B
B♭
A
A♭
G
F♯
F
E
E♭
D
D♭
C
B
B♭
A
A♭

vocabulário do choro | choro vocabulary

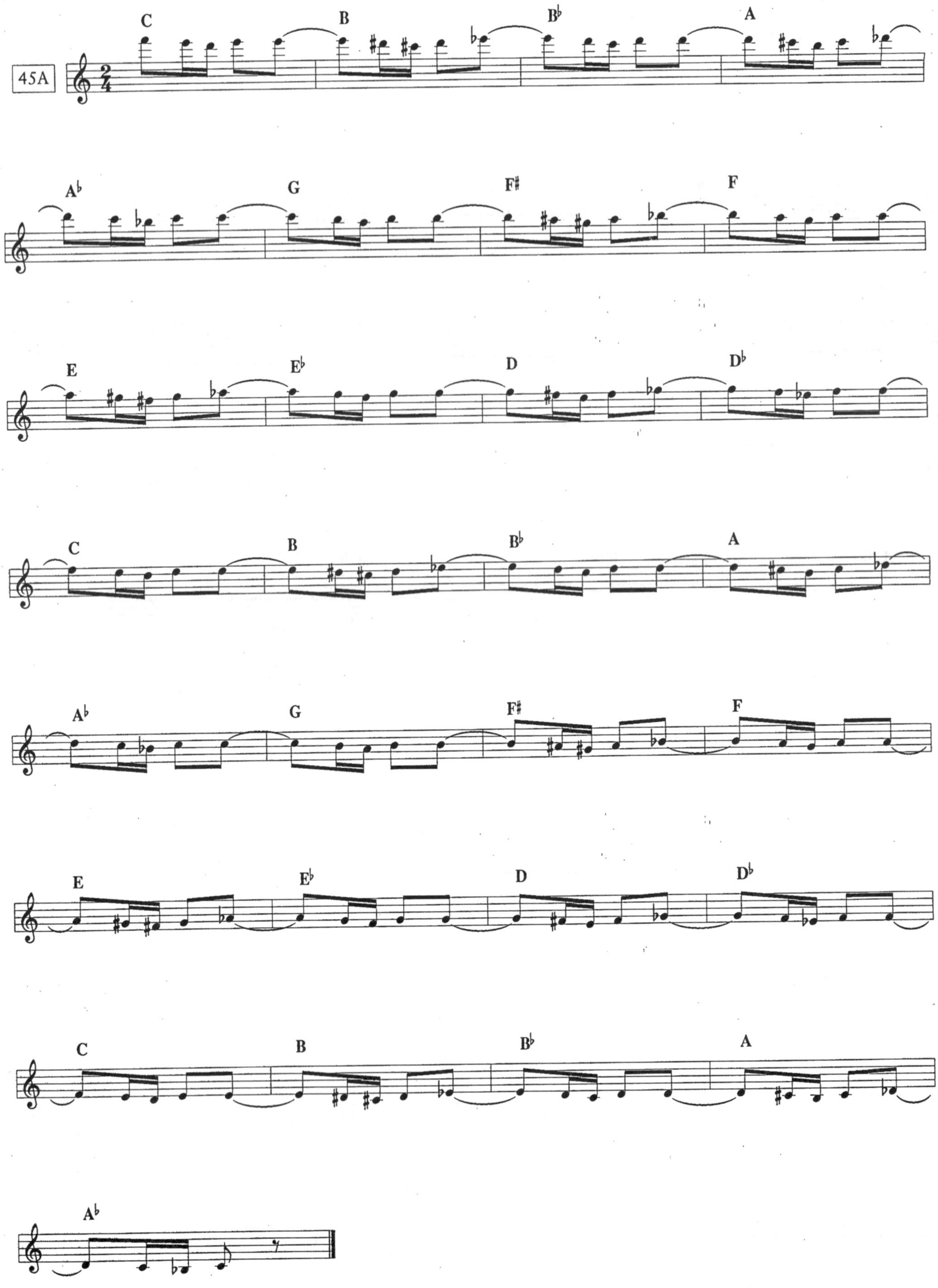
45A
C B B♭ A
A♭ G F♯ F
E E♭ D D♭
C B B♭ A
A♭ G F♯ F
E E♭ D D♭
C B B♭ A
A♭

vocabulário do choro | *choro vocabulary*

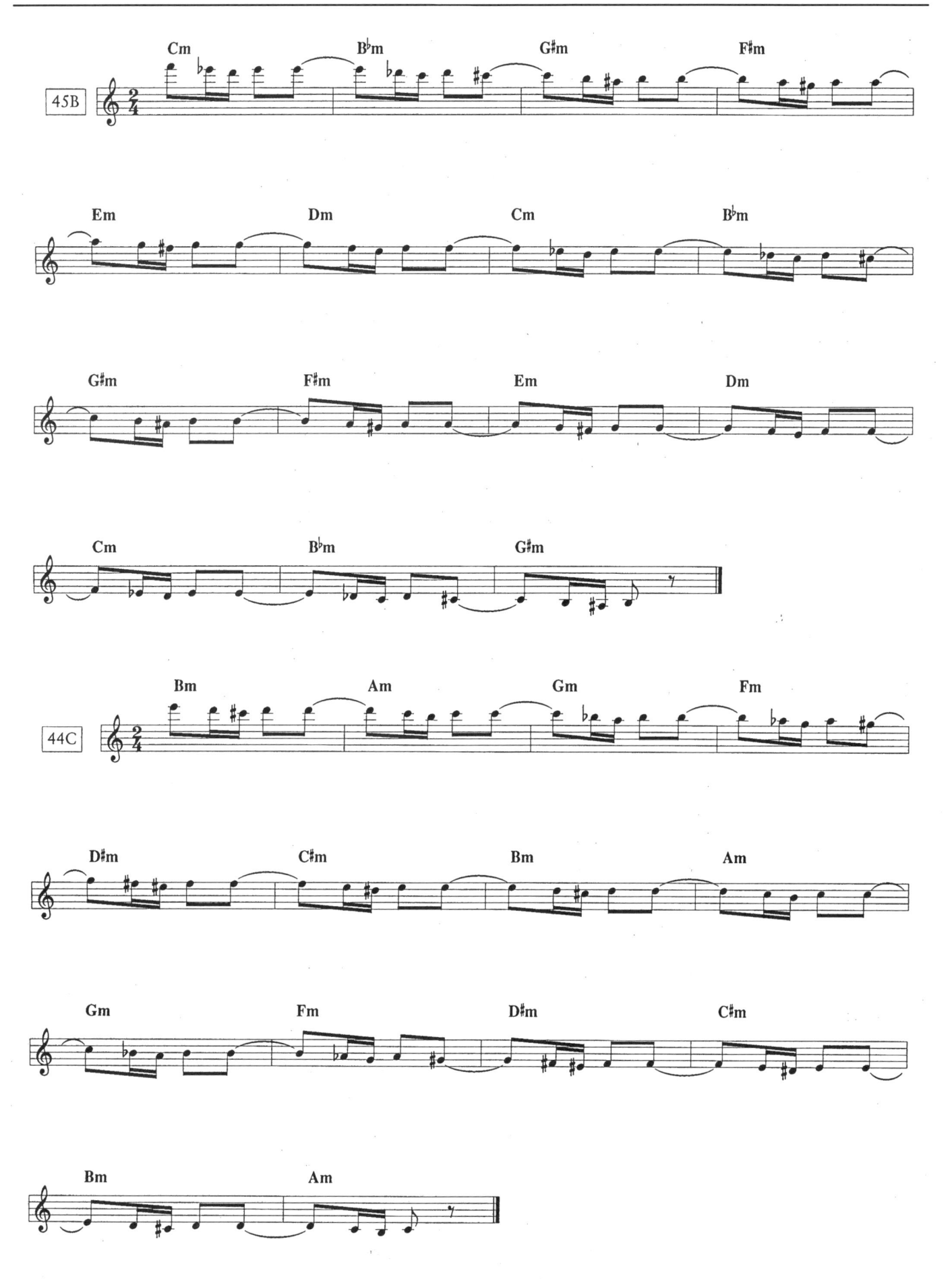

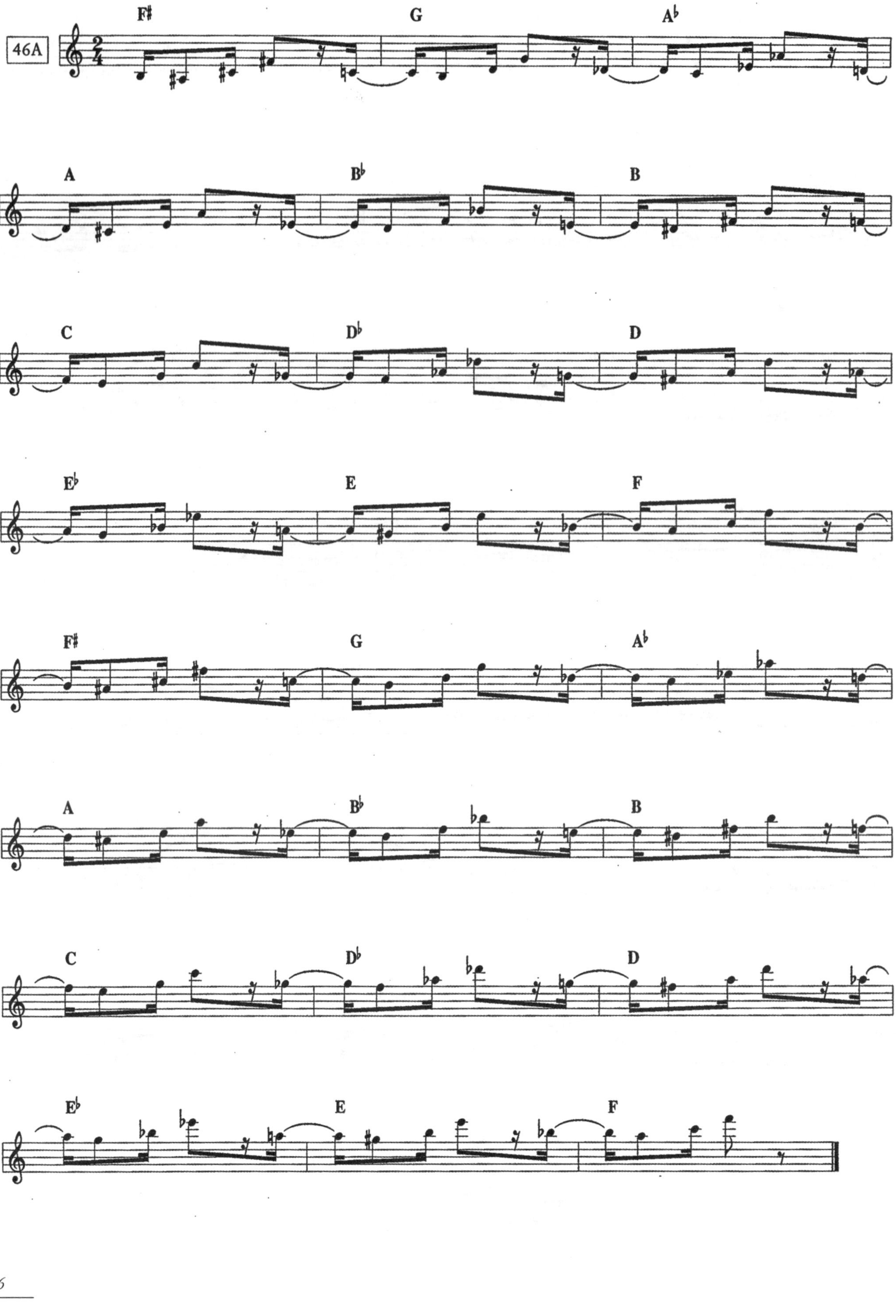
46A
F♯
G
A♭
A
B♭
B
C
D♭
D
E♭
E
F
F♯
G
A♭
A
B♭
B
C
D♭
D
E♭
E
F

vocabulário do choro | choro vocabulary

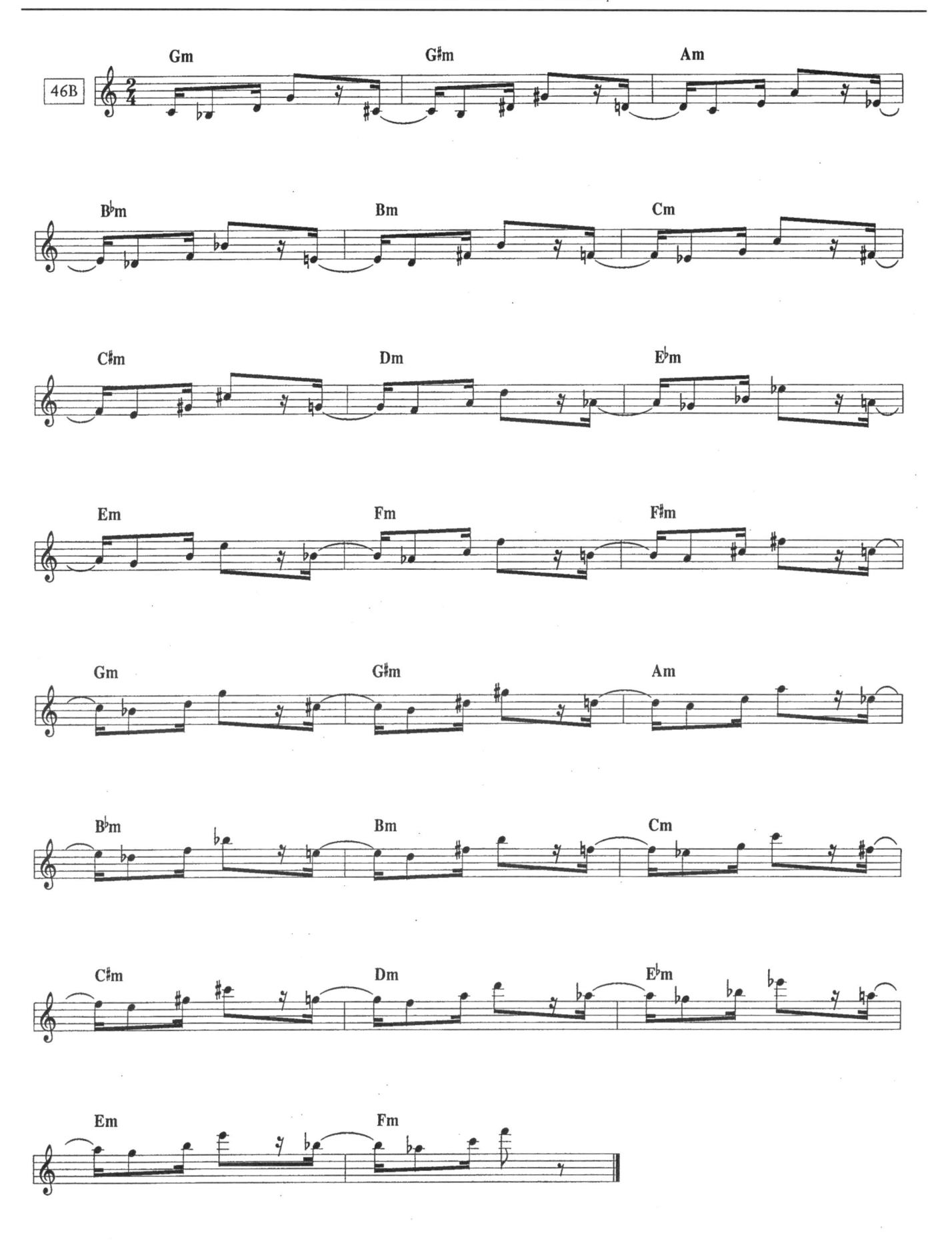

46B

✦ Frases rítmicas / *Rhythmic phrases*

vocabulário do choro | choro vocabulary

49
C7 F C7 F
F7 B♭ F7 F
B♭7 E♭ B♭7 F
E♭7 A♭ E♭7 A♭
A♭7 D♭ A♭7 D♭
C♯7 F♯ C♯7 F♯
F♯7 B F♯7 B
B7 E B7 E
E7 A E7 A
A7 D A7 D
D7 G D7 G
G7 C G7 C

vocabulário do choro | choro vocabulary

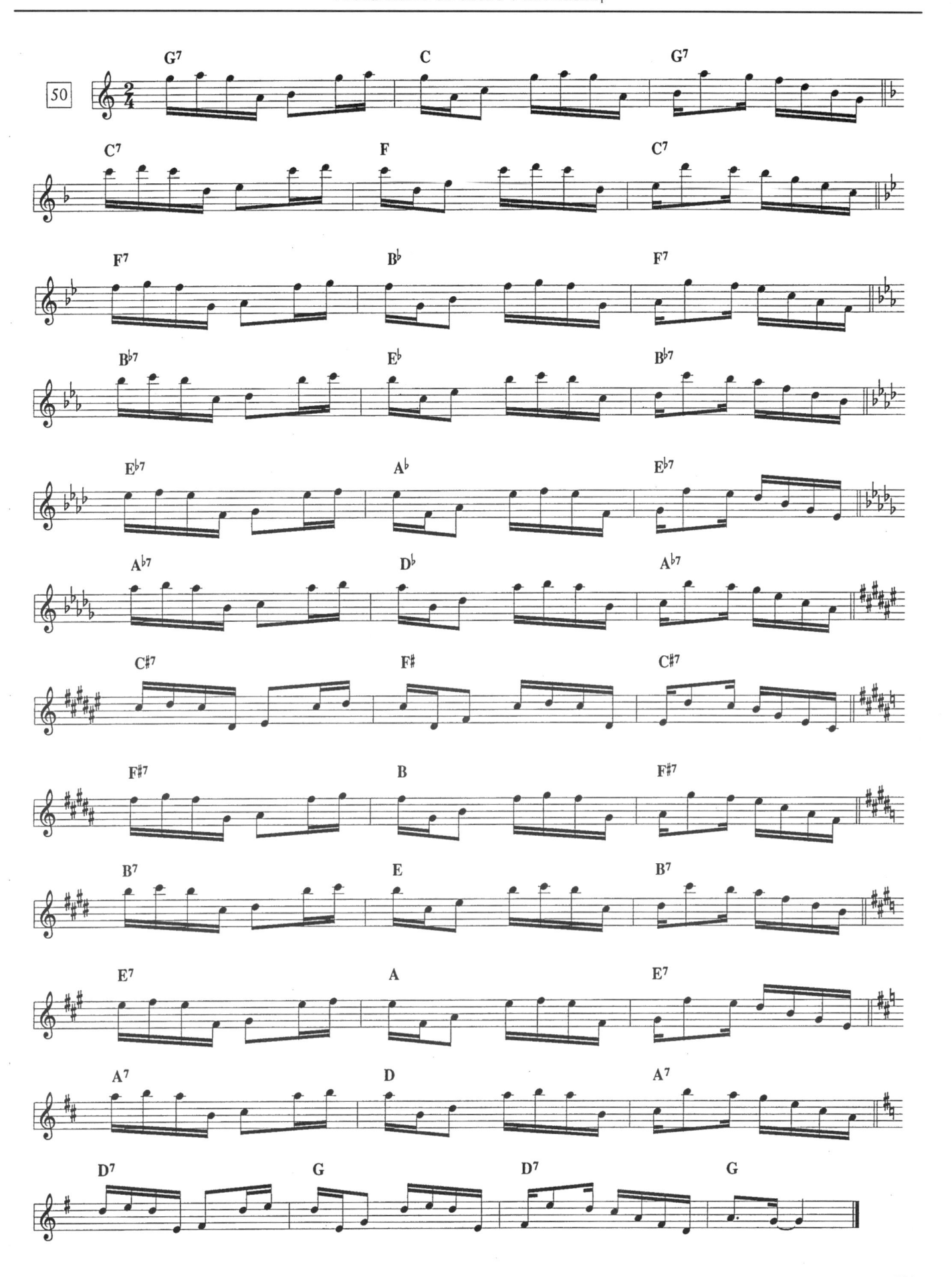

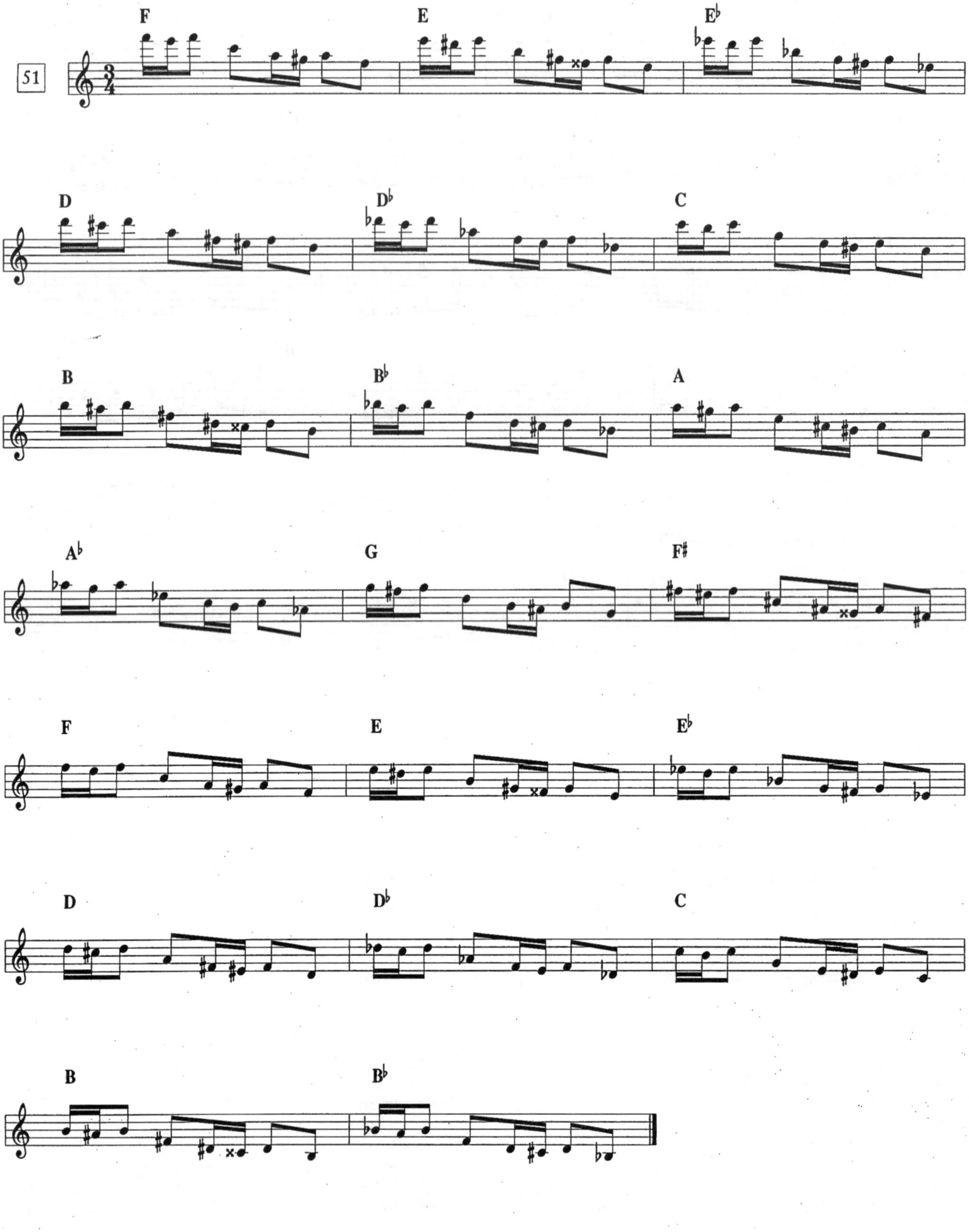
51
F
E
E♭
D
D♭
C
B
B♭
A
A♭
G
F♯
F
E
E♭
D
D♭
C
B
B♭

vocabulário do choro | choro vocabulary

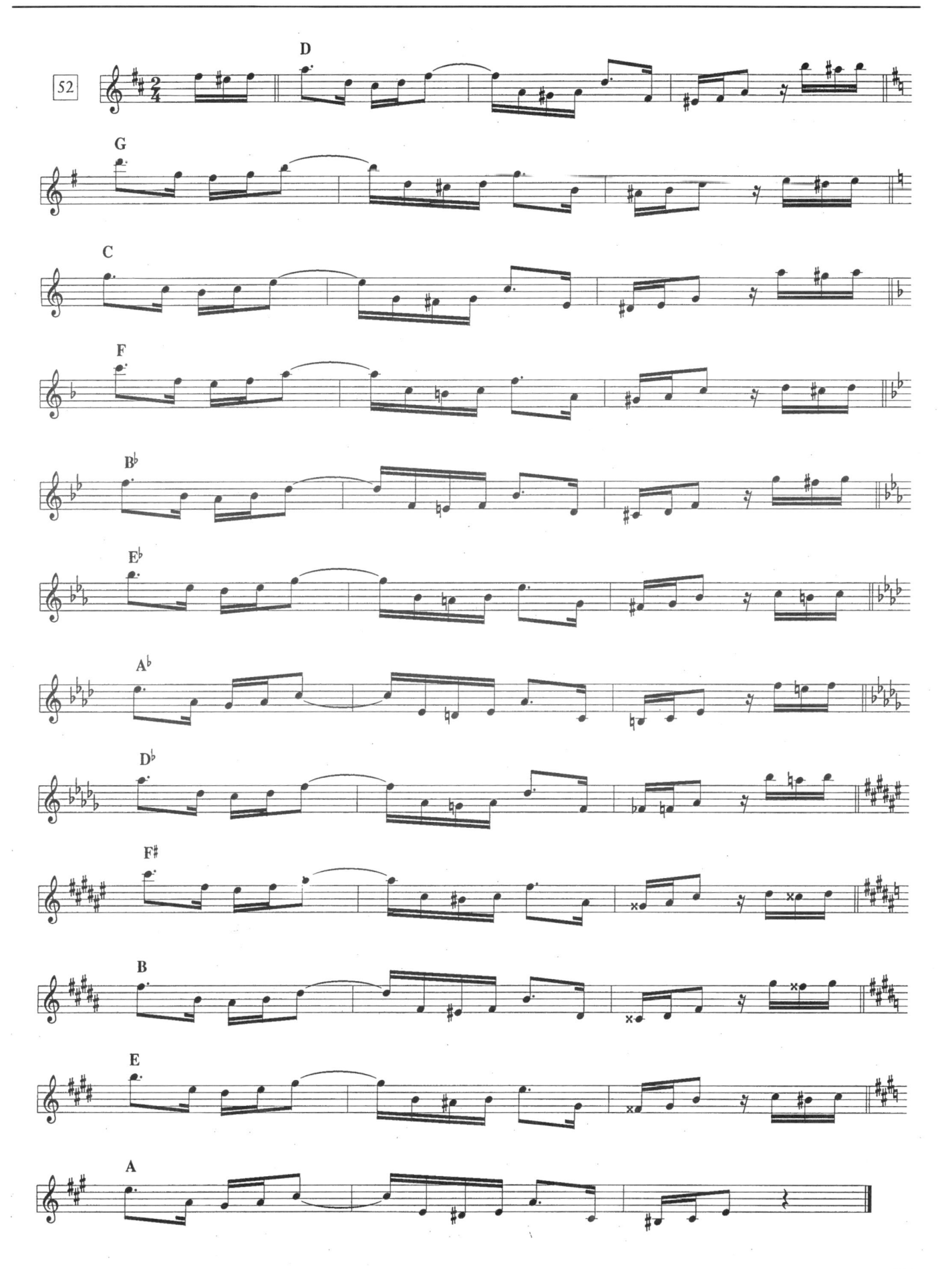

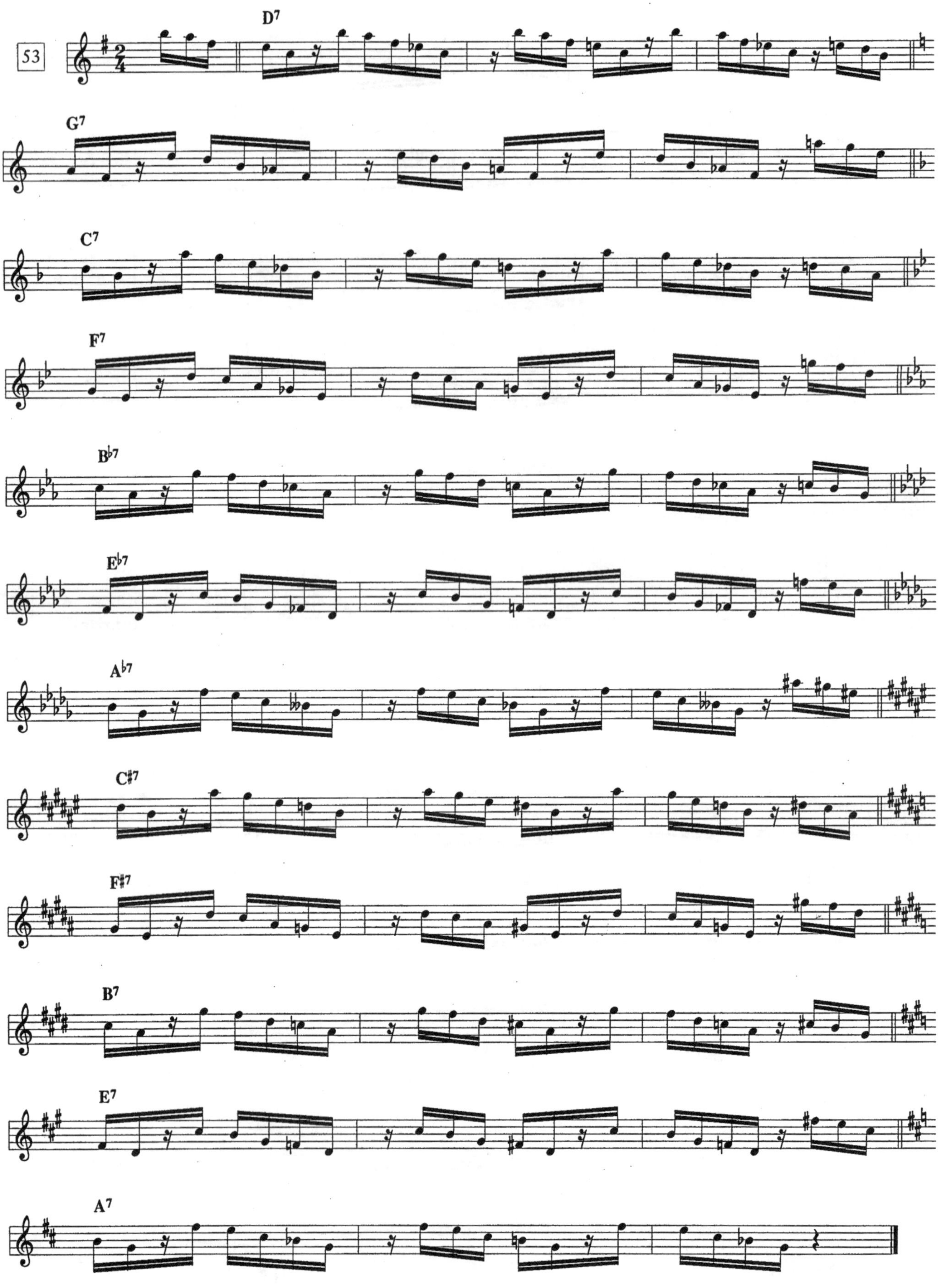
53
D7
G7
C7
F7
B♭7
E♭7
A♭7
C♯7
F♯7
B7
E7
A7

vocabulário do choro | choro vocabulary

Frases cromáticas / *Chromatic phrases*

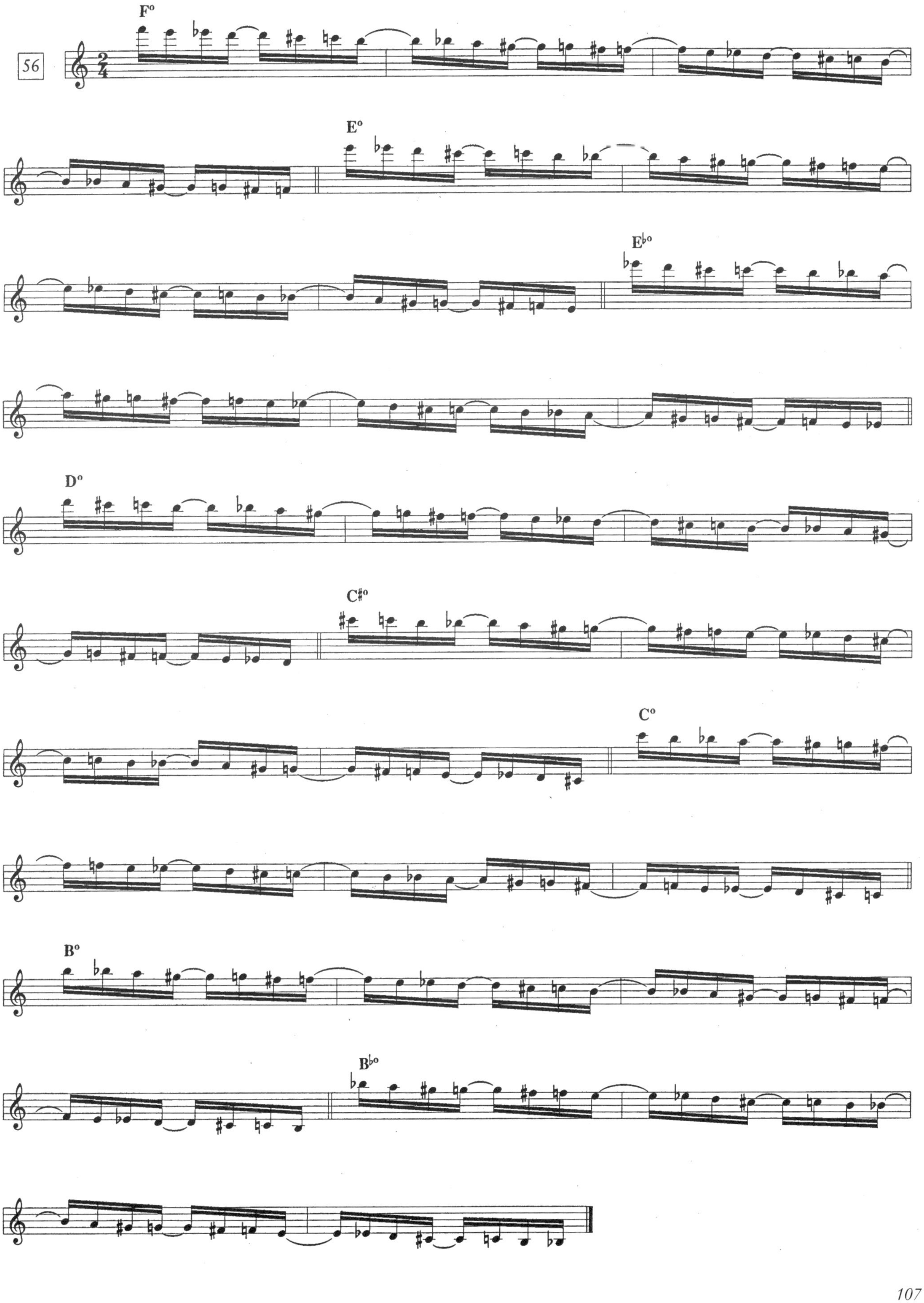
56
F°
E°
E♭°
D°
C♯°
C°
B°
B♭°

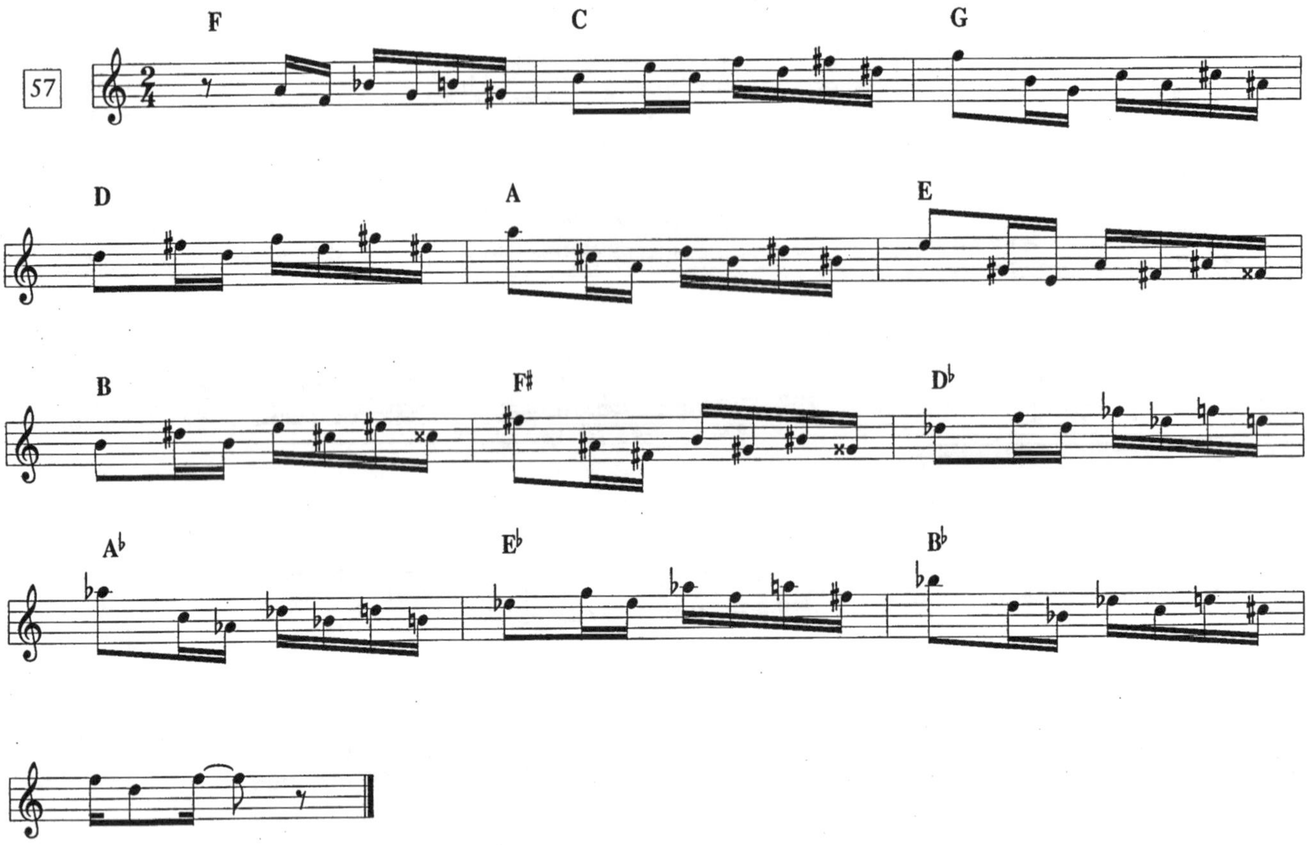
57
F
C
G
D
A
E
B
F♯
D♭
A♭
E♭
B♭

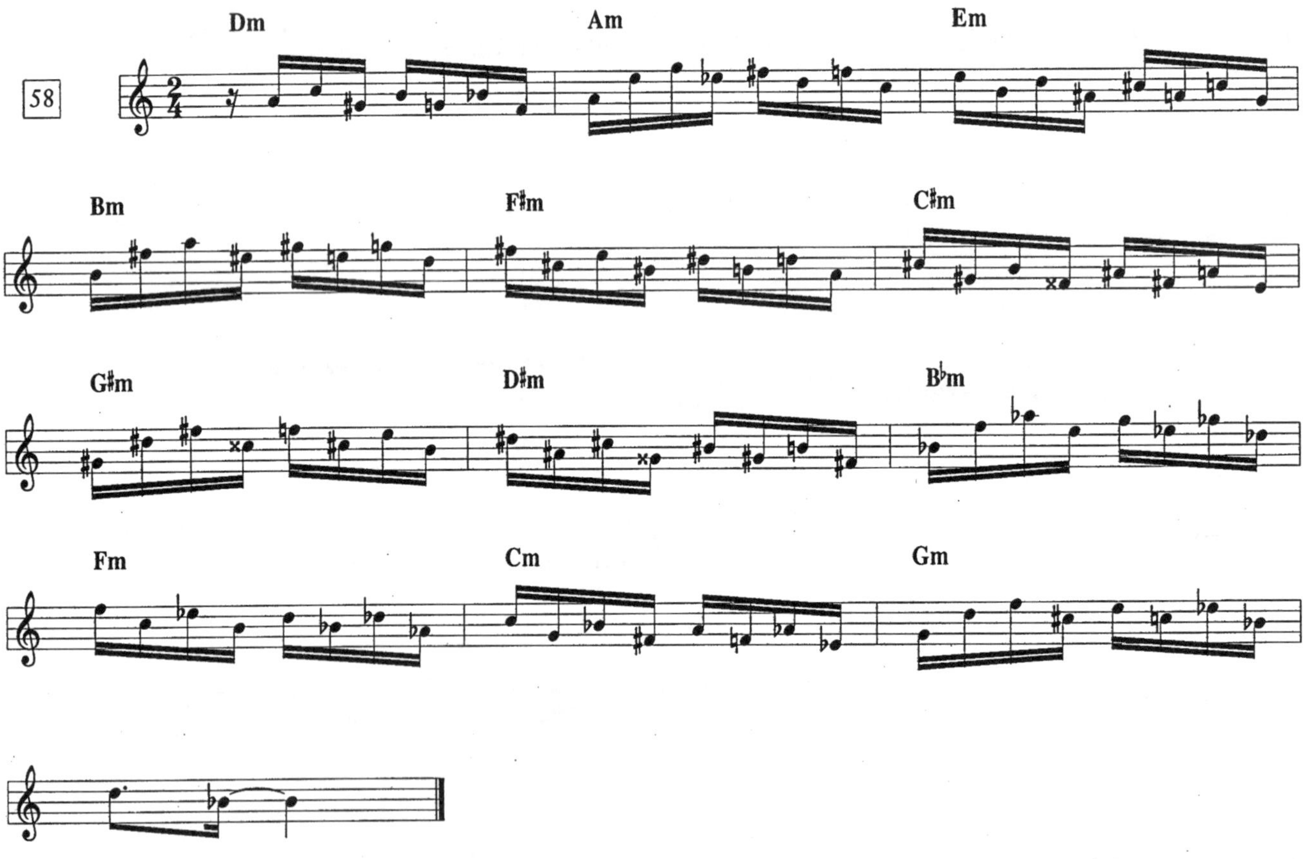
58
Dm
Am
Em
Bm
F♯m
C♯m
G♯m
D♯m
B♭m
Fm
Cm
Gm

vocabulário do choro | choro vocabulary

60
G F♯ F E E♭ D G
C B B♭ A A♭ G C
F E E♭ D D♭ C F
B♭ A A♭ G F♯ F B♭
E♭ D D♭ C B B♭ E♭
A♭ G G♭ F E E♭ A♭
D♭ C B B♭ A A♭ D♭
F♯ F E E♭ D C♯ F♯
B B♭ A A♭ G F♯ B
E E♭ D D♭ C B E
A A♭ G G♭ F E A
D D♭ C B B♭ A D

vocabulário do choro | choro vocabulary

62A
C A7 Dm
D B7 Em
E C#7 F#m
F# D#7 G#m
A♭ F7 B♭m
B♭ G7 Cm
62B
B G#7 C#m
D♭ B♭7 E♭m
E♭ C7 Fm
F D7 Gm
G E7 Am
A F#7 Bm

63
E7 Am E7 Am A7
Dm A7 Dm D7 Gm D7
Gm G7 Cm G7 Cm C7
Fm C7 Fm F7 B♭m F7
B♭m B♭7 E♭m B♭7 E♭m D♯7
G♯m D♯7 G♯m G♯7 C♯m G♯7
C♯m C♯7 F♯m C♯7 F♯m F♯7
Bm F♯7 Bm B7 Em B7 Em

64A
Dm A7 Dm F7 B♭ D7
Gm B♭7 E♭ G7 Cm E♭7
A♭ C7 Fm A♭7 D♭ F7
B♭m D♭7 F♯ A♯7 D♯m F♯7
B D♯7 G♯m B7 E G♯7
C♯m E7 A C♯7 F♯m A7
D F♯7 Bm D7 G B7
Em G7 C E7 Am C7
F

64B
D A7 D F#7 G D7
G B7 C G7 C E7
F C7 F A7 B♭ F7
B♭ D7 E♭ B♭7 E♭ G7
A♭ E♭7 A♭ C7 D♭ A♭7
D♭ F7 F# C#7 F# A#7
B F#7 B D#7 E B7
E G#7 A E7 A C#7
D

Acordes diminutos / *Diminished chords*

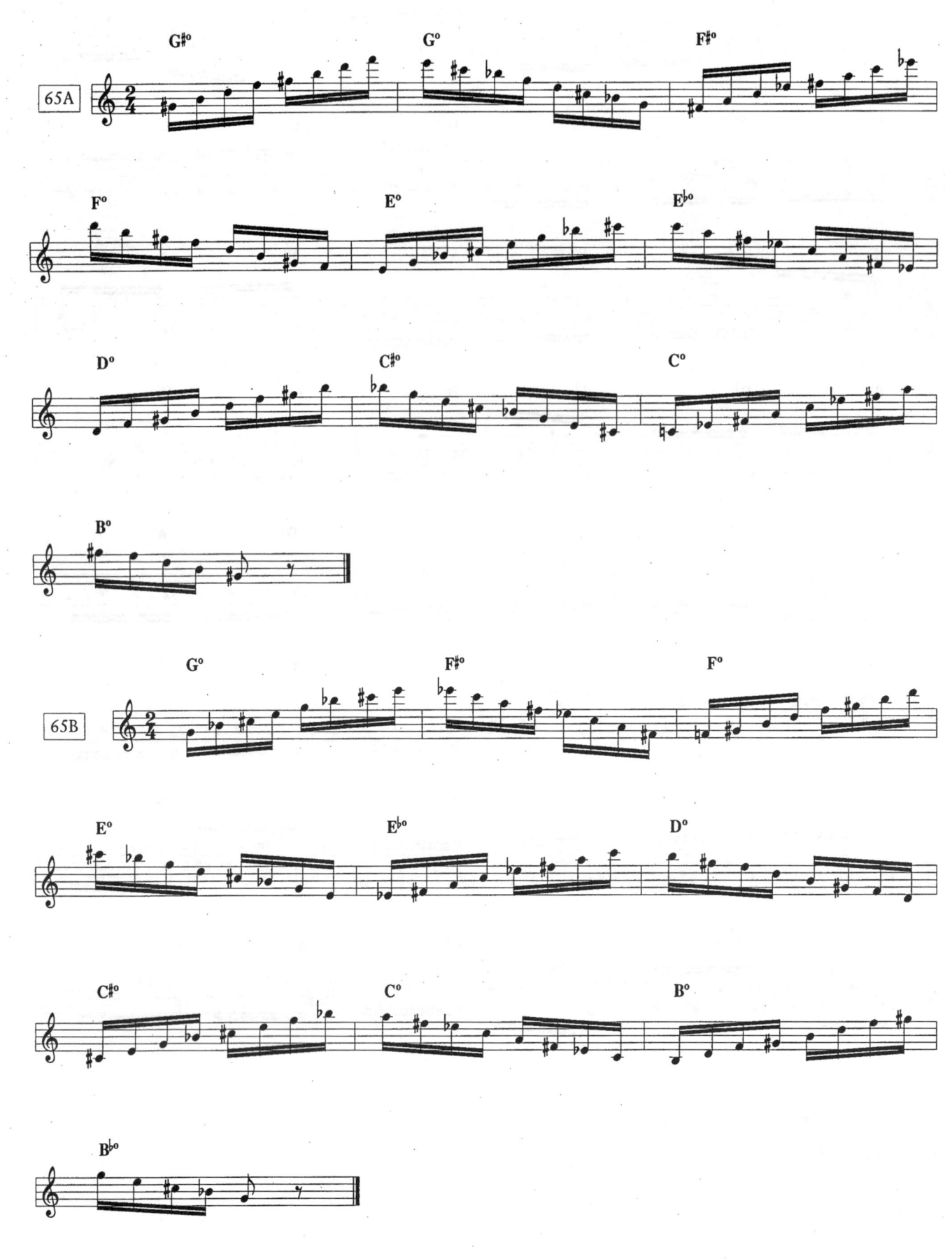

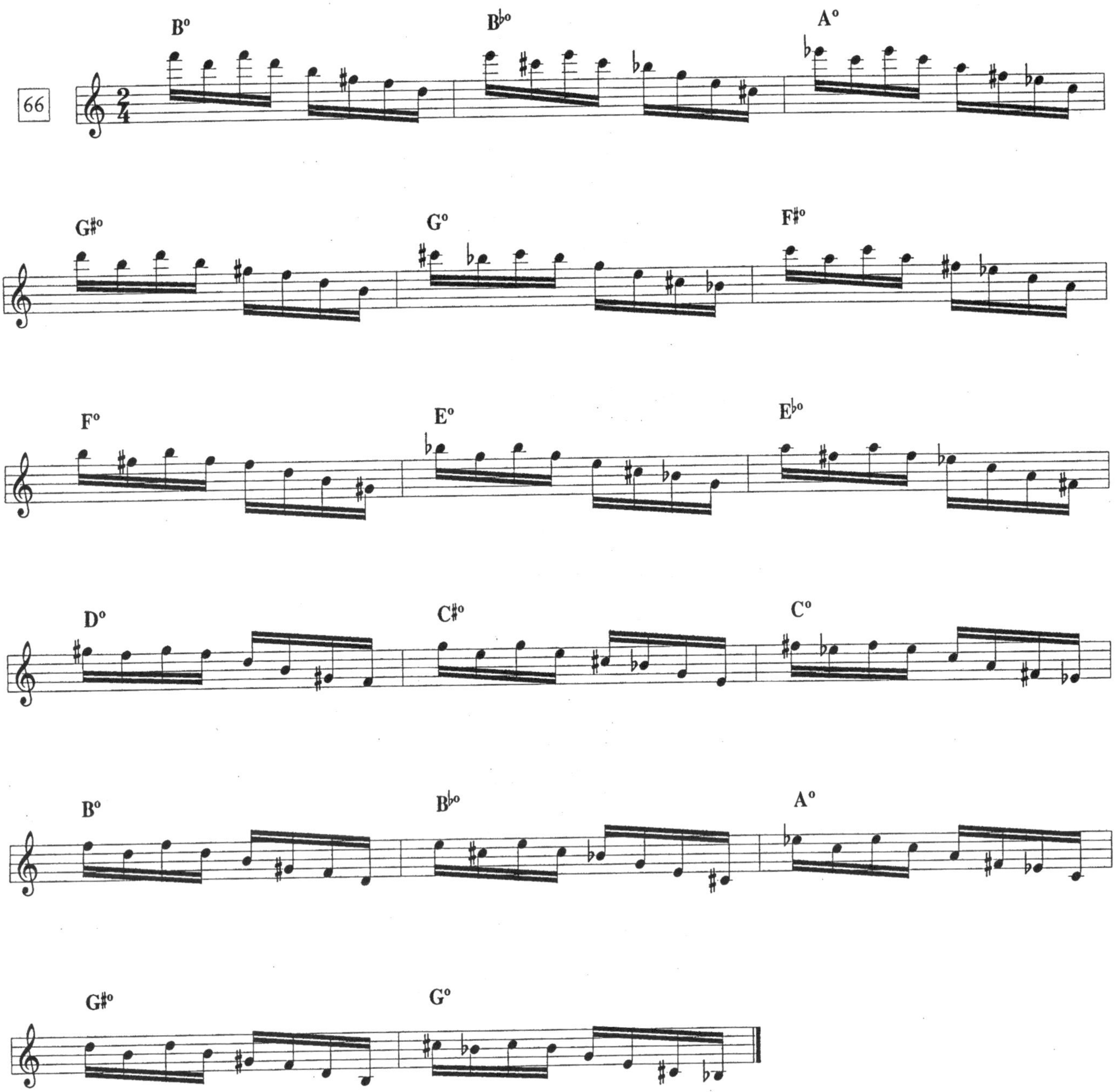
66
Bº
B♭º
Aº
G♯º
Gº
F♯º
Fº
Eº
E♭º
Dº
C♯º
Cº
Bº
B♭º
Aº
G♯º
Gº

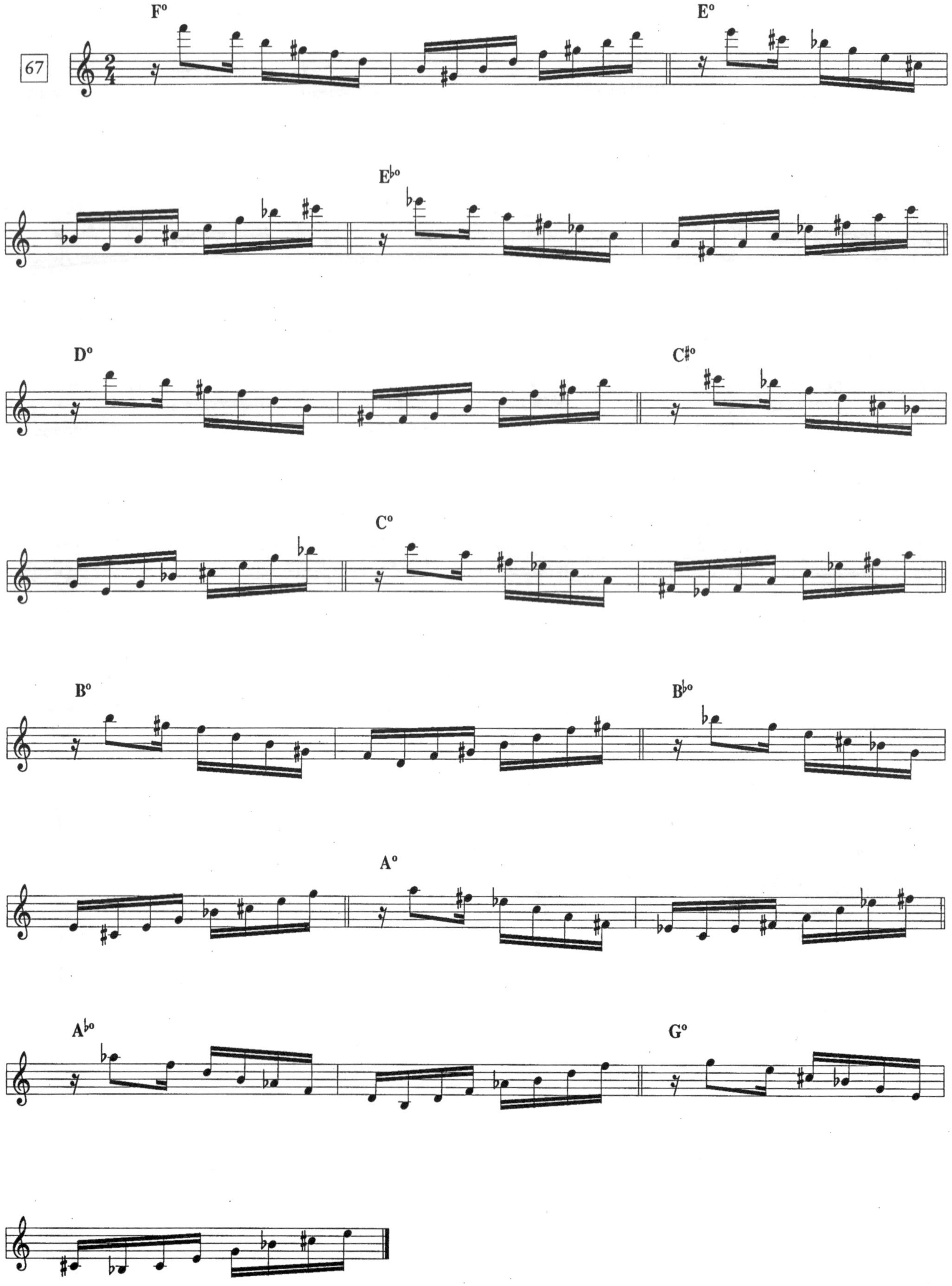
67
F°
E°
E♭°
D°
C♯°
C°
B°
B♭°
A°
A♭°
G°

68

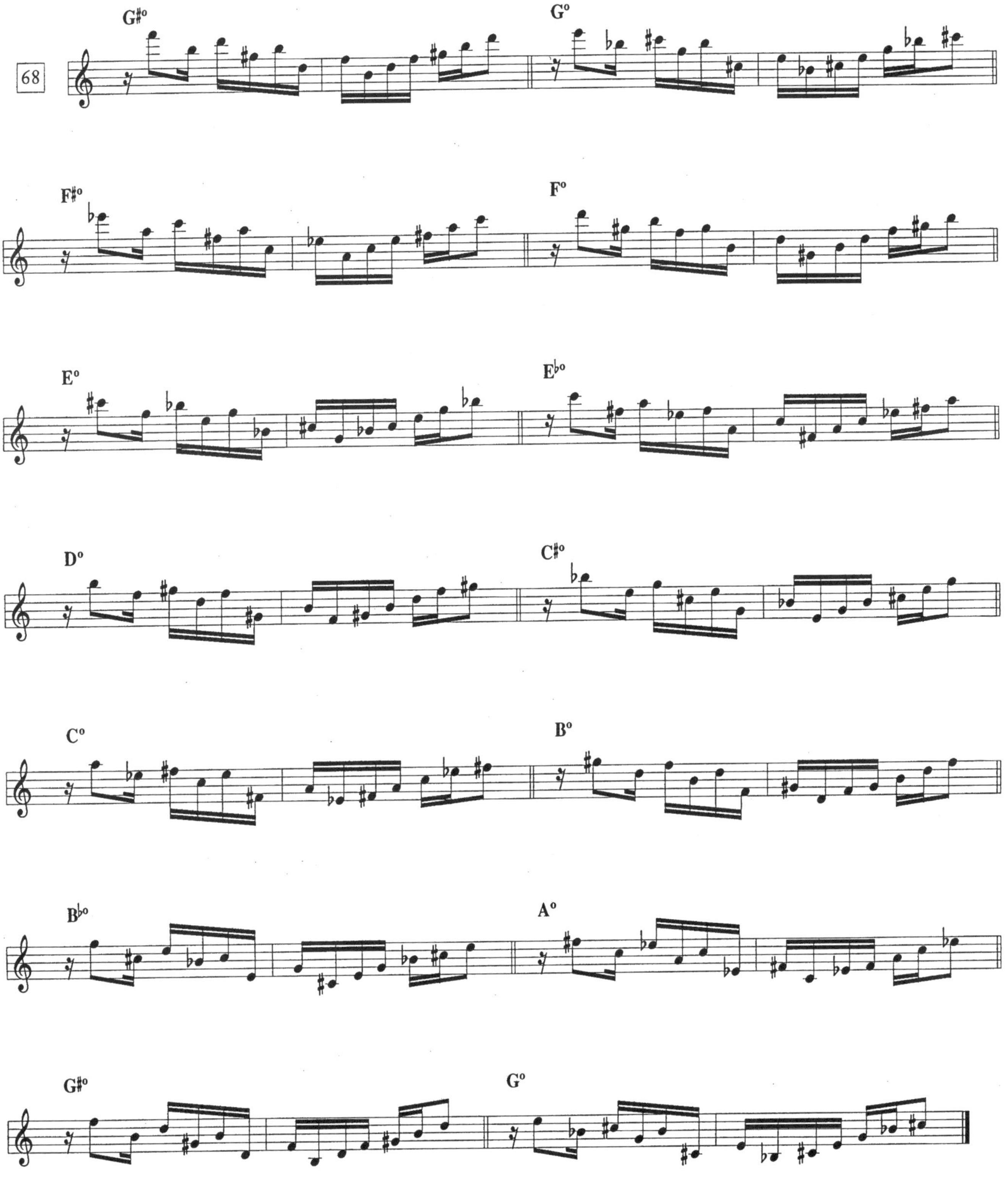

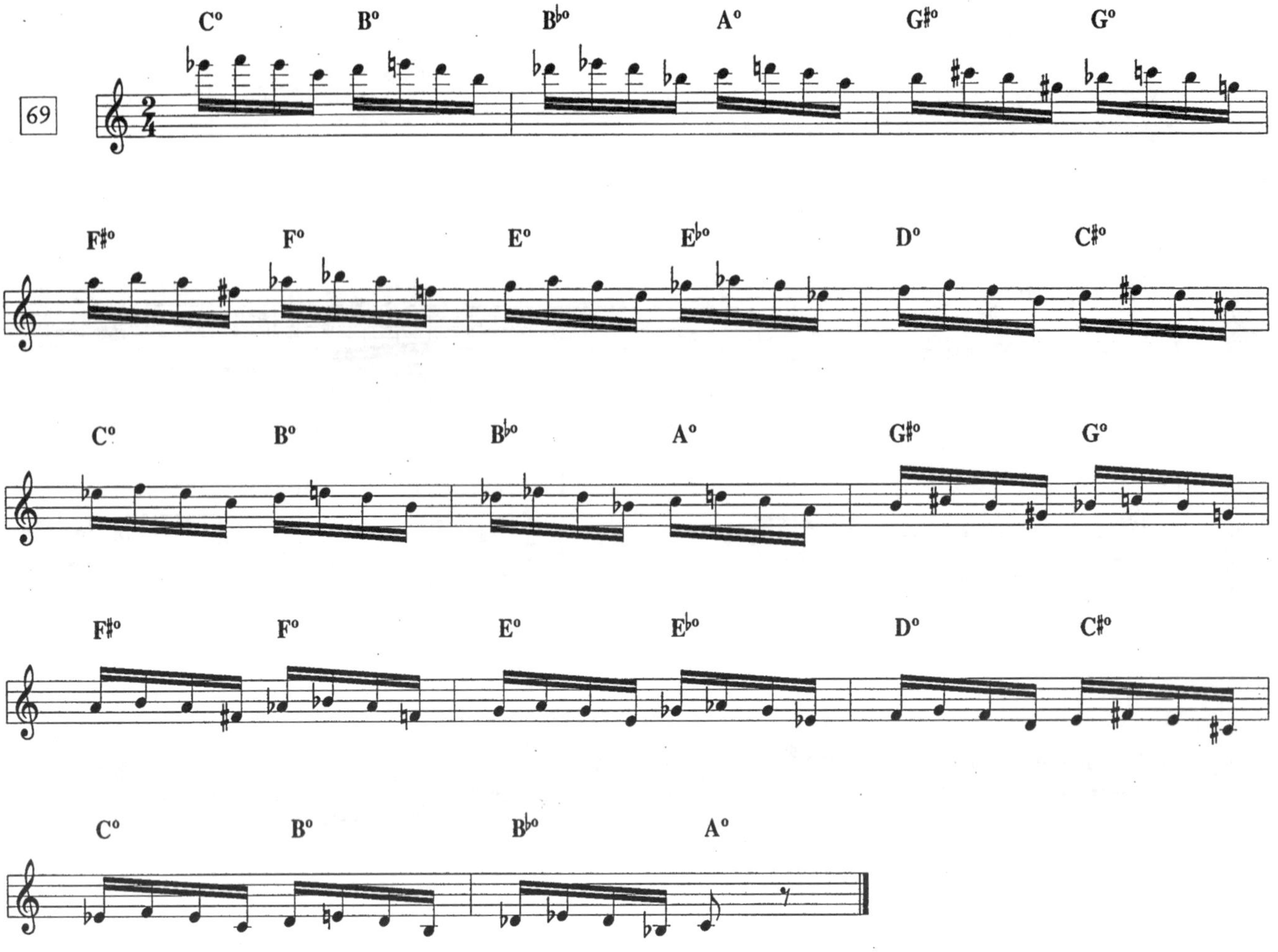
69
Cº Bº B♭º Aº G♯º Gº
F♯º Fº Eº E♭º Dº C♯º
Cº Bº B♭º Aº G♯º Gº
F♯º Fº Eº E♭º Dº C♯º
Cº Bº B♭º Aº

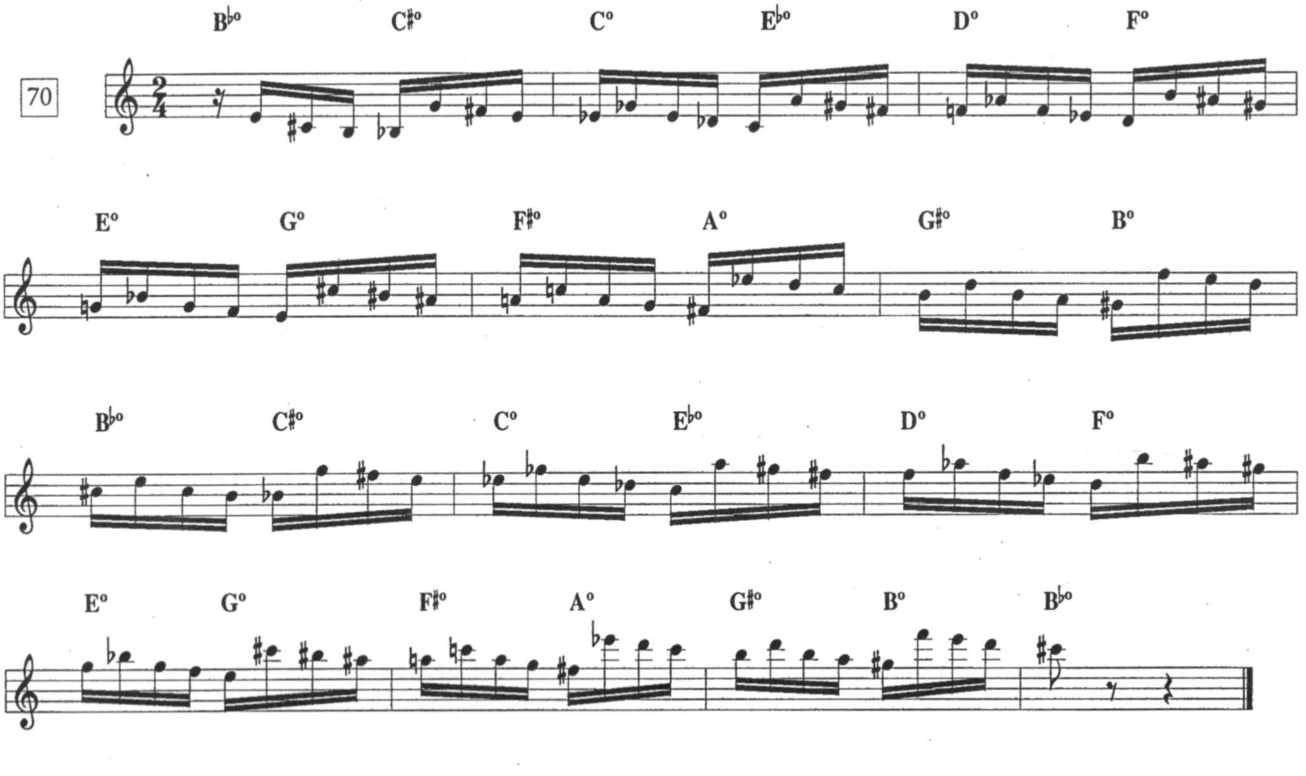
70
B♭º C♯º Cº E♭º Dº Fº
Eº Gº F♯º Aº G♯º Bº
B♭º C♯º Cº E♭º Dº Fº
Eº Gº F♯º Aº G♯º Bº B♭º

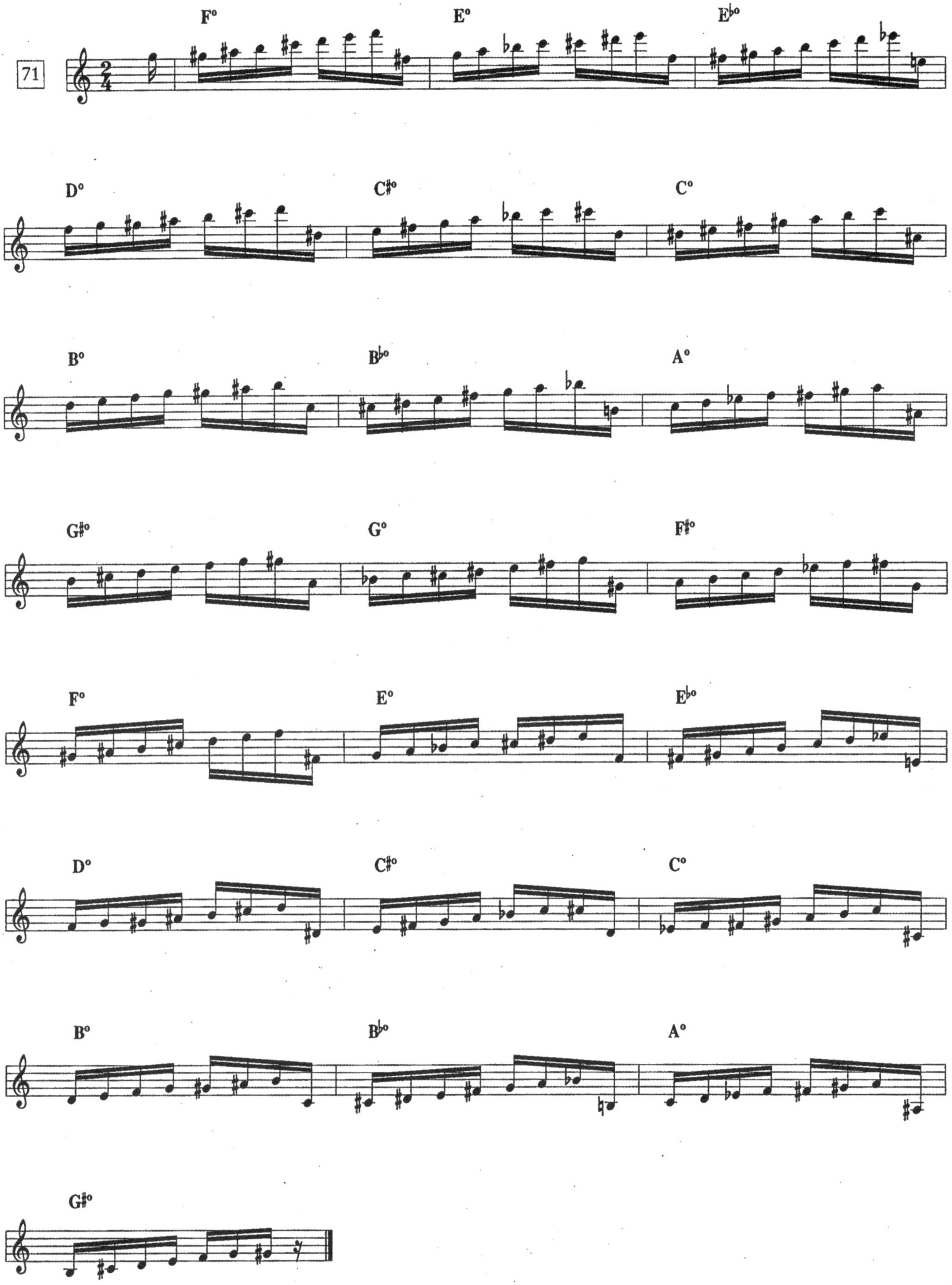
71
F°
E°
E♭°
D°
C♯°
C°
B°
B♭°
A°
G♯°
G°
F♯°
F°
E°
E♭°
D°
C♯°
C°
B°
B♭°
A°
G♯°

Acordes dominantes / *Dominant chords*

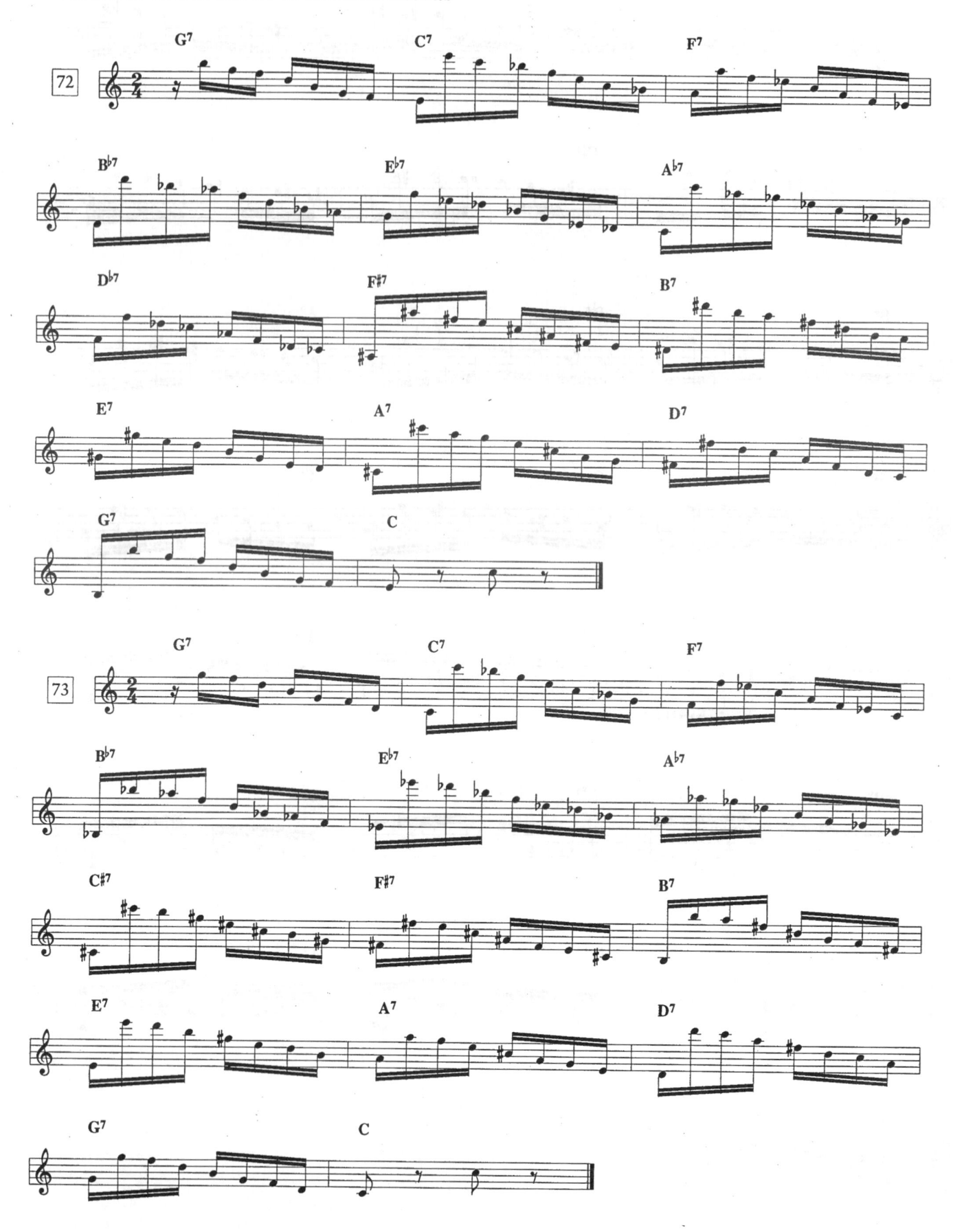

74A

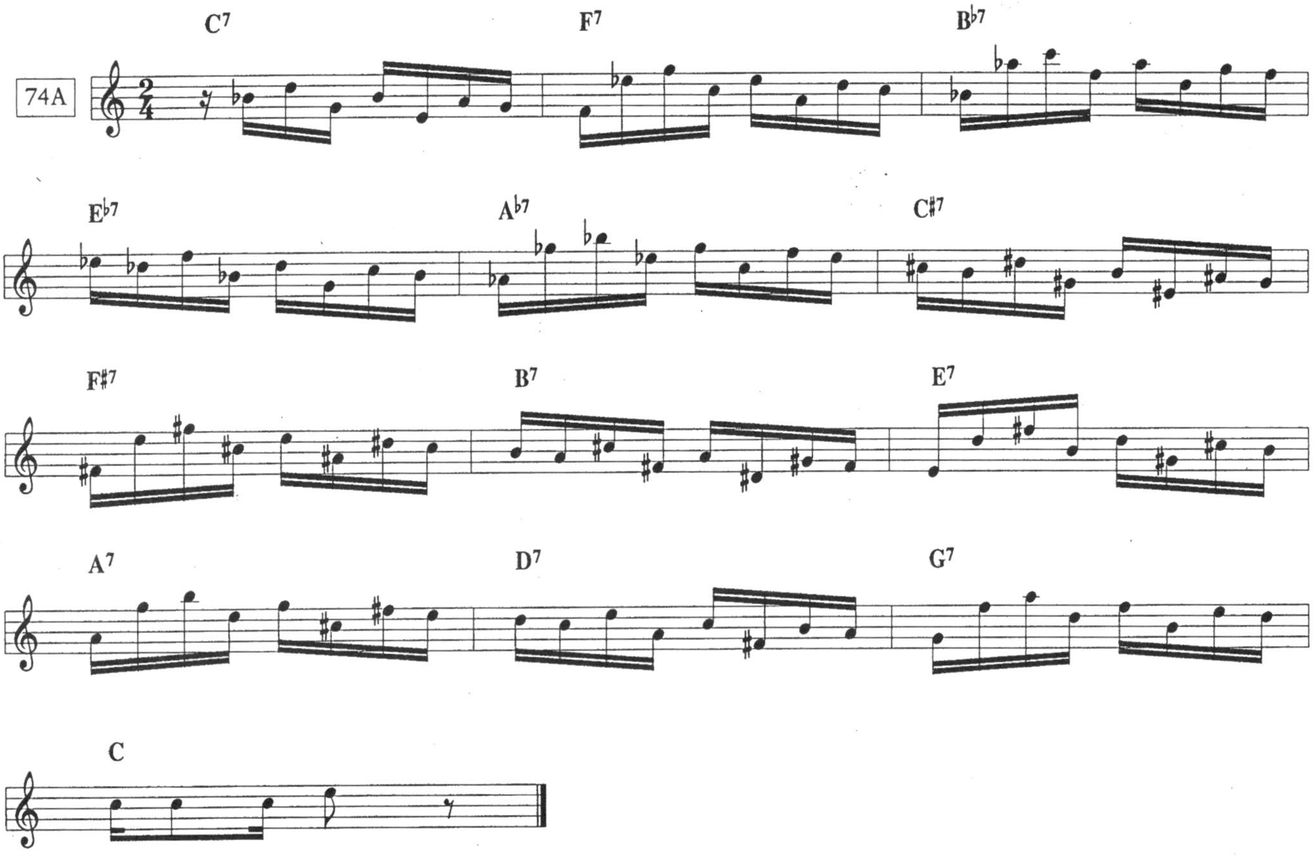
C7
F7
B♭7
E♭7
A♭7
C♯7
F♯7
B7
E7
A7
D7
G7
C

74B

A7
D7
G7
C7
F7
B♭7
E♭7
A♭7
C♯7
F♯7
B7
E7
Am

75

F7
B♭7
E♭7
A♭7
D♭7
F♯7
B7
E7
A7
D7
G7
C7
F

76

A7
D7
G7
C7
F7
B♭7
D♯7
G♯7
C♯7
F♯7
B7
E7
Am

77

G7 C7 F7
B♭7 E♭7 A♭7
C♯7 F♯7 B7
E7 A7 D7 G

78

G7 C7 F7
B♭7 E♭7 G♯7
C♯7 F♯7 B7
E7 A7 D7 Gm

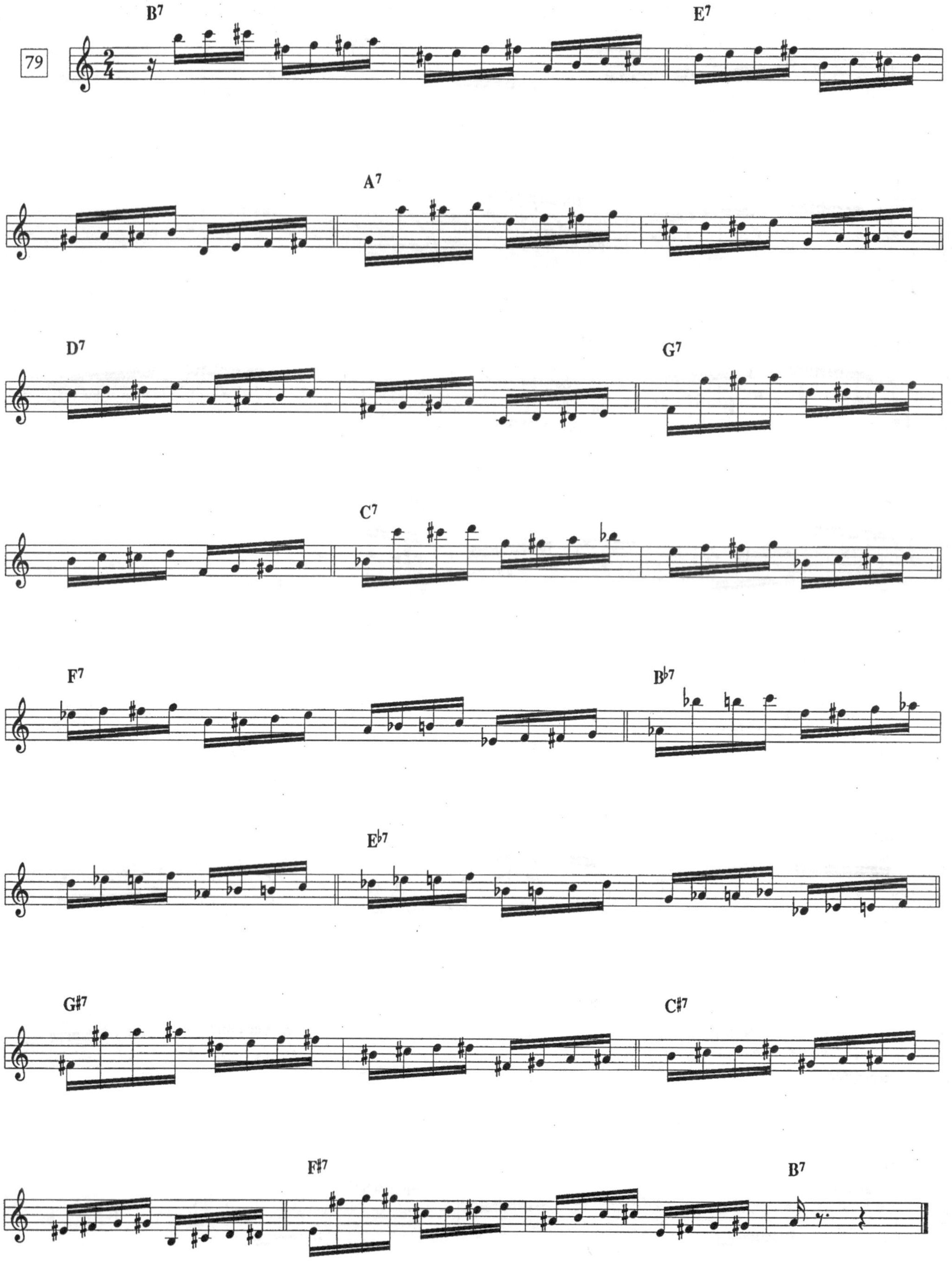
79
B7
E7
A7
D7
G7
C7
F7
B♭7
E♭7
G♯7
C♯7
F♯7
B7

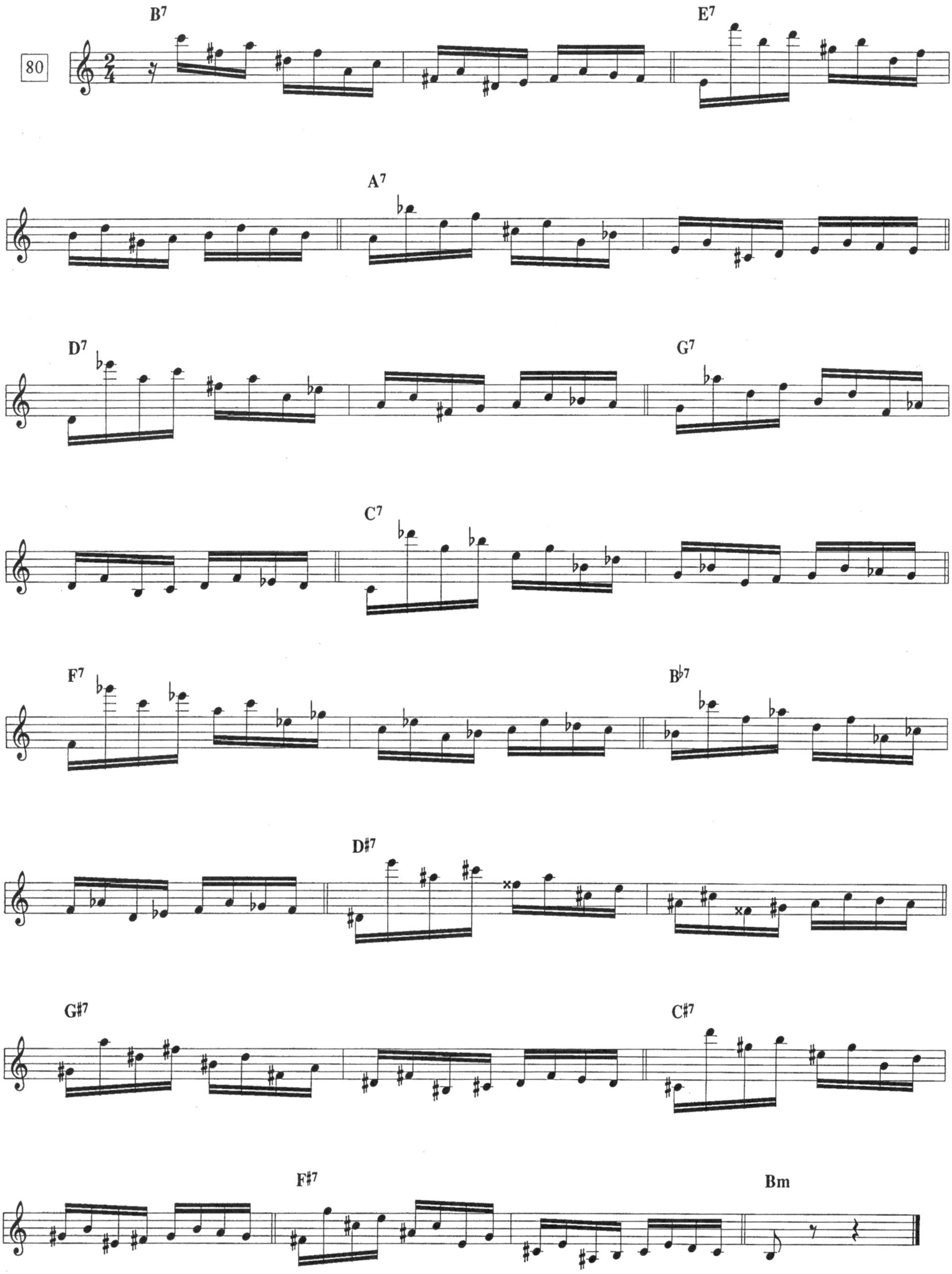
80
B7
E7
A7
D7
G7
C7
F7
B♭7
D♯7
G♯7
C♯7
F♯7
Bm

81

A7
D7
G7
C7
F7
B♭7
D♯7
G♯7
C♯7
F♯7
B7
E7
Am

82

E7
A7
D7
G7
C7
F7
B♭7
D♯7
G♯7
C♯7
F♯7
B7
Em

83A

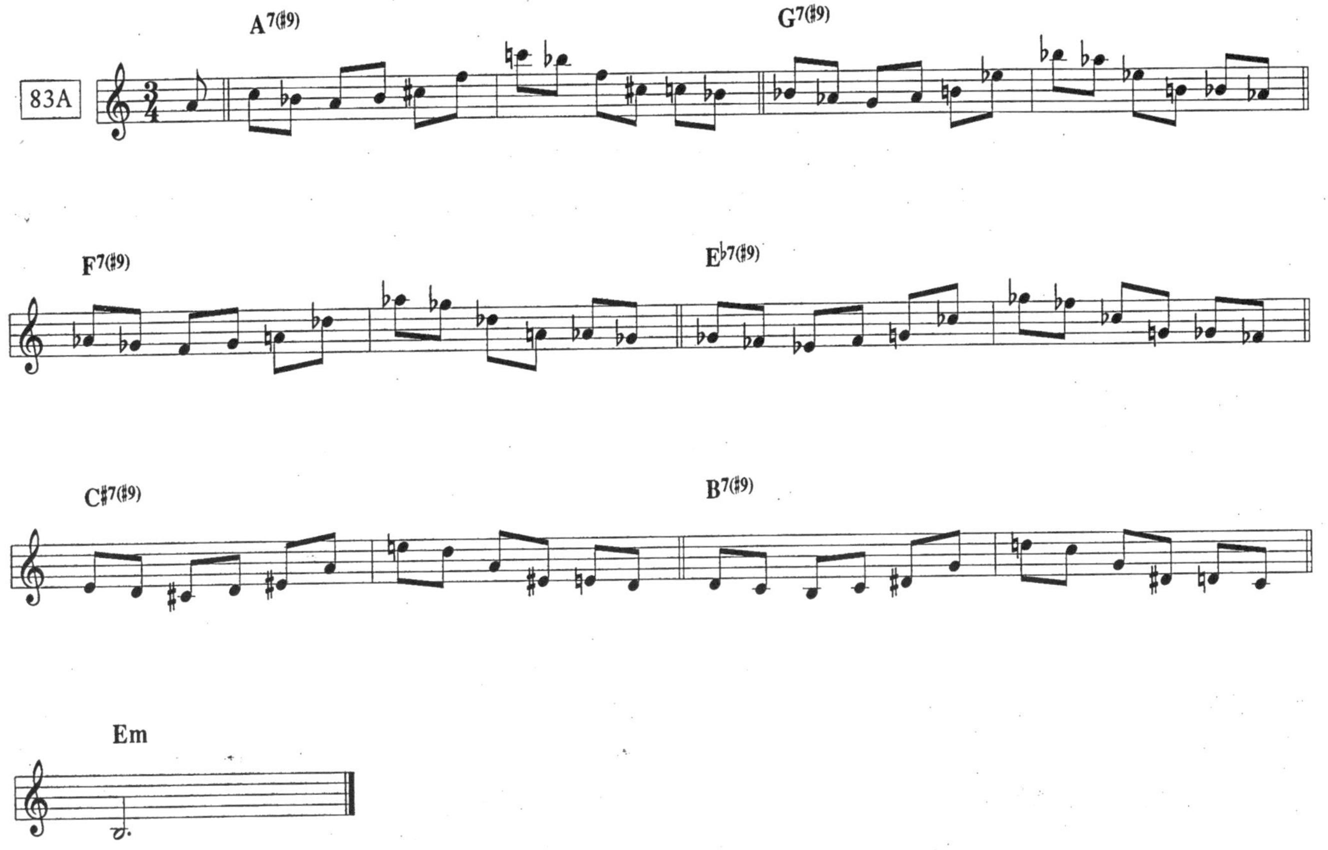

83B

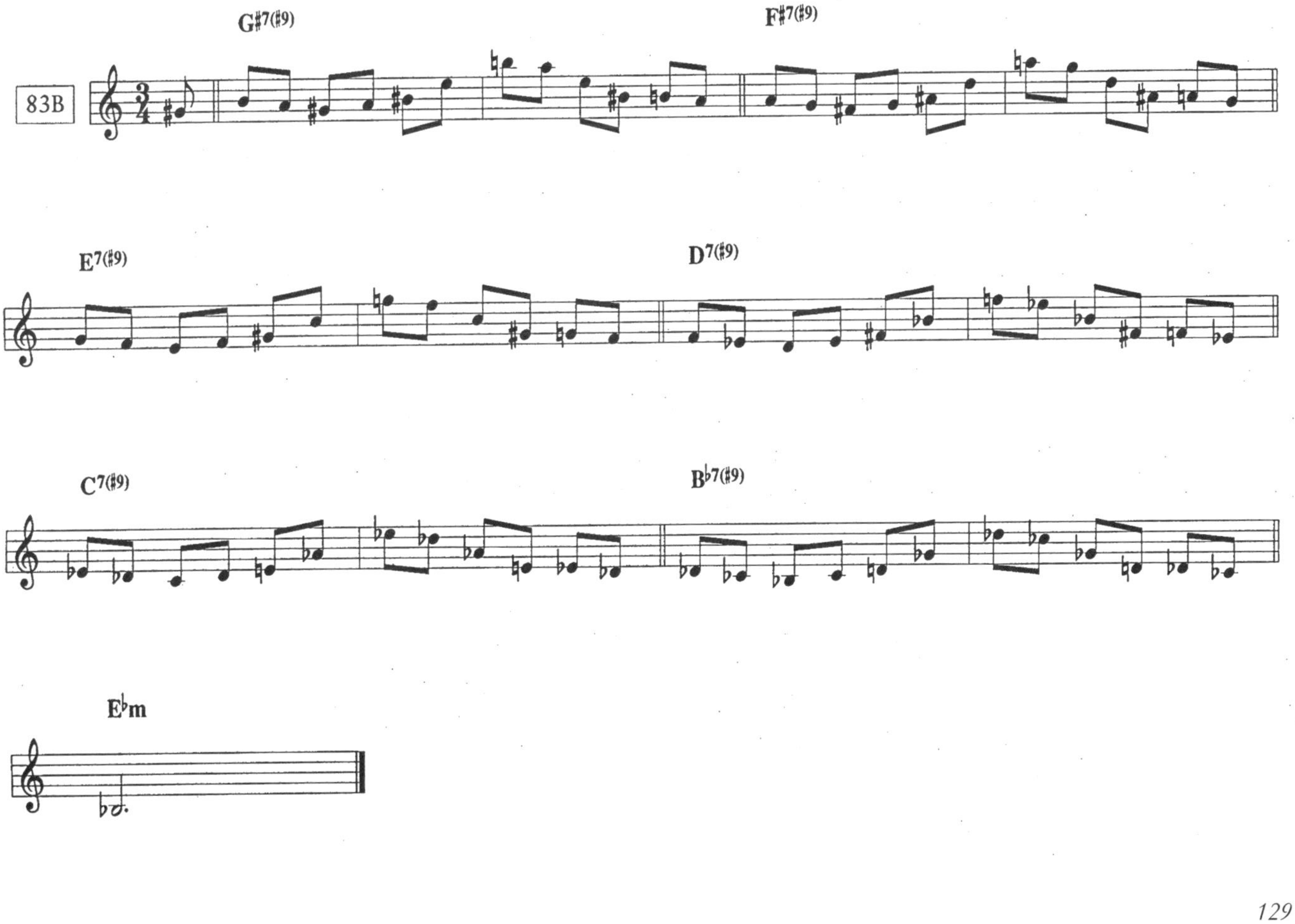

84

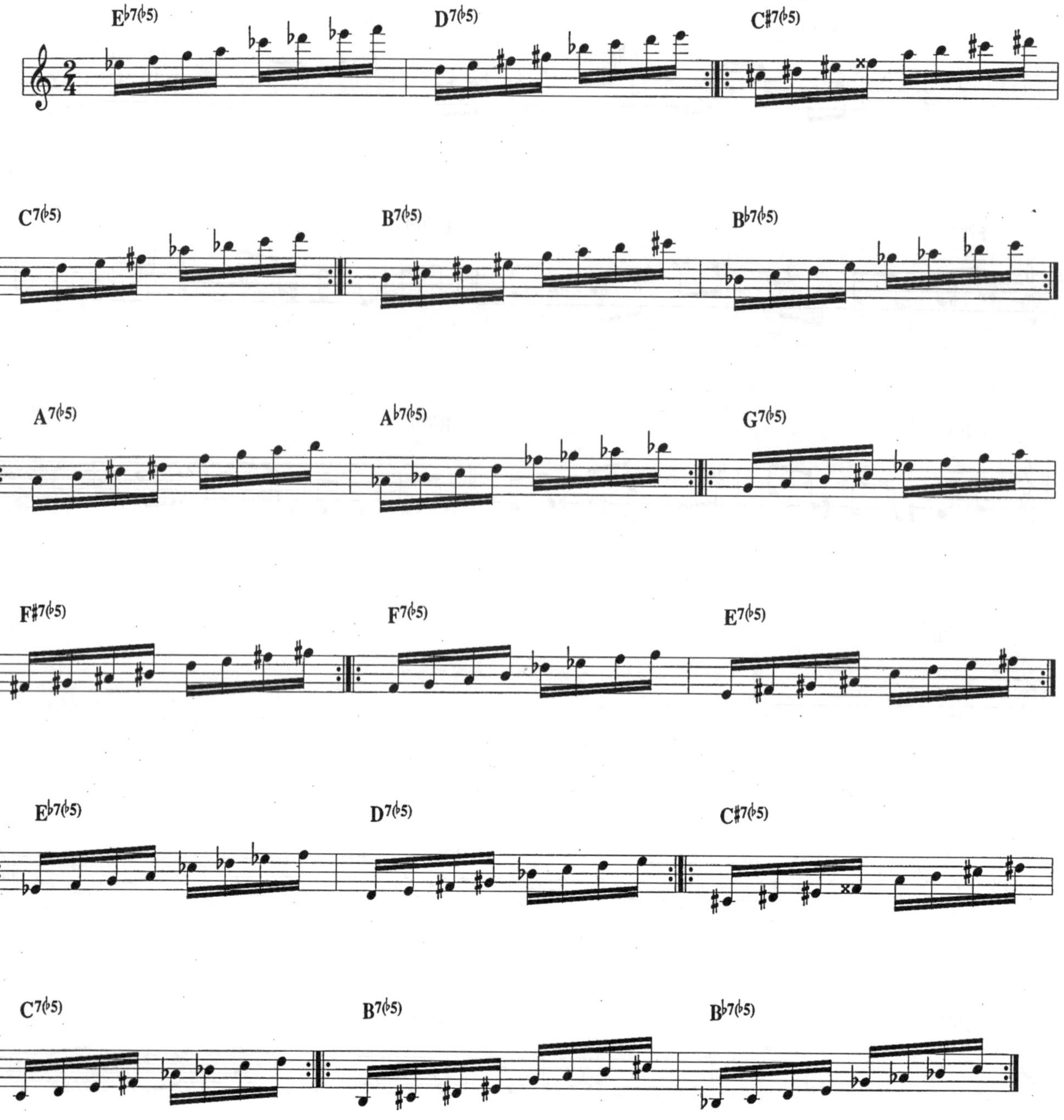
E♭7(♭5)
D7(♭5)
C♯7(♭5)
C7(♭5)
B7(♭5)
B♭7(♭5)
A7(♭5)
A♭7(♭5)
G7(♭5)
F♯7(♭5)
F7(♭5)
E7(♭5)
E♭7(♭5)
D7(♭5)
C♯7(♭5)
C7(♭5)
B7(♭5)
B♭7(♭5)

- Seqüências harmônicas – V-I, II-V, V-V e diminutos de passagem / *Harmonic sequences – V-I, II-V, V-V and diminished passing tones*

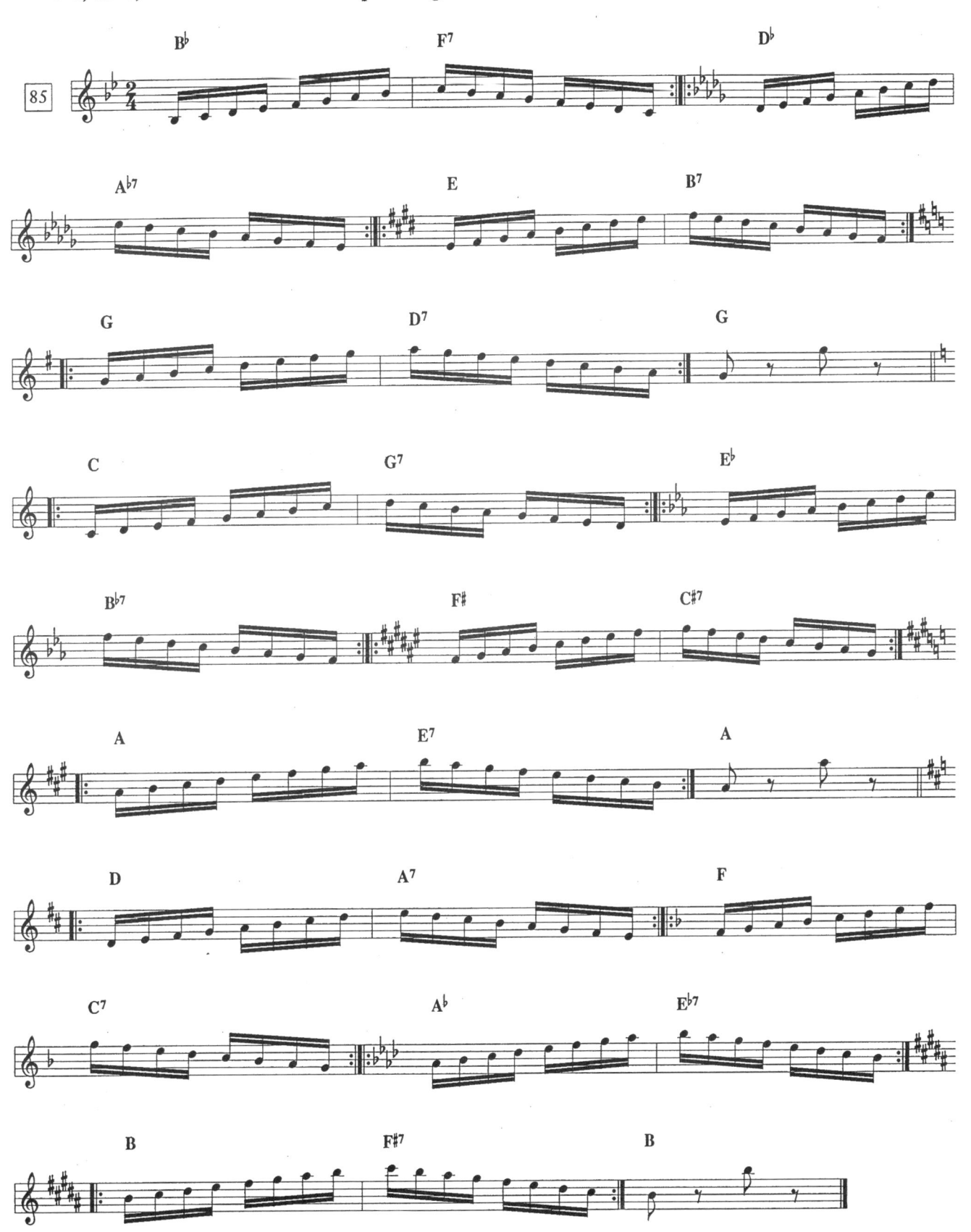

86
G7 C G7 C
G7 C G7 C
C7 F C7 F
C7 F C7 F
F7 B♭ F7 B♭
F7 B♭ F7 B♭
B♭7 E♭ B♭7 E♭
B♭7 E♭ B♭7 E♭
E♭7 A♭ E♭7 A♭
E♭7 A♭ E♭7 A♭
A♭7 D♭ A♭7 D♭
A♭7 D♭ A♭7 D♭

vocabulário do choro | choro vocabulary

87
G7 C G7 C
G7 C G7 C
C7 F C7 F
C7 F C7 F
F7 B♭ F7 B♭
F7 B♭ F7 B♭
B♭7 E♭ B♭7 E♭
B♭7 E♭ B♭7 E♭
E♭7 A♭ E♭7 A♭
E♭7 A♭ E♭7 A♭
A♭7 D♭ A♭7 D♭
A♭7 D♭ A♭7 D♭

vocabulário do choro | choro vocabulary

88
C G7 C G7
1. C 2. F C7 F
C7 1. F 2. B♭ F7
B♭ F7 1. B♭ 2. E♭
B♭7 E♭ B♭7 1. E♭
2. A♭ E♭7 A♭ E♭7
1. A♭ 2. D♭ A♭7 D♭
A♭7 1. D♭ 2. F♯ C♯7

vocabulário do choro | choro vocabulary

89
C G7 C G7
D A7 D A7
E B7 E B7
F♯ C♯7 F♯ C♯7
A♭ E♭7 A♭ E♭7
B♭ F7 B♭ F7 B♭
E♭ B♭7 E♭ B♭7
F C7 F C7
G D7 G D7
A E7 A E7
B F♯7 B F♯7
D♭ A♭7 D♭ A♭7 D♭

vocabulário do choro | choro vocabulary

[91]

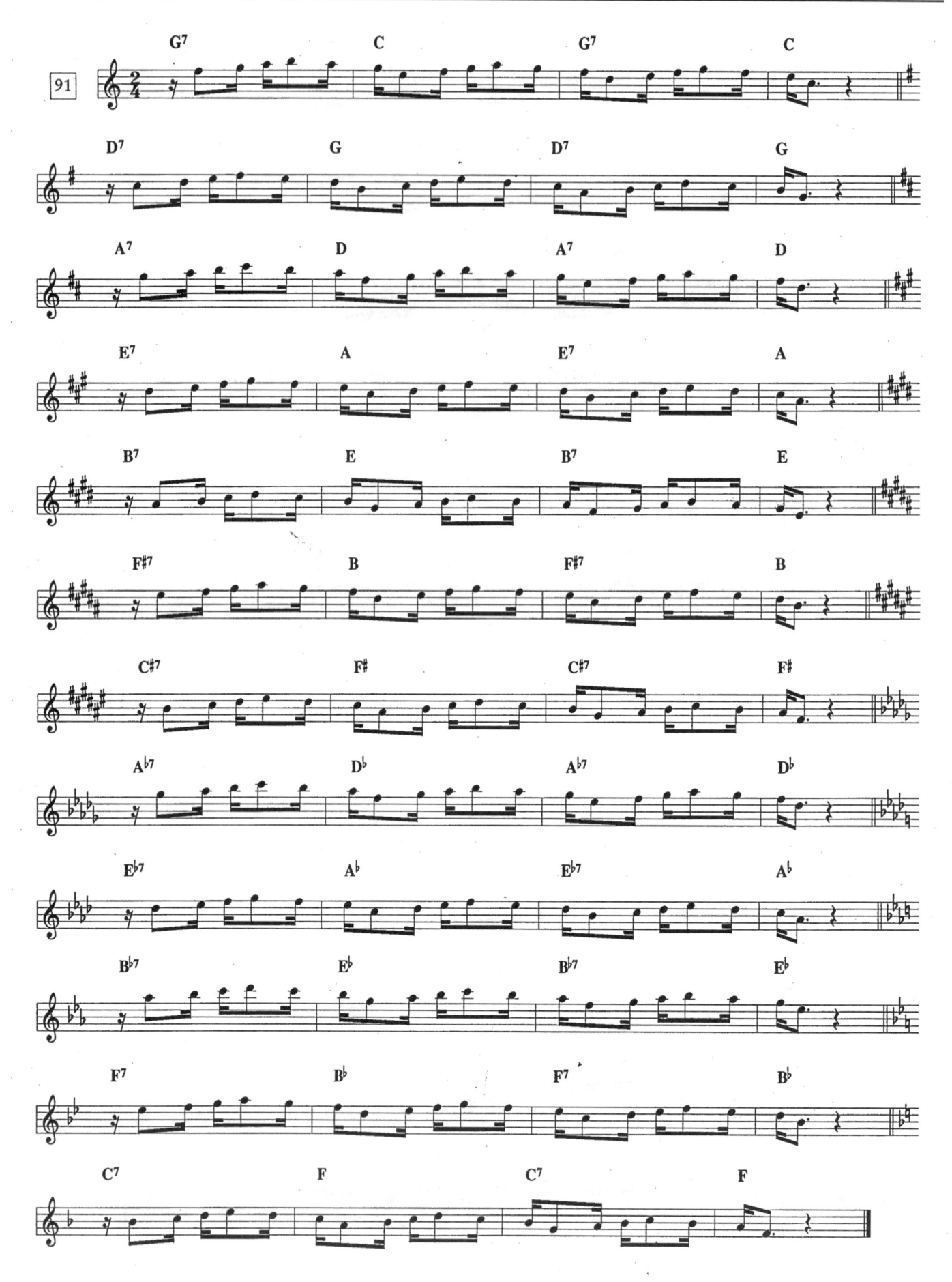

vocabulário do choro | choro vocabulary

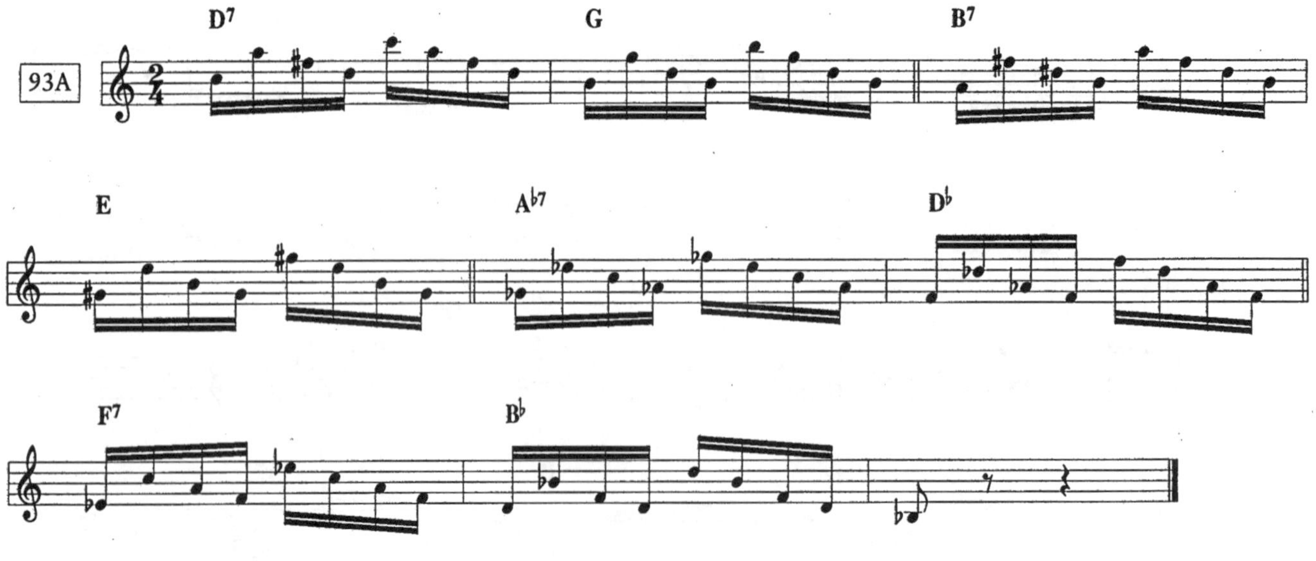
93A
D7
G
B7
E
A♭7
D♭
F7
B♭

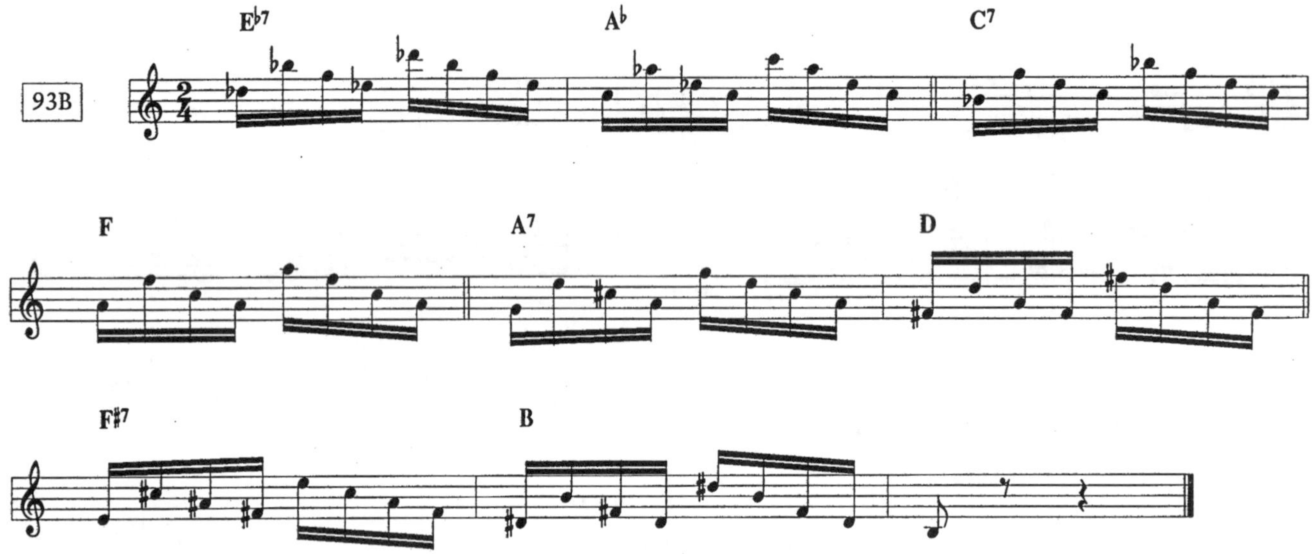
93B
E♭7
A♭
C7
F
A7
D
F♯7
B

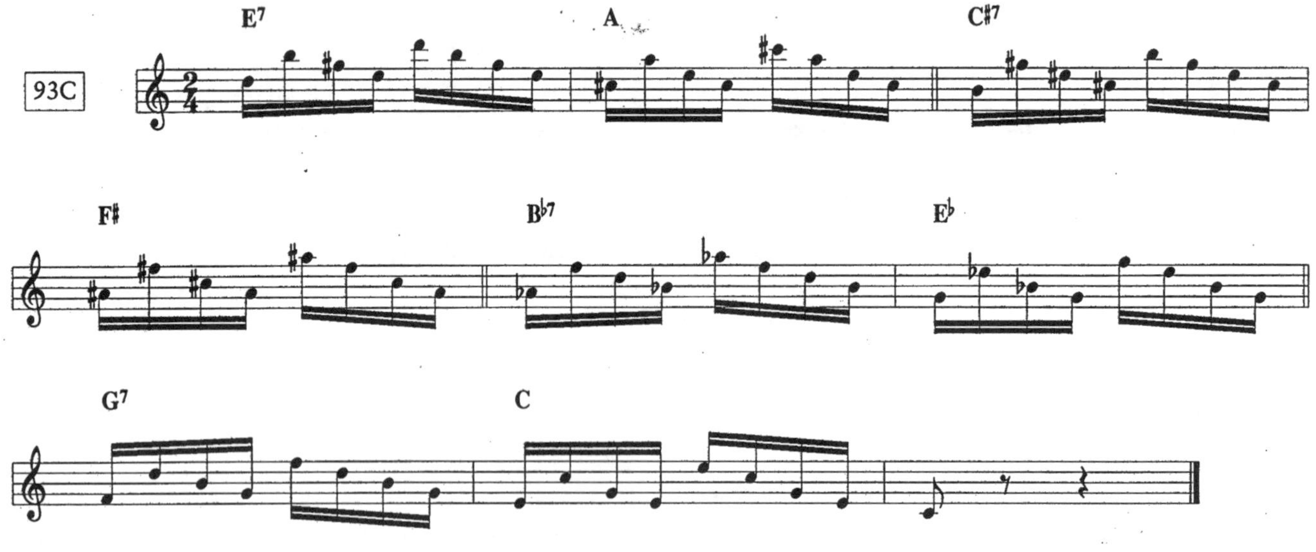
93C
E7
A
C♯7
F♯
B♭7
E♭
G7
C

vocabulário do choro | choro vocabulary

95
G D7 G
D A7 D A E7
A E B7 E
B F#7 B F# C#7
F# Db Ab7 Db
Ab Eb7 Ab Eb Bb7
Eb Bb F7 Bb
F C7 F C G7
C

vocabulário do choro | choro vocabulary

97A

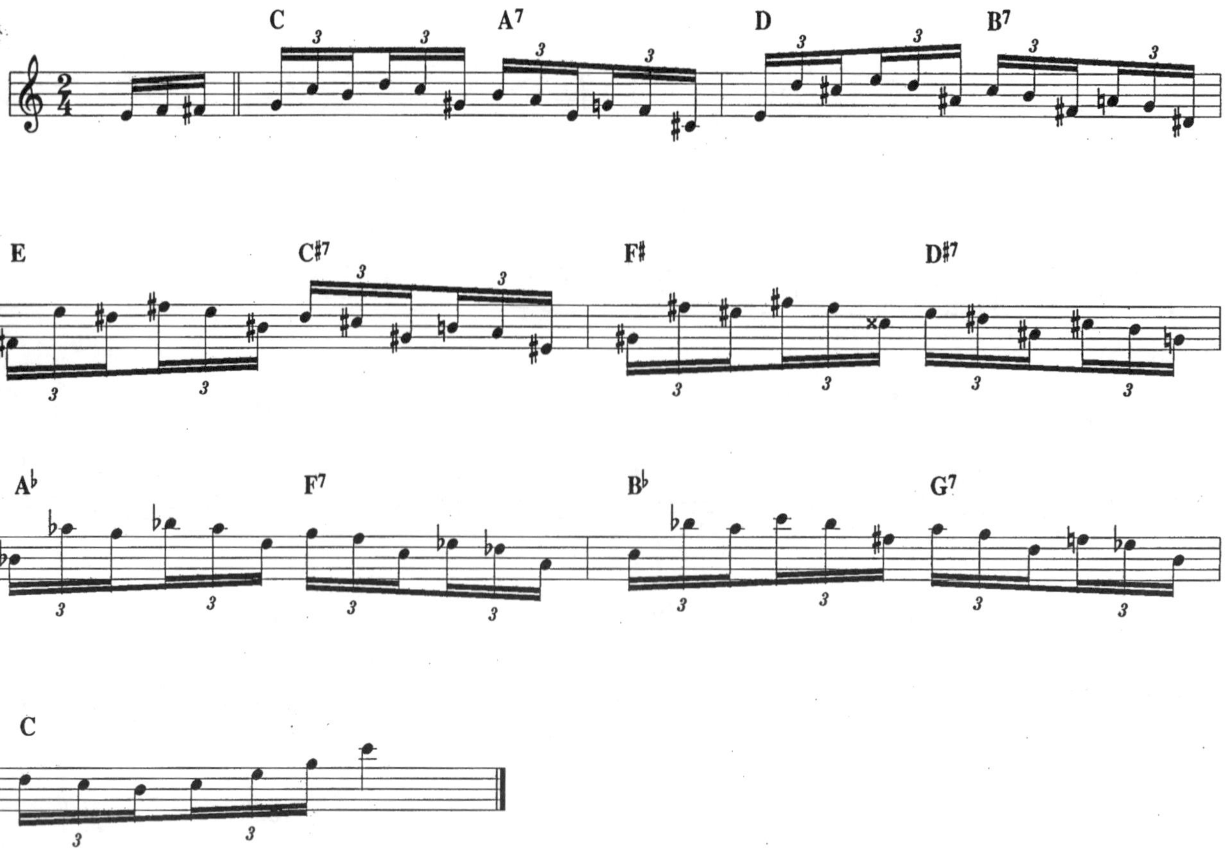

97B

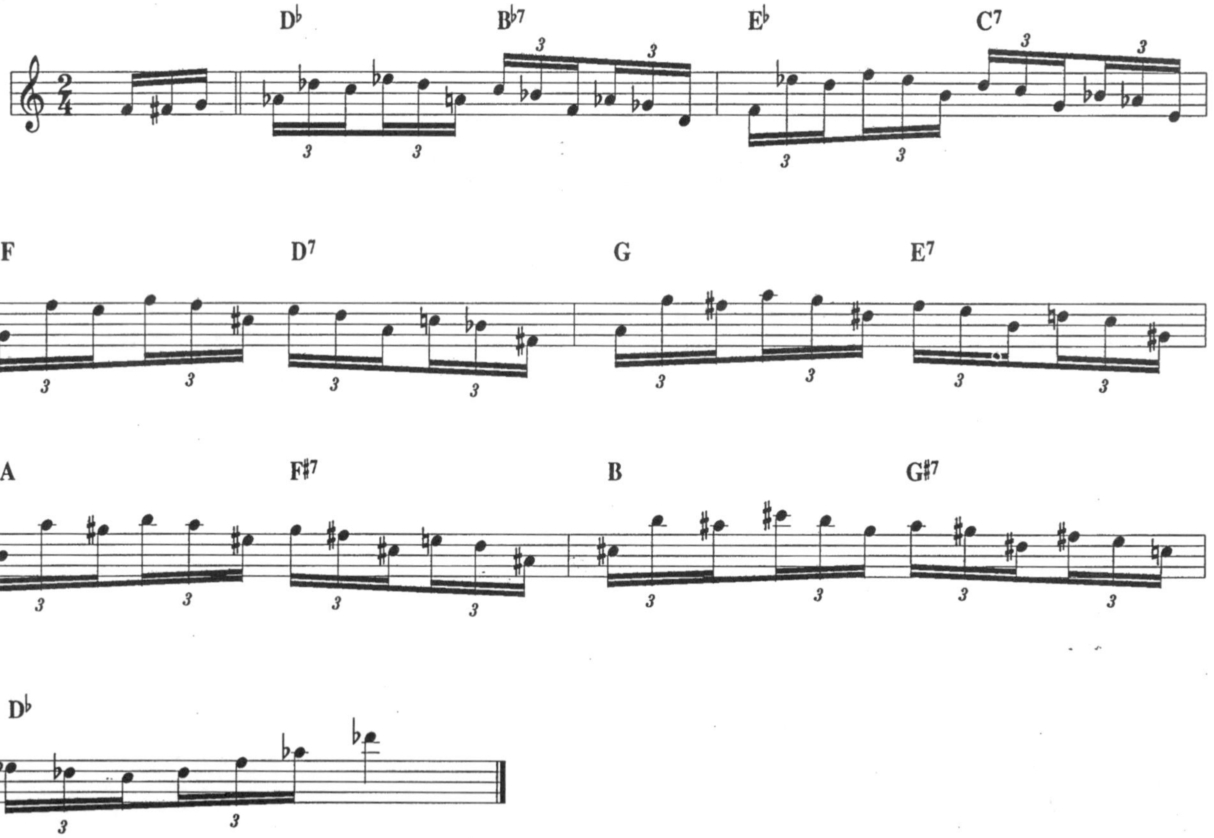

vocabulário do choro | choro vocabulary

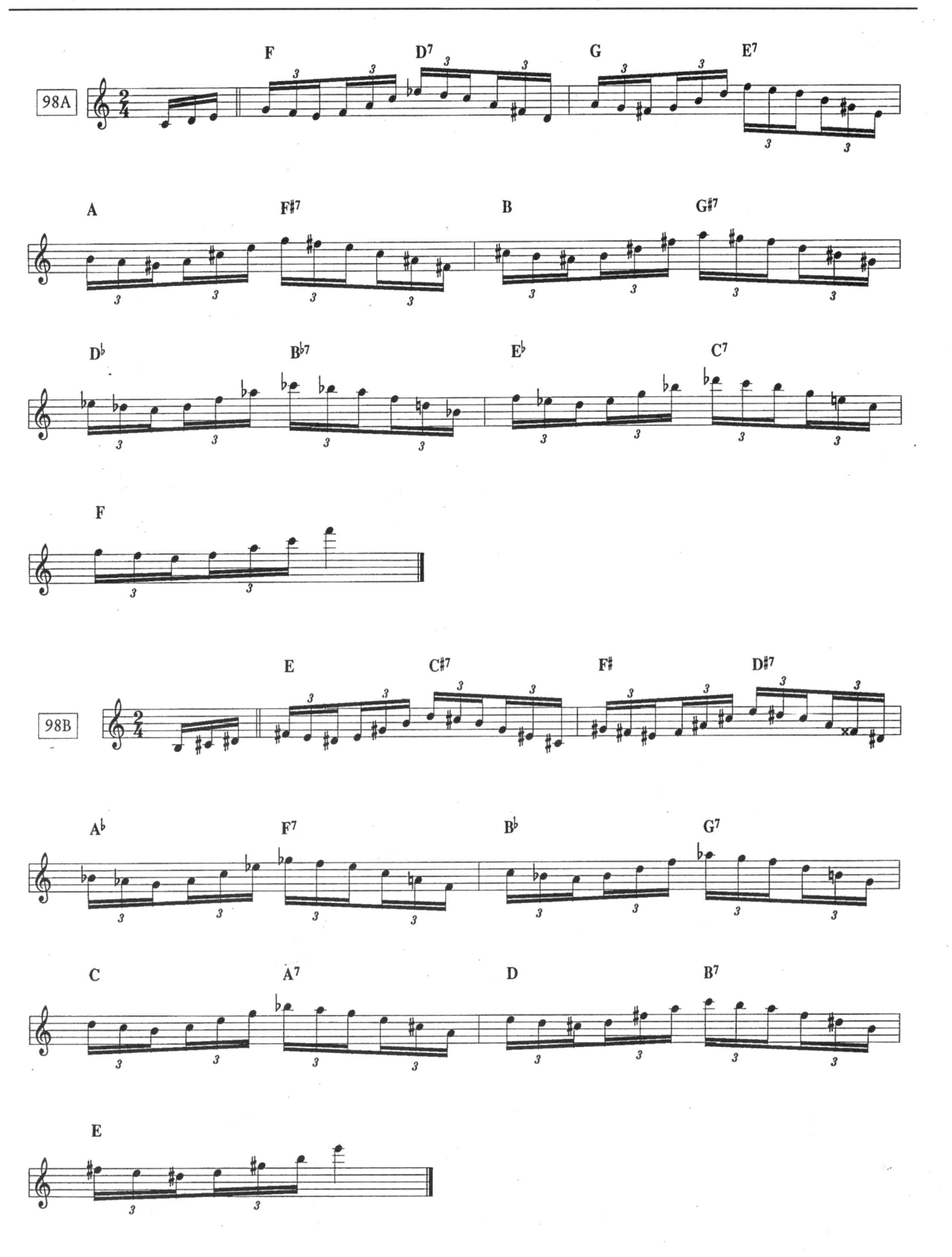

99
Dm
A7
Am
E7
Em
B7
Bm
F♯7
F♯m
C♯7
C♯m
G♯7
G♯m
D♯7
E♭m
B♭7
B♭m
F7
Fm
C7
Cm
G7
Gm
D7
Gm
D7

100
D7
Gm
A7
Dm
E7
Am
B7
Em
F♯7
Bm
C♯7
F♯m
G♯7
C♯m
D♯7
G♯m
B♭7
E♭m
F7
B♭m
C7
Fm
G7
Cm

101
E7
Am
A7
Dm
D7
Gm
G7
Cm
C7
Fm
F7
B♭m
B♭7
E♭m
E♭7
A♭m
G♯7
C♯m
C♯7
F♯m
F♯7
Bm
B7
Em

102
E7 Am
A7 Dm D7
Gm G7 Cm
C7 Fm F7
B♭m B♭7 E♭m
E♭7 A♭m G♯7
C♯m C♯7 F♯m
F♯7 Bm B7
Em

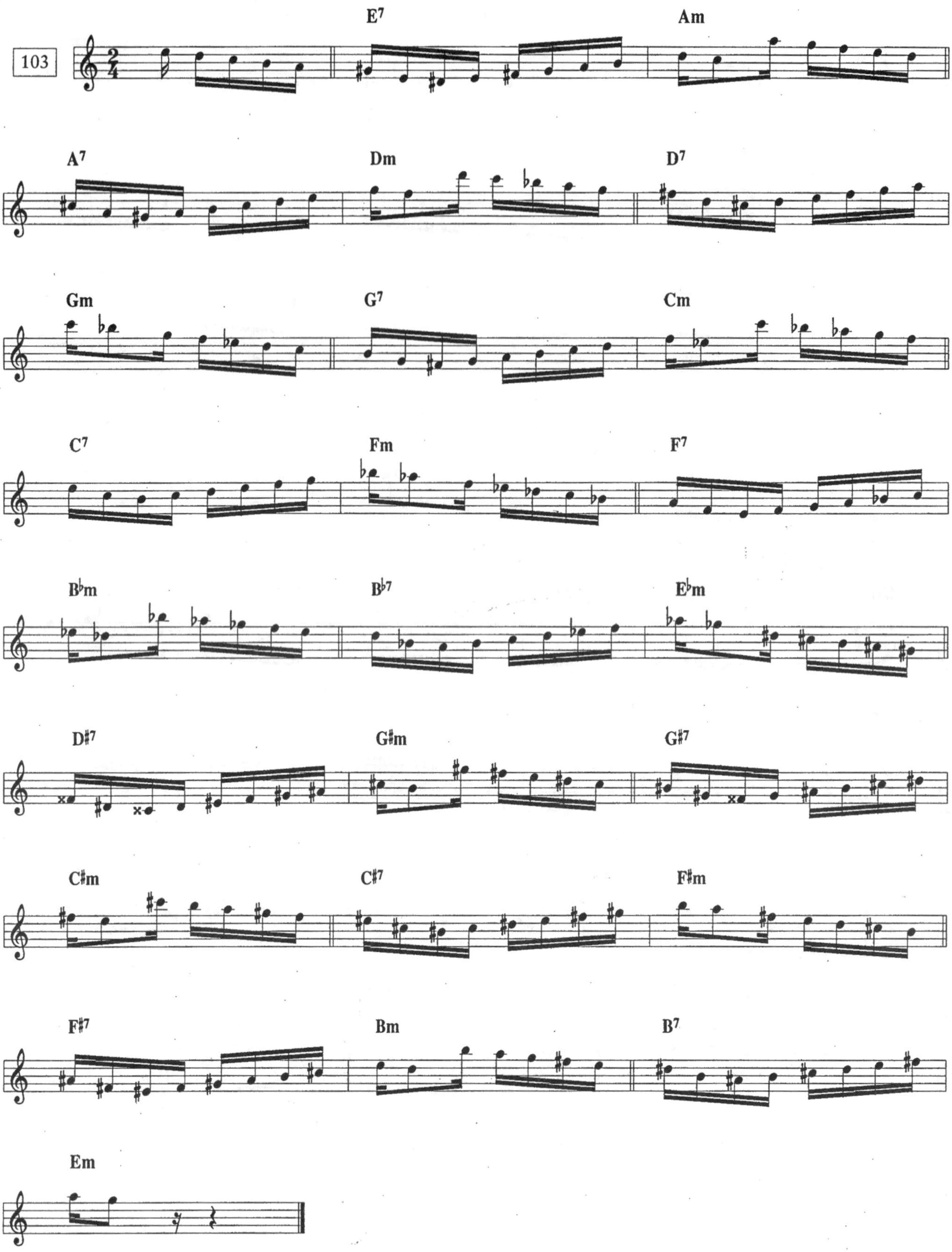
103
E7
Am
A7
Dm
D7
Gm
G7
Cm
C7
Fm
F7
B♭m
B♭7
E♭m
D♯7
G♯m
G♯7
C♯m
C♯7
F♯m
F♯7
Bm
B7
Em

vocabulário do choro | choro vocabulary

104

105

106A

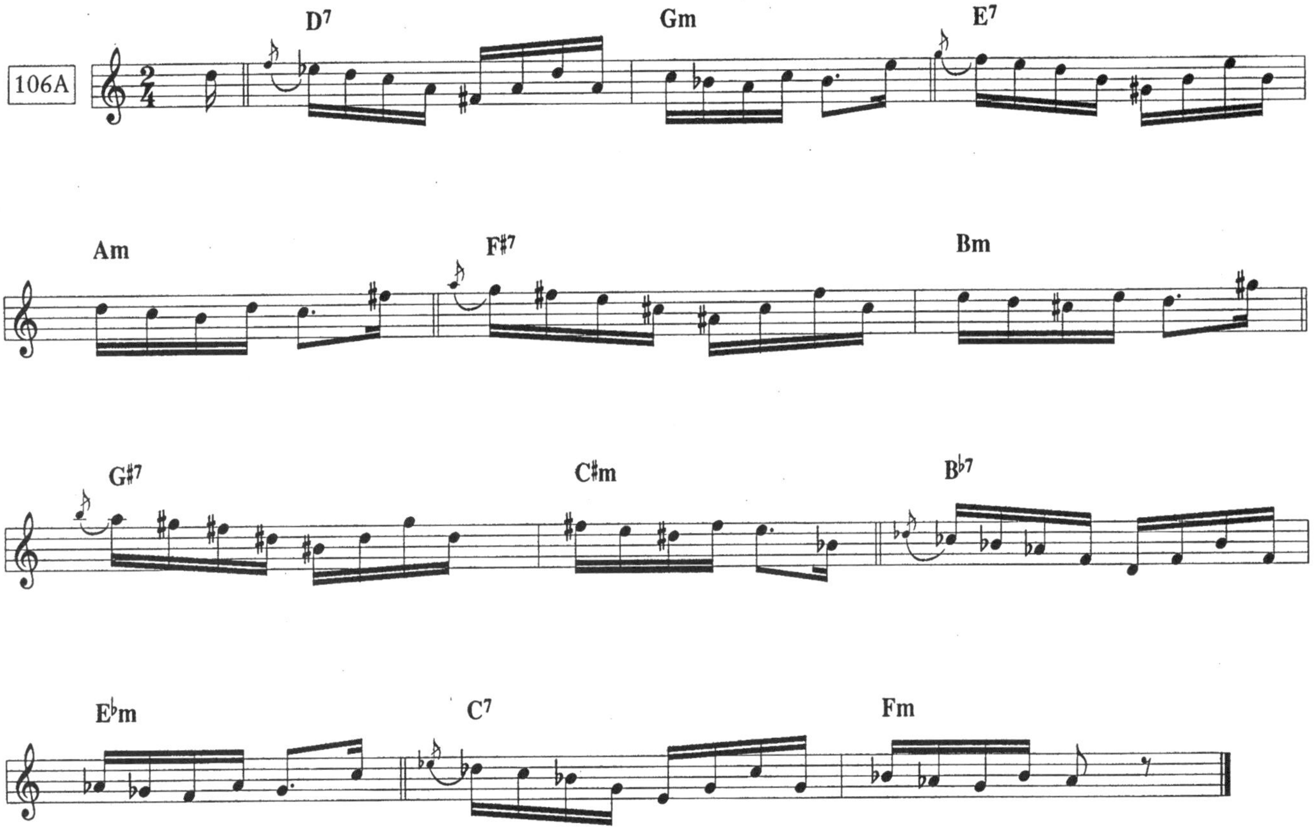

106B

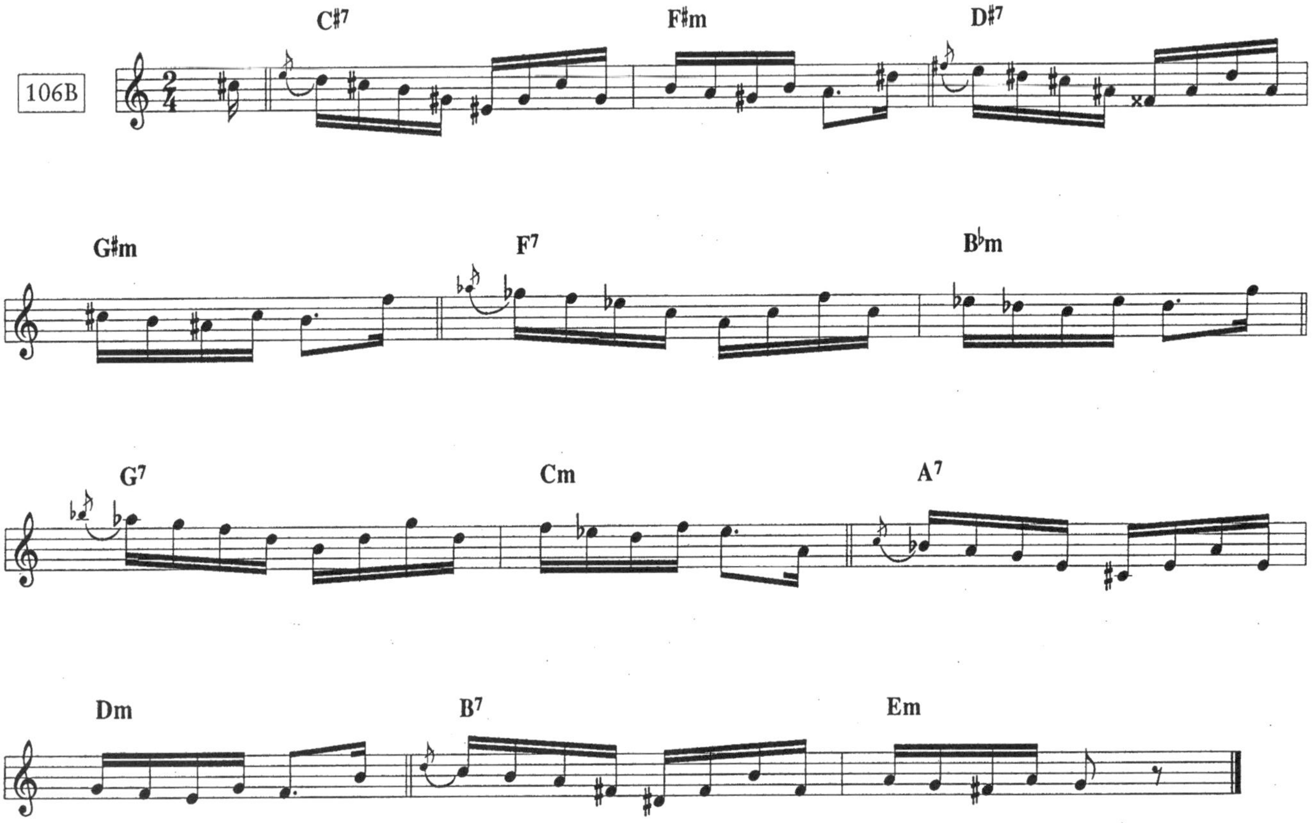

107

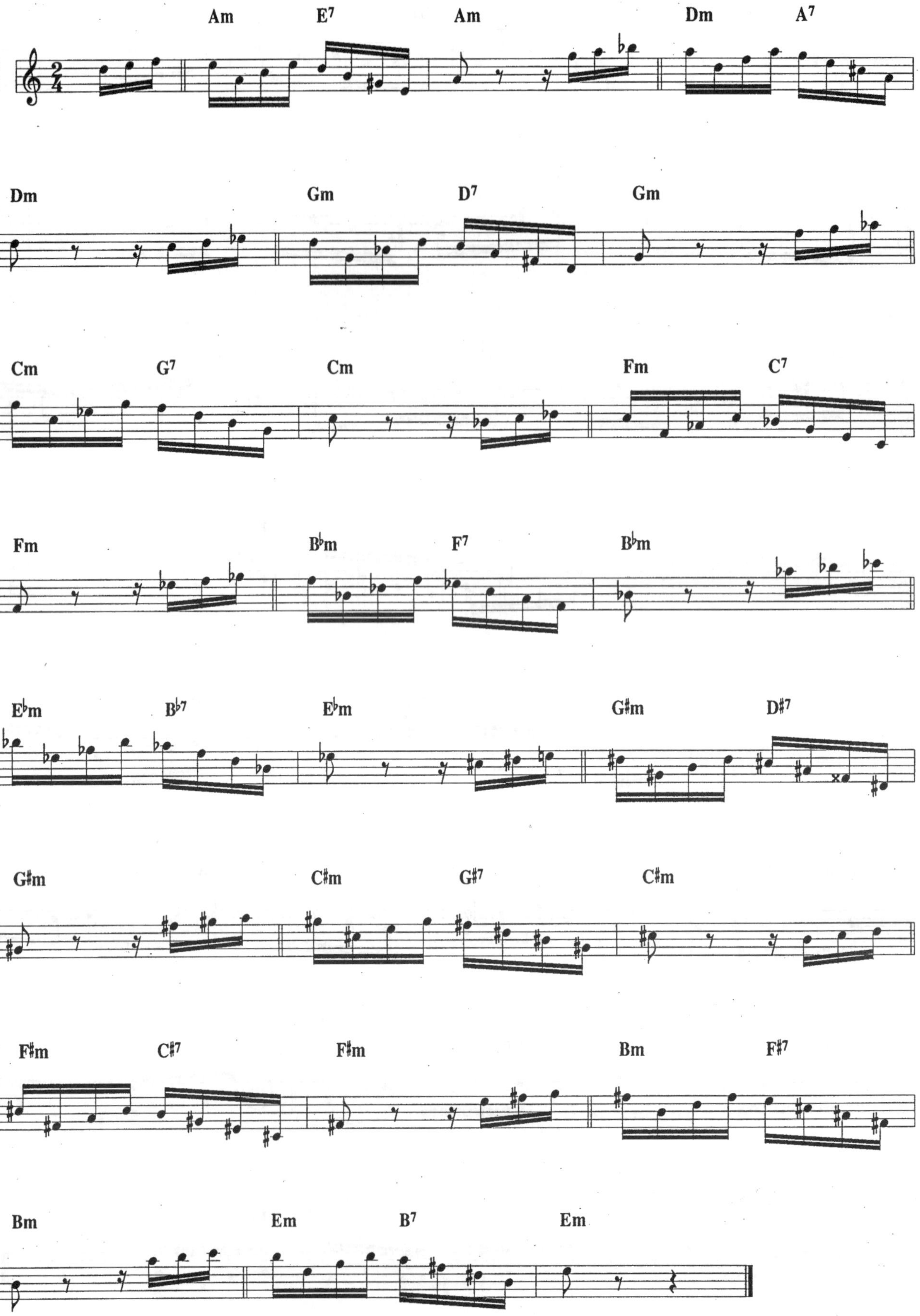
Am E7 Am Dm A7
Dm Gm D7 Gm
Cm G7 Cm Fm C7
Fm B♭m F7 B♭m
E♭m B♭7 E♭m G♯m D♯7
G♯m C♯m G♯7 C♯m
F♯m C♯7 F♯m Bm F♯7
Bm Em B7 Em

108
Bm F♯7 Bm F♯7 Bm
Em B7 Em B7 Em
Am E7 Am E7 Am
Dm A7 Dm A7 Dm
Gm D7 Gm D7 Gm
Cm G7 Cm G7 Cm
Fm C7 Fm C7 Fm
B♭m F7 B♭m F7 B♭m
D♯m A♯7 D♯m A♯7 D♯m
G♯m D♯7 G♯m D♯7 G♯m
C♯m G♯7 C♯m G♯7 C♯m
F♯m C♯7 F♯m C♯7 F♯m

109
Dm/F A7/E Dm D/C Gm/B♭ D7/A
Gm G/F Cm/E♭ G7/D Cm C/B♭
Fm/A♭ C7/G Fm F/E♭ B♭m/D♭ F7/C
B♭m B♭/A♭ E♭m/G♭ B♭7/F E♭m E♭/D♭
G♯m/B D♯7/A♯ G♯m G♯/F♯ C♯m/E G♯7/D♯
C♯m C♯/B F♯m/A C♯7/G♯ F♯m F♯/E
Bm/D F♯7/C♯ Bm B/A Em/G B7/F♯
Em E/D Am/C E7/B Am

vocabulário do choro | *choro vocabulary*

110

111A

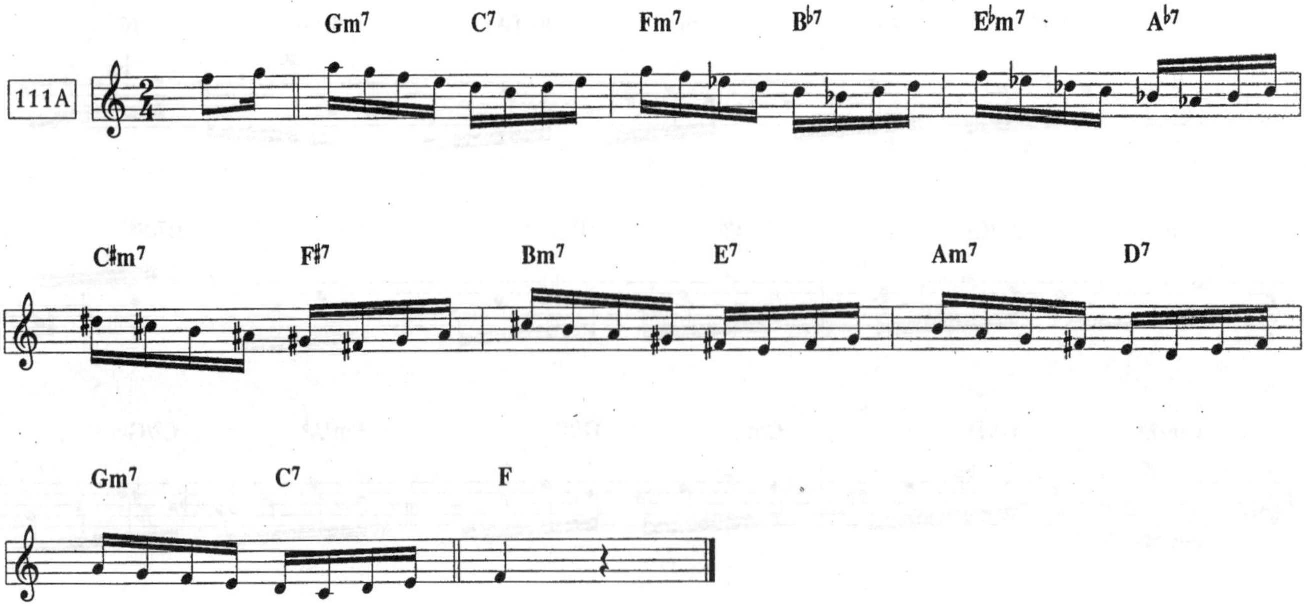
Gm7 C7 Fm7 B♭7 E♭m7 A♭7
C♯m7 F♯7 Bm7 E7 Am7 D7
Gm7 C7 F

111B

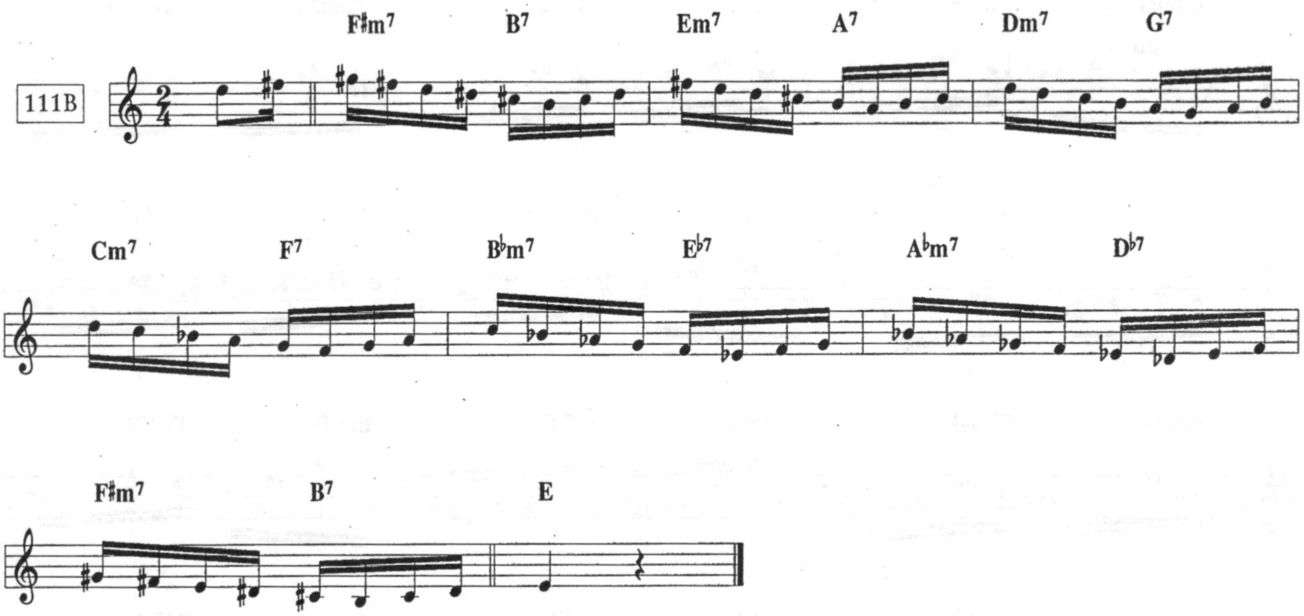
F♯m7 B7 Em7 A7 Dm7 G7
Cm7 F7 B♭m7 E♭7 A♭m7 D♭7
F♯m7 B7 E

vocabulário do choro | choro vocabulary

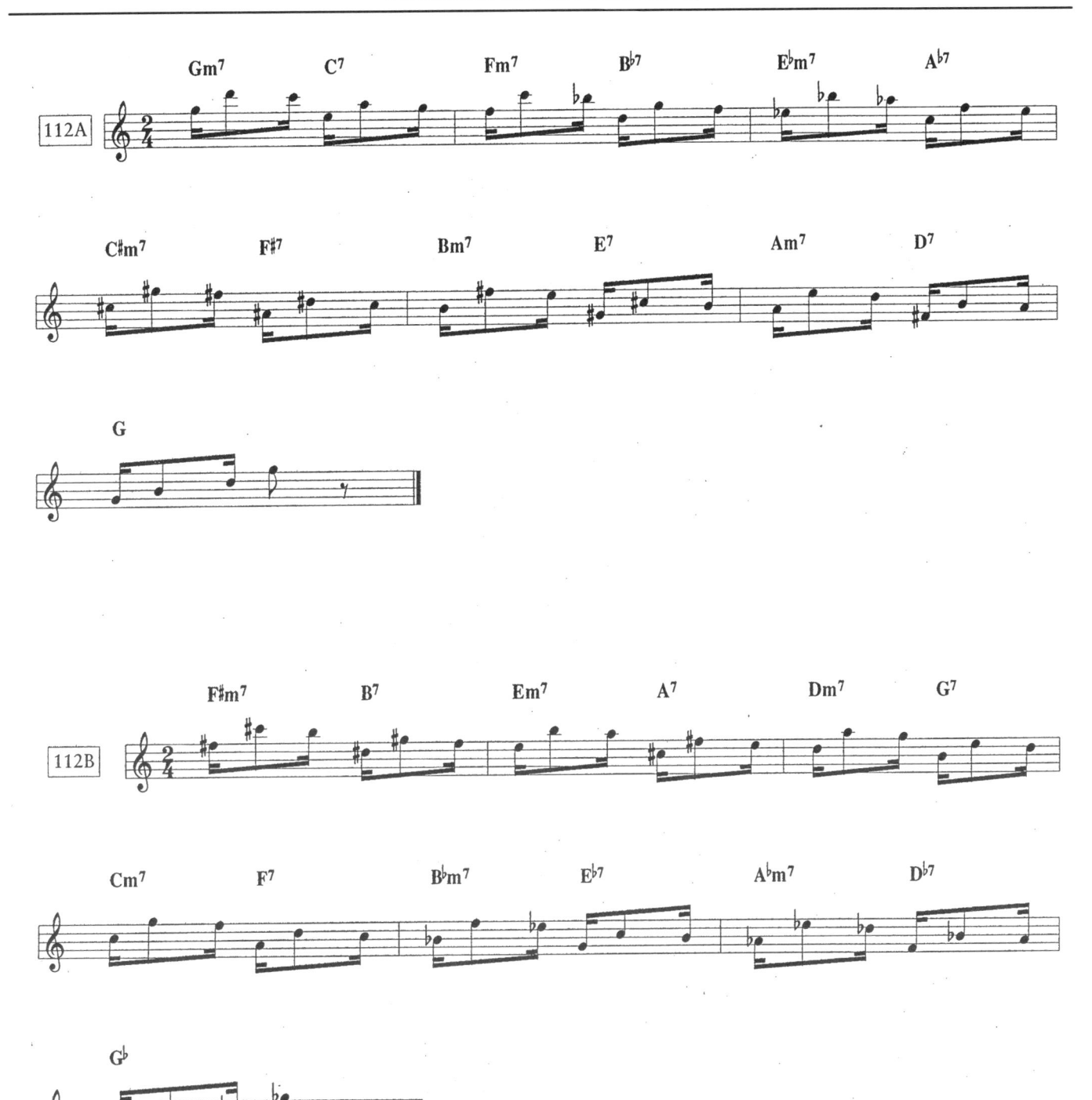

113A
Gm7
C7
Fm7
B♭7
E♭m7
A♭7
C♯m7
F♯7
Bm7
E7
Am7
D7
G
3
3

113B
F♯m7
B7
Em7
A7
Dm7
G7
Cm7
F7
B♭m7
E♭7
G♯m7
C♯7
F♯
3
3

114A
Cm7 F7 B♭ B♭m7 E♭7
A♭ G♯m7 C♯7 F♯
F♯m7 B7 E Em7 A7
D Dm7 G7 C
B7 E
114B
Bm7 E7 A Am7 D7
G Gm7 C7 F
Fm7 B♭7 E♭ E♭m7 A♭7
D♭ C♯m7 F♯7 B
B♭7 E♭

115A

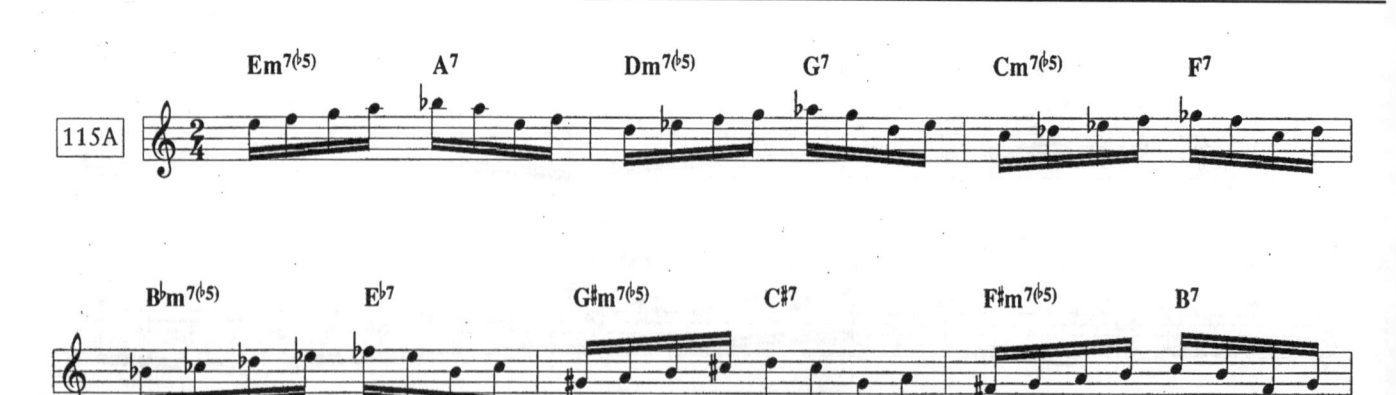

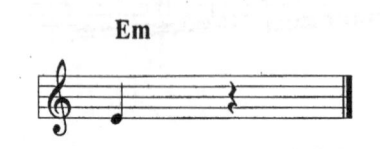

vocabulário do choro | choro vocabulary

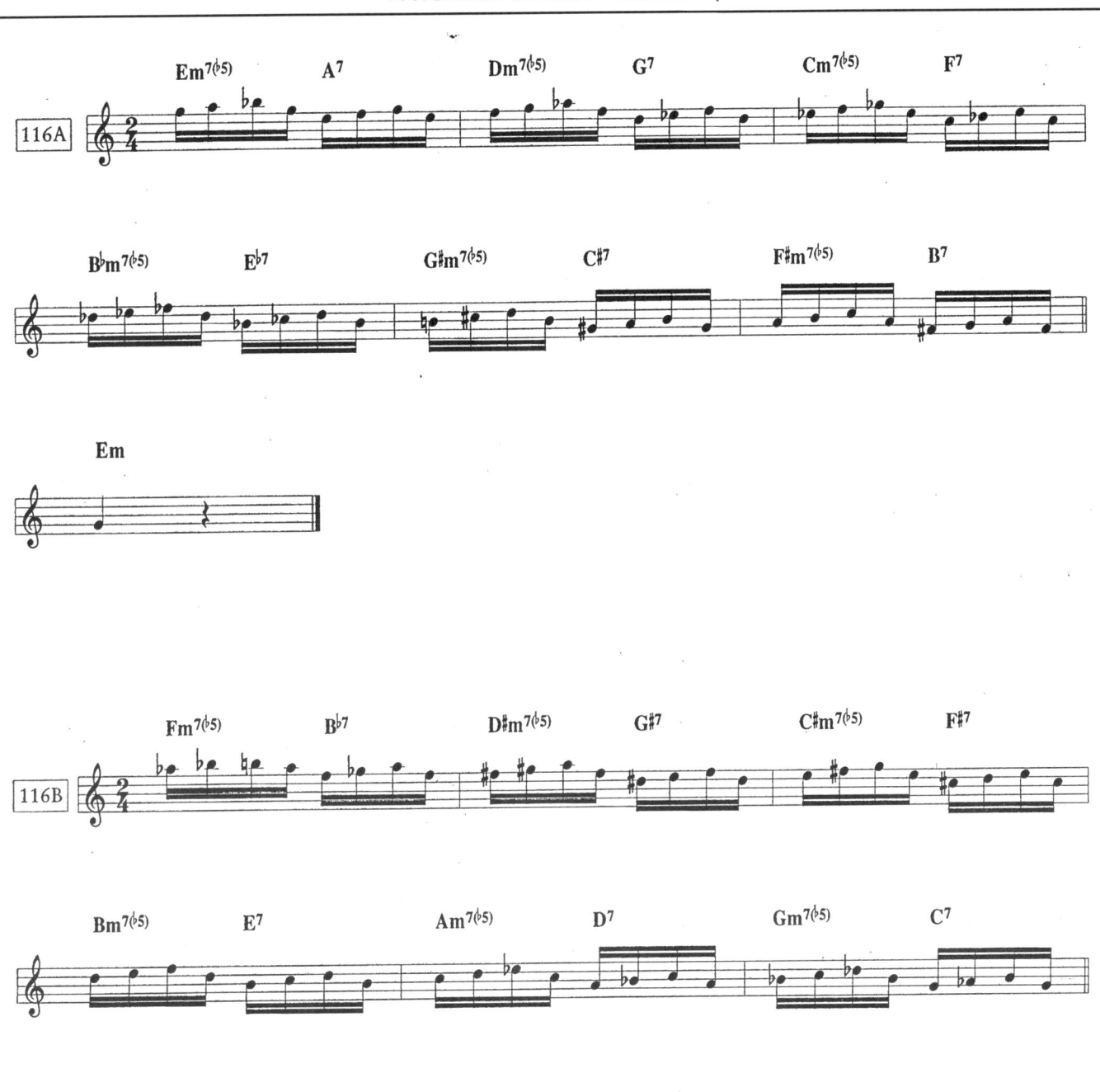

117A

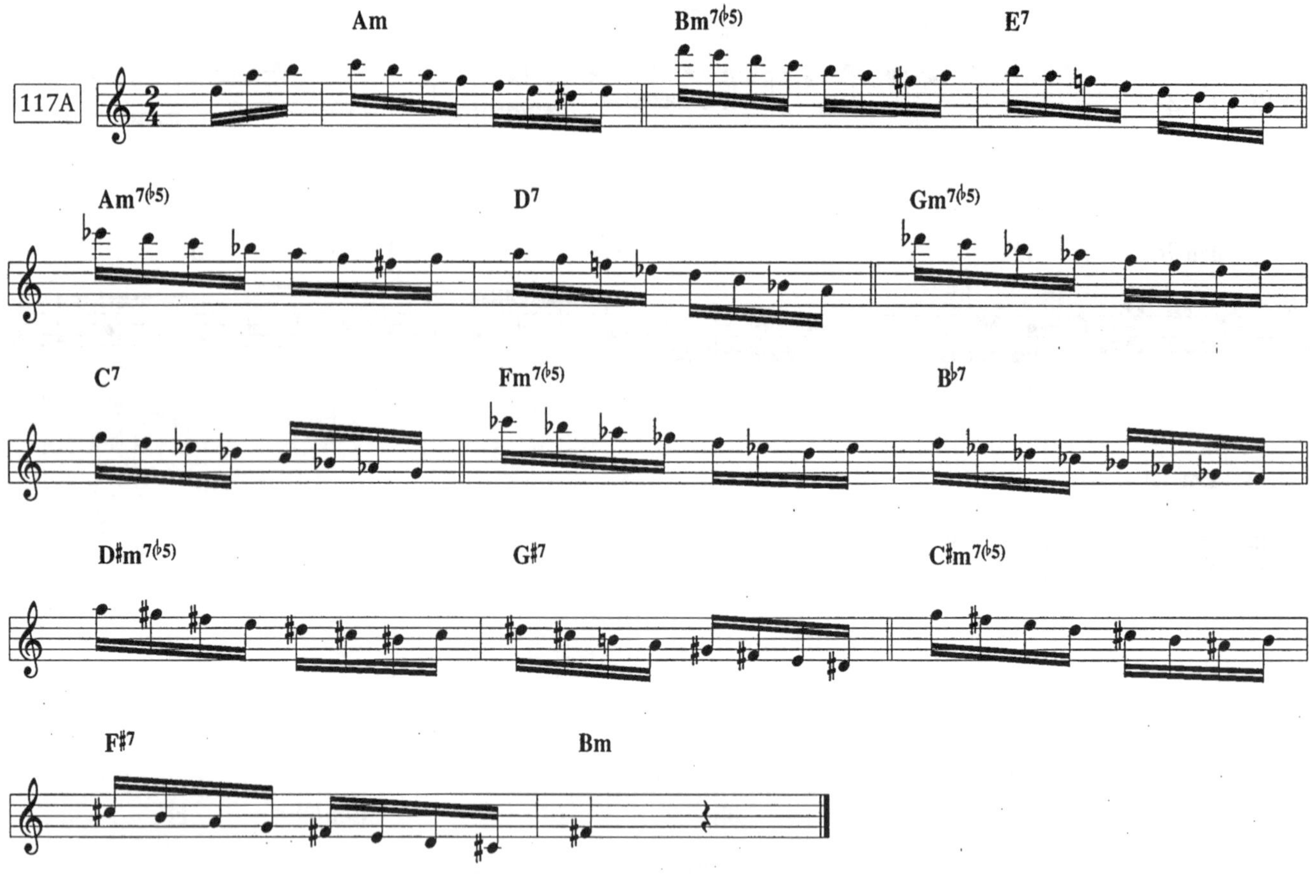
Am
Bm7(♭5)
E7
Am7(♭5)
D7
Gm7(♭5)
C7
Fm7(♭5)
B♭7
D♯m7(♭5)
G♯7
C♯m7(♭5)
F♯7
Bm

117B

G♯m
A♯m7(♭5)
D♯7
G♯m7(♭5)
C♯7
F♯m7(♭5)
B7
Em7(♭5)
A7
Dm7(♭5)
G7
Cm7(♭5)
F7
B♭m

vocabulário do choro | choro vocabulary

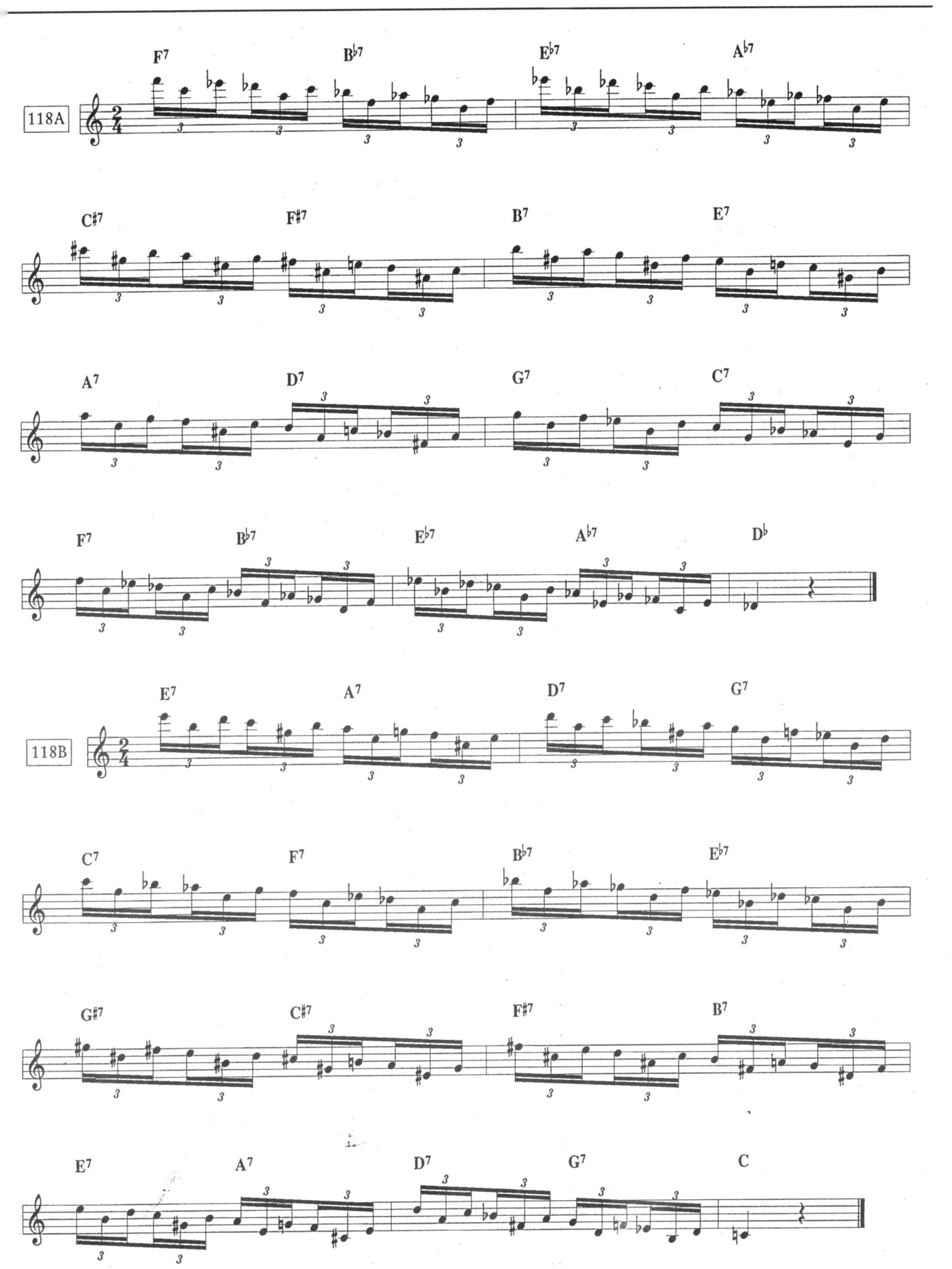

119A
C7 F7 B♭7 E♭7 A♭7 D♭7
F♯7 B7 E7 A7 D7 G7
C7 F7 B♭7 E♭7 A♭7 D♭7
F♯7 B7 E

119B
B7 E7 A7 D7 G7 C7
F7 B♭7 E♭7 A♭7 C♯7 F♯7
B7 E7 A7 D7 G7 C7
F

120A
F7 B♭7 E♭7 A♭7 C♯7 F♯7
B7 E7 A7 D7 G7 C7
F7 B♭7 E♭7 A♭7 C♯7 F♯7
B7 E7 A7 D7 G7 C7
F7 B♭7 E♭
120B
E7 A7 D7 G7 C7 F7
B♭7 E♭7 A♭7 D♭7 F♯7 B7
E7 A7 D7 G7 C7 F7
B♭7 E♭7 A♭7 D♭7 F♯7 B7
E

121
D7 G7 C7 F7 B♭7 E♭7 A7 D G7
C7 F7 B♭7 E♭7 A♭7 D7 G C7
F7 B♭7 E♭7 A♭7 D♭7 G7 C F7
B♭7 E♭7 A♭7 D♭7 F♯7 C7 F B♭7
E♭7 A♭7 D♭7 G♭7 B7 F7 B♭ E♭7
A♭7 D♭7 G♭7 B7 E7 B♭7 E♭ A♭7
D♭7 G♭7 B7 E7 A7 E♭7 A♭ D♭7
G♭7 B7 E7 A7 D7 A♭7 D♭ F♯7
B7 E7 A7 D7 G7 C♯7 F♯ B7
E7 A7 D7 G7 C7 F♯7 B E7
A7 D7 G7 C7 F7 B7 E A7
D7 G7 C7 F7 B♭7 E7 A

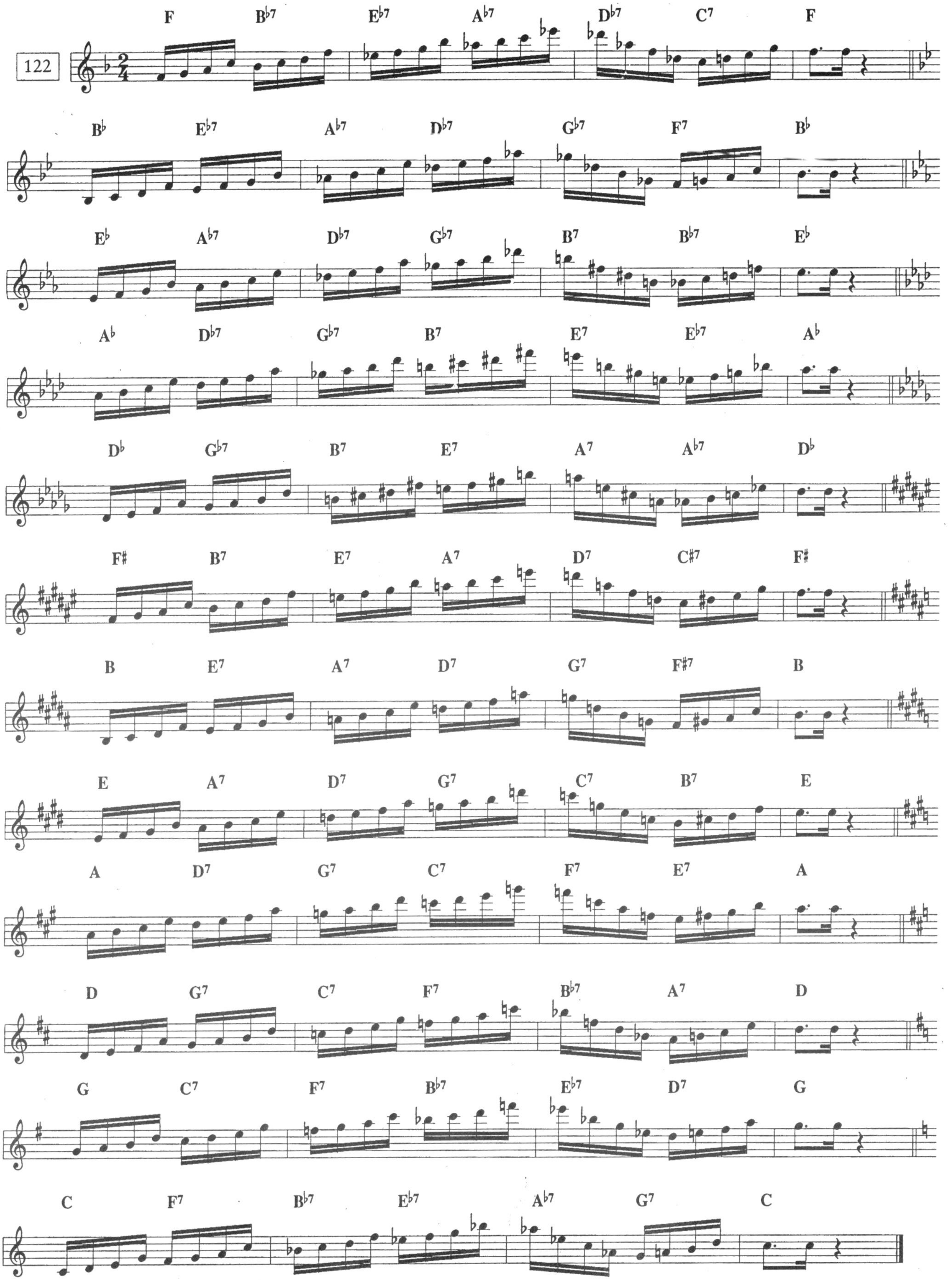
122
F B♭7 E♭7 A♭7 D♭7 C7 F
B♭ E♭7 A♭7 D♭7 G♭7 F7 B♭
E♭ A♭7 D♭7 G♭7 B7 B♭7 E♭
A♭ D♭7 G♭7 B7 E7 E♭7 A♭
D♭ G♭7 B7 E7 A7 A♭7 D♭
F# B7 E7 A7 D7 C#7 F#
B E7 A7 D7 G7 F#7 B
E A7 D7 G7 C7 B7 E
A D7 G7 C7 F7 E7 A
D G7 C7 F7 B♭7 A7 D
G C7 F7 B♭7 E♭7 D7 G
C F7 B♭7 E♭7 A♭7 G7 C

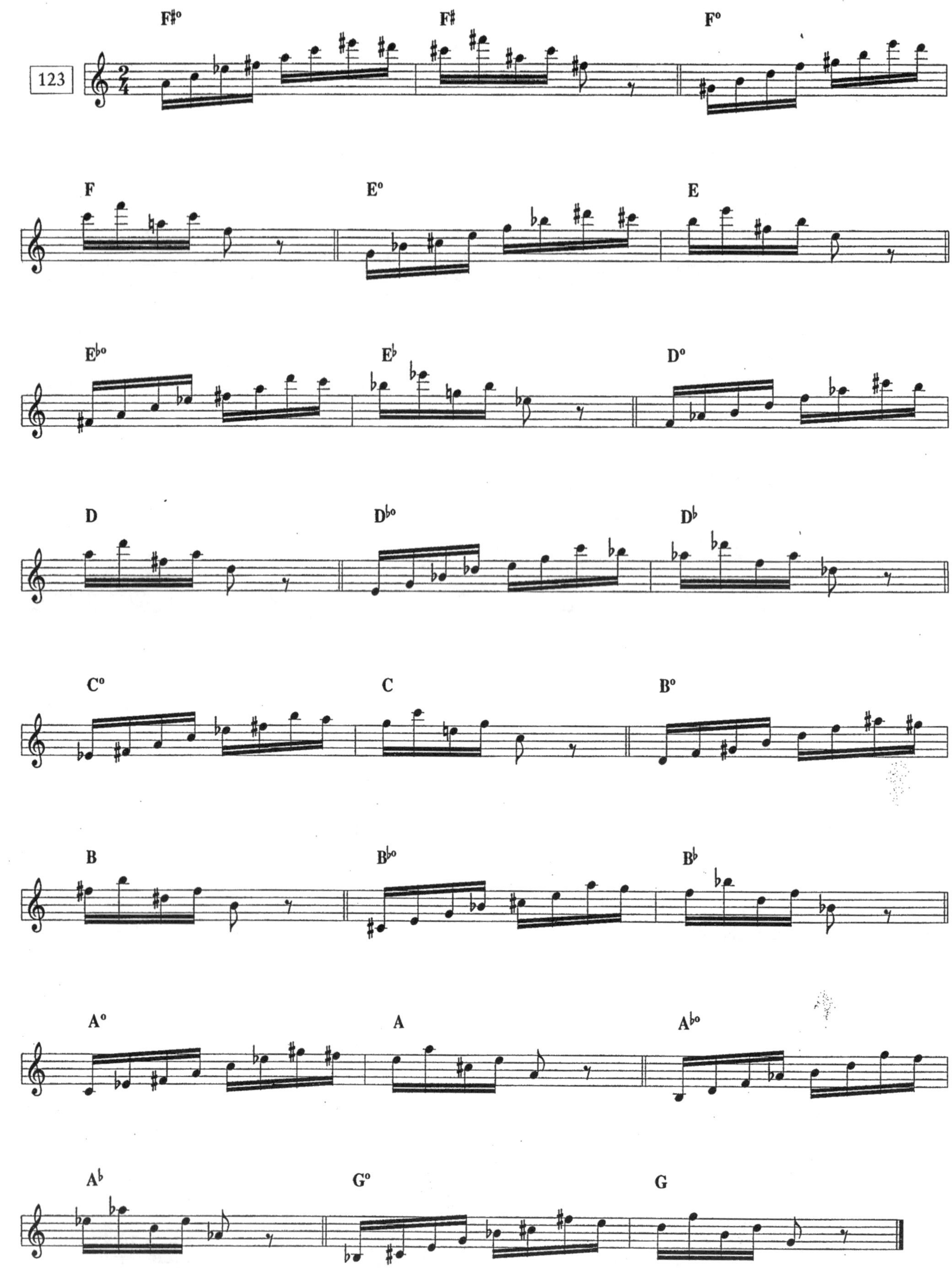
123
F♯°
F♯
F°
F
E°
E
E♭°
E♭
D°
D
D♭°
D♭
C°
C
B°
B
B♭°
B♭
A°
A
A♭°
A♭
G°
G

124

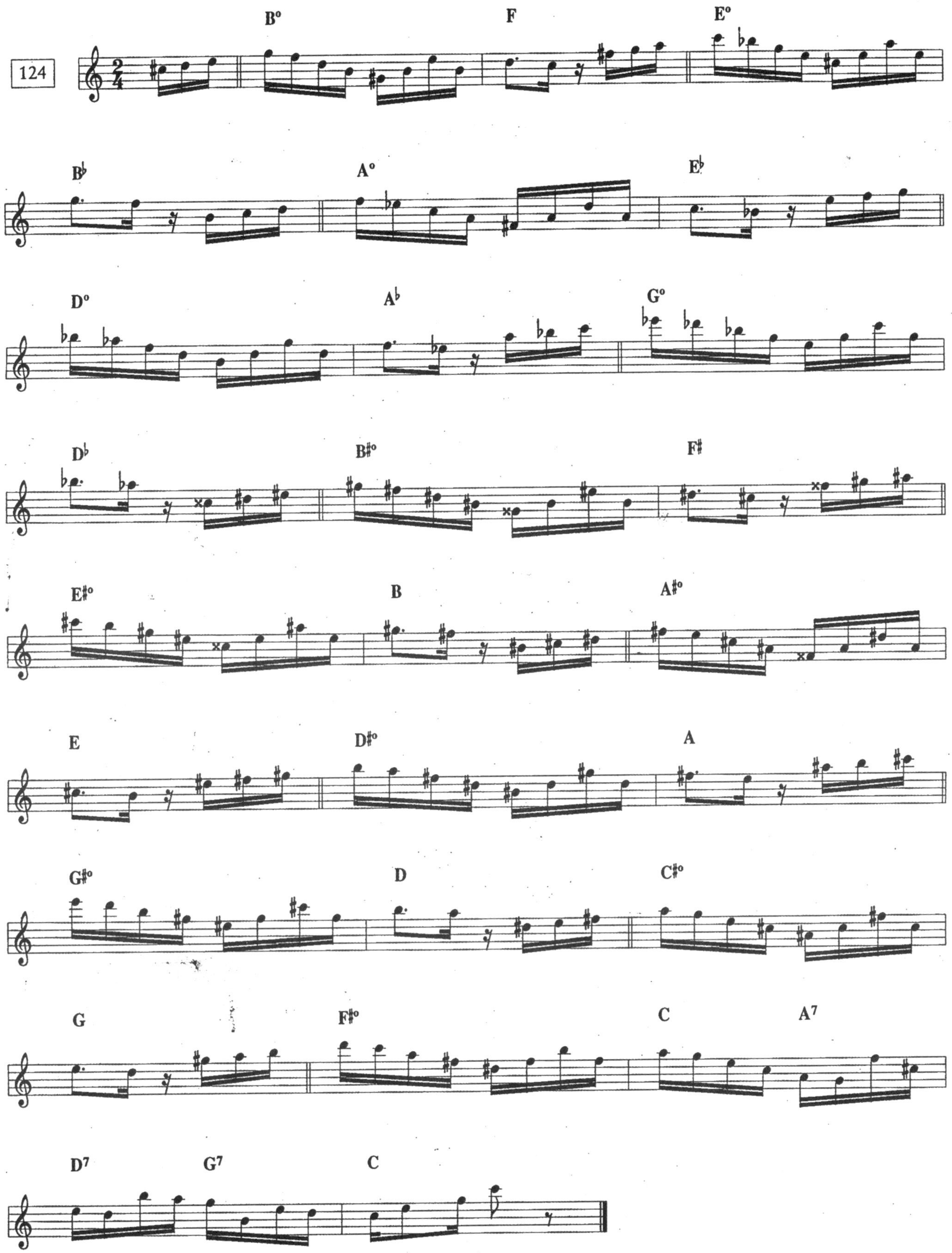

125A
F F#º C/G A7
D D#º A/E F#7 B Cº
F#/C# D#7 A♭ Aº E♭/B♭

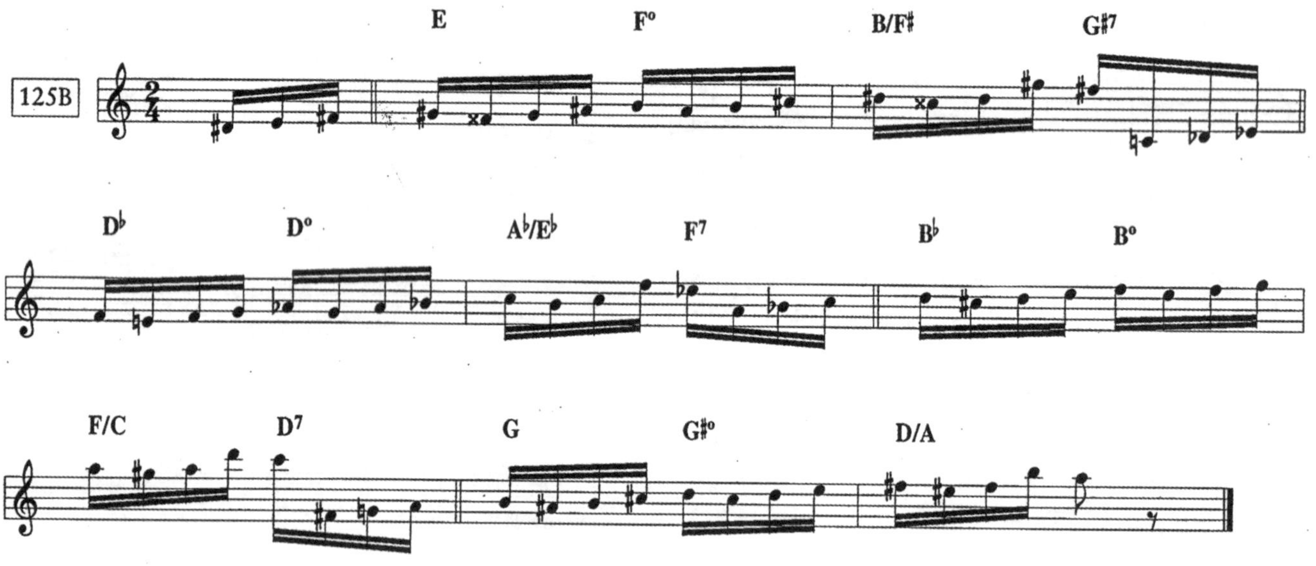
125B
E Fº B/F# G#7
D♭ Dº A♭/E♭ F7 B♭ Bº
F/C D7 G G#º D/A

125C
E♭ Eº B♭/F G7
C C#º G/D E7 A A#º
E/B♭ C#7 F# Gº C#/G#

126A

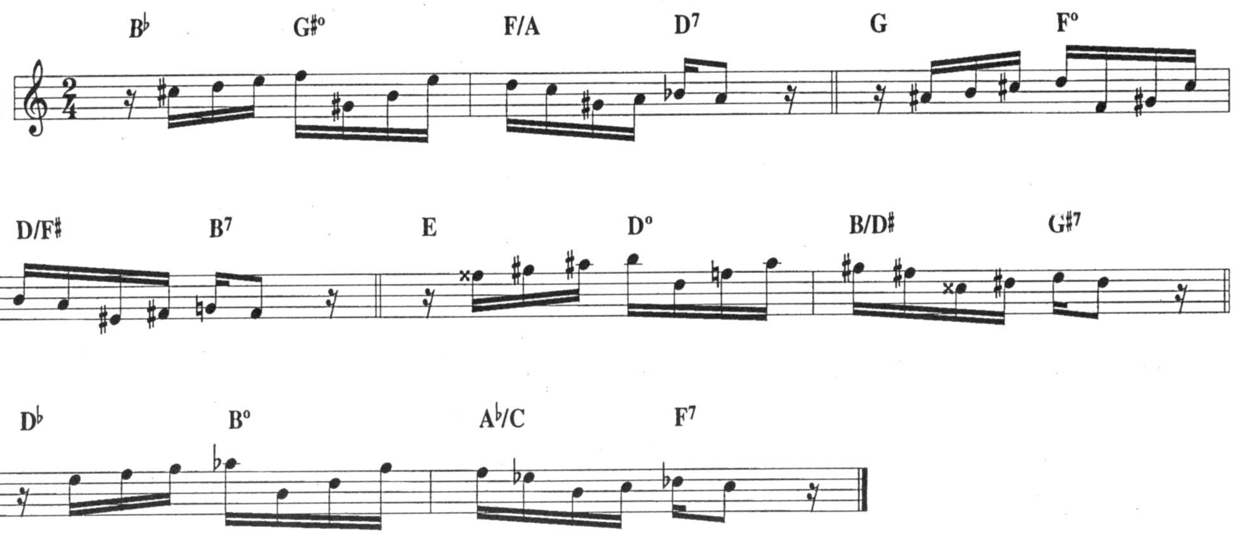

126B

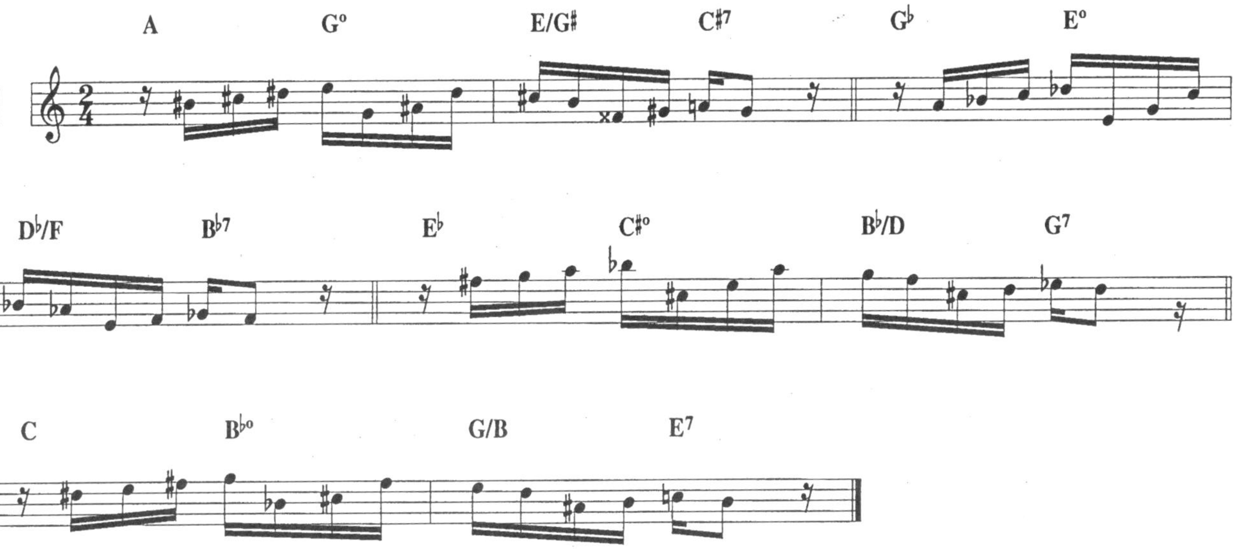

126C

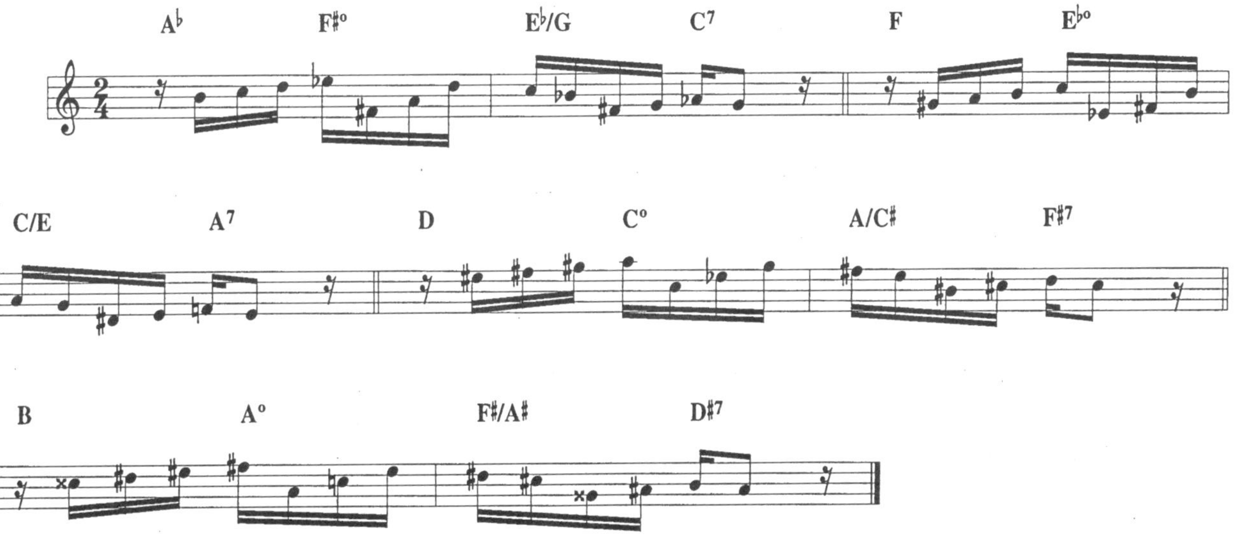

127A

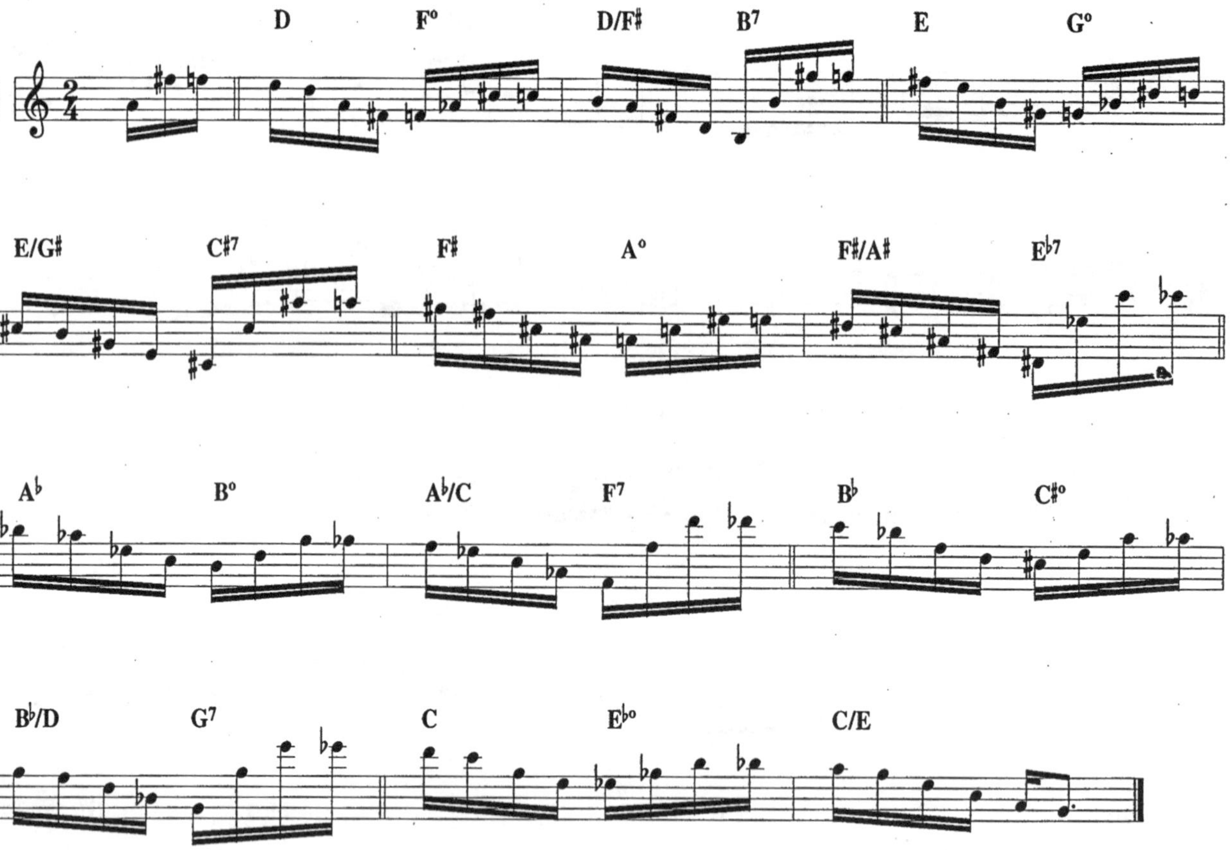

D F° D/F♯ B7 E G°
E/G♯ C♯7 F♯ A° F♯/A♯ E♭7
A♭ B° A♭/C F7 B♭ C♯°
B♭/D G7 C E♭° C/E

127B

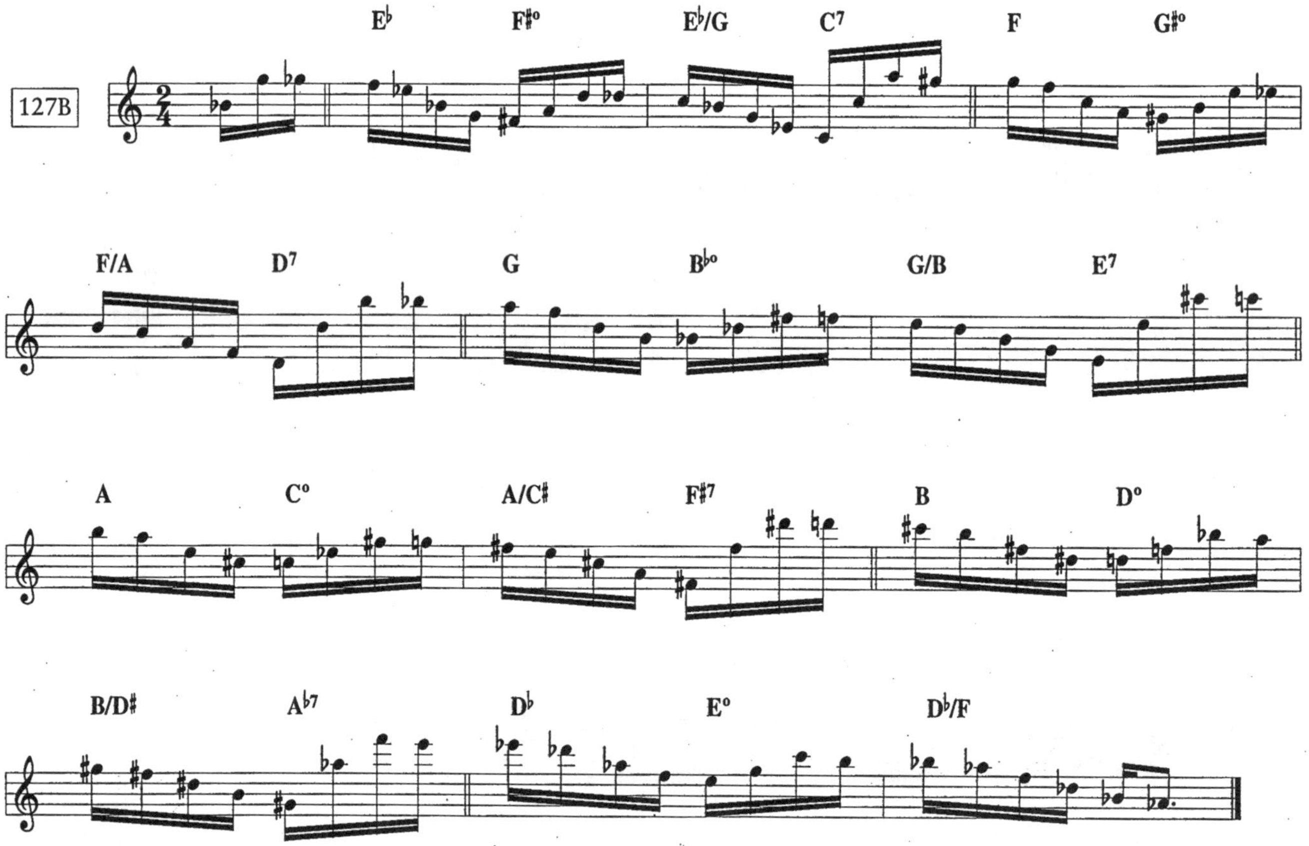

E♭ F♯° E♭/G C7 F G♯°
F/A D7 G B♭° G/B E7
A C° A/C♯ F♯7 B D°
B/D♯ A♭7 D♭ E° D♭/F

vocabulário do choro | choro vocabulary

128A

129

vocabulário do choro | choro vocabulary

130

✦ Anexo / *Attachment*

Escalas – variações para tons menores / *Scales – variations for minor tones*

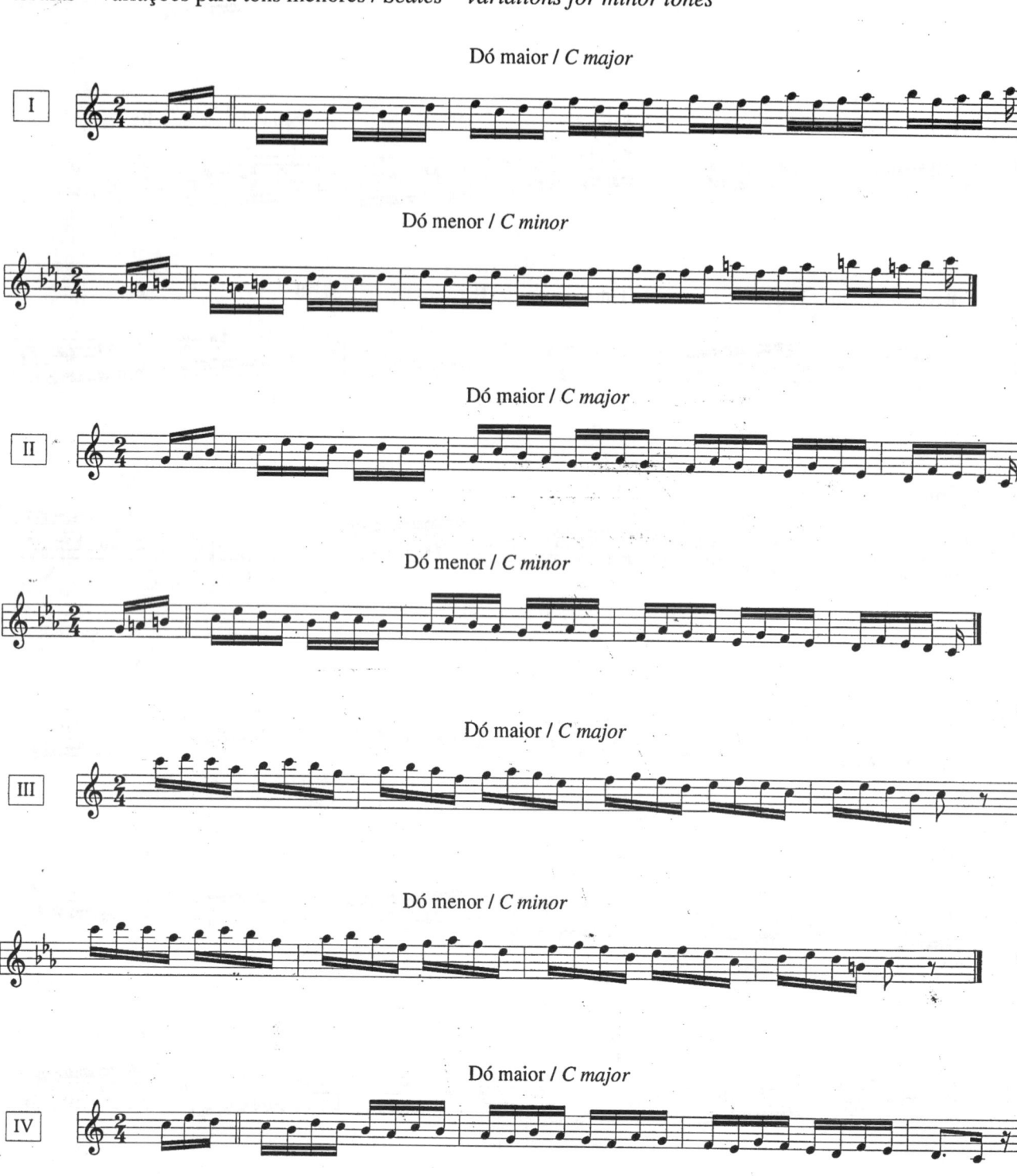

I — Dó maior / *C major*

Dó menor / *C minor*

II — Dó maior / *C major*

Dó menor / *C minor*

III — Dó maior / *C major*

Dó menor / *C minor*

IV — Dó maior / *C major*

Dó menor / *C minor*

vocabulário do choro | choro vocabulary

Arpejos – variações para acordes aumentados e diminutos / Arpeggios – *variations for augmented and diminished chords*

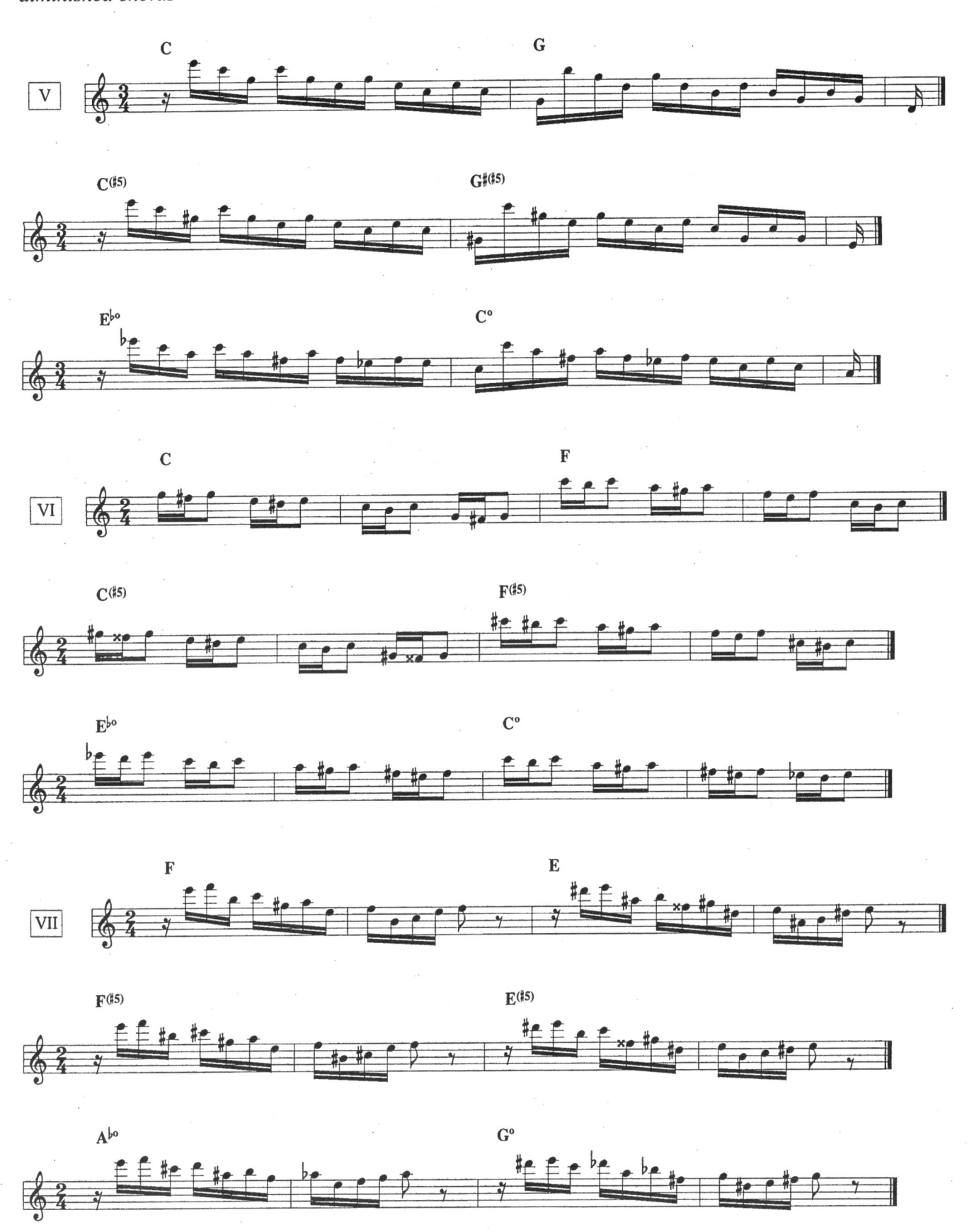

Sequências harmônicas – variações para tons menores / *Harmonic sequences – variations for minor tones*

PARTE II / SUÍTE EM CHORO

PART II / CHORO SUITE

Suíte em choro, composta por cinco peças dispostas da seguinte maneira:	Choro *Suite, composed of five pieces placed in the following order:*

Choro (*Choro de criança*)
Valsa / *Waltz* (*Valsa da noite*)
Samba (*Samba no pé*)
Frevo (*Alice no frevo*)
Baião (*O cabra*)

é uma criação livre em cima desses gêneros e não tem especificamente caráter didático, muito embora traga muito do que já foi relatado nos *estudos*.

A *suíte* está nas versões Sopro (sax soprano ou flauta) e Piano – onde, em sua partitura, estão contidas, além das vozes das mãos direita e esquerda, cifras para acompanhamento ou improvisação, e mais uma guia da melodia executada pelo sopro. Há, ainda, partes individuais para os instrumentos solistas.

Com a leitura livre dos acordes cifrados e respeitando os principais contrapontos, pode-se adaptar as peças para outras formações instrumentais, como as de *grupos de choro* (regionais) – com bandolim (ou flauta, clarinete etc.), cavaquinho, violão, violão de sete cordas e pandeiro – ou as de *grupos de jazz* – à base de piano, guitarra, baixo e bateria.

is a free composition based on these genre and does not have, specifically, any didactic purpose, although it does contain much of what has been presented in the studies.

The suite *is presented in a version for wind instruments (soprano sax and flute) and piano – besides the voices of the right and left hands, we have included chords for accompaniment or improvisation plus a melody guide performed by the wind instrument. Furthermore, there are individual parts for solo instruments.*

With the free reading of chords and respecting the main counterpoints, we can adapt the pieces to other instrumental formations, such as those of the choro circles (regional) *– with the* mandolin (or flute, clarinet, etc.), cavaquinho, guitar, seven-string guitar *and* pandeiro *– or that of* jazz groups *– based on piano, guitar, bass and drums.*

Choro de criança

Choro
flauta / flute
piano

♩ = 112

Mário Sève

21
1.
2.
C
C
Bm7(♭5) B♭7
Am /G
F♯m7(♭5) F7(♯11)
26
E7(♯9) A7(♭13)
Dm7 B♭7(♯11)
Em7(♭5) A7
Bm7(♭5) E7(♭9)
F7M(♯11)
31
F D7 A♭7(♯11)
Gm7(11) F♯7(♯11)
F6 F♯°
Gm7 C7(♭9)
35
Fm6/A♭ G7(♭13)
Cm/E♭ B♭m6
Am7(♭5) D7(♭9)
Gm7 C7(♭9)

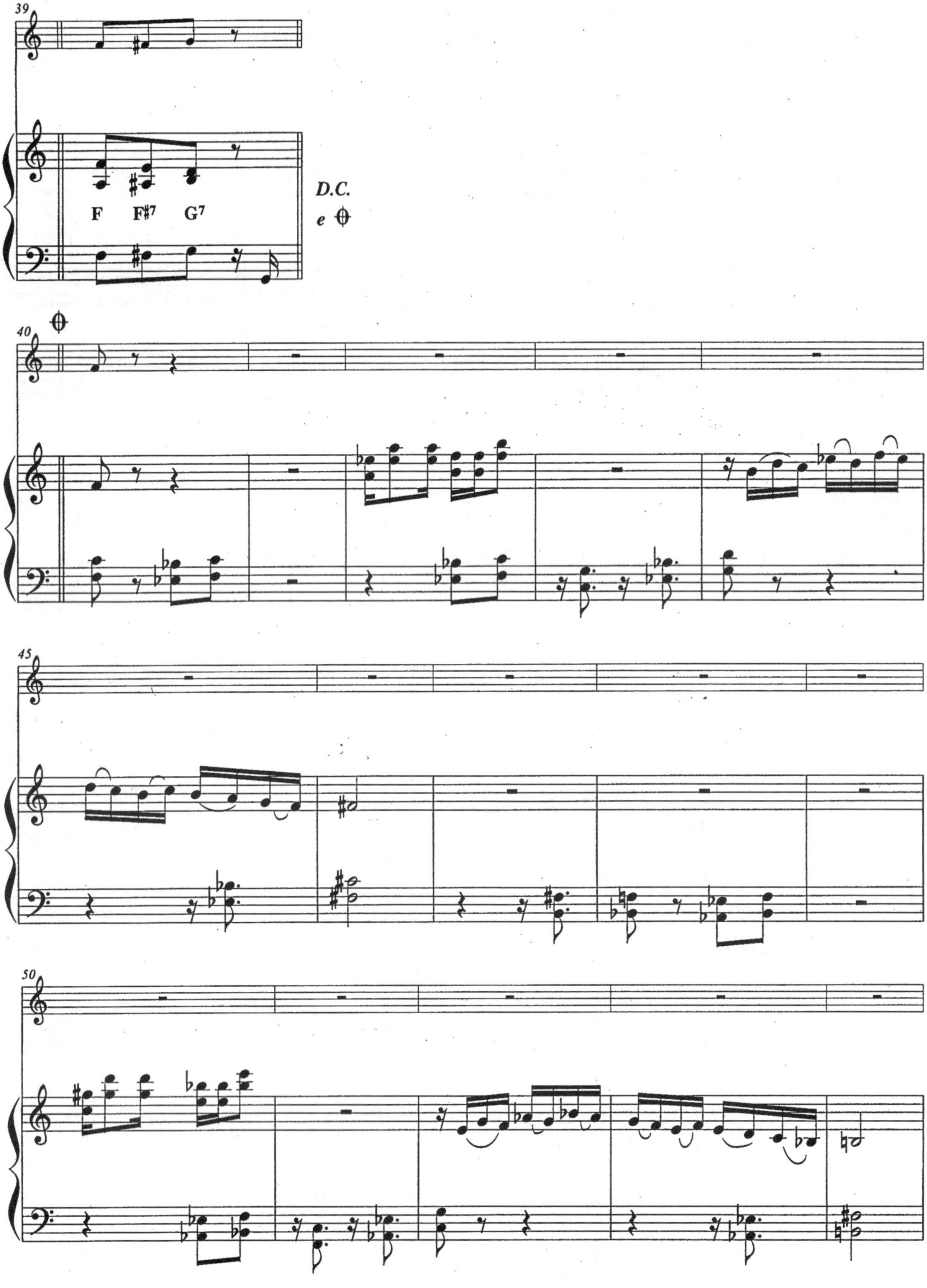
39
F F♯7 G7
D.C.
e 𝄌
40
45
50

55
59
Bm7(♭5) E7
63
Am /G#
Am/G F#m7(♭5)
Gm/F Em7(♭5)
Fm/E♭ Dm7(♭5)
67
E♭
Dm7(♭5) G7
E♭ A♭7M
Fm7 Gm7

71
C7/4
G7(9)
C6
G7(9)
C6
76
G7(9)
C6
D7
A♭7
G7
A7
F
B♭7
81
E♭
A7
D7
G7
C7/4(9)
C7(♭9)
F7M(♯11)
C
Am
86
3
Dm7
G7
C
G7(9)
C6
G7(9)

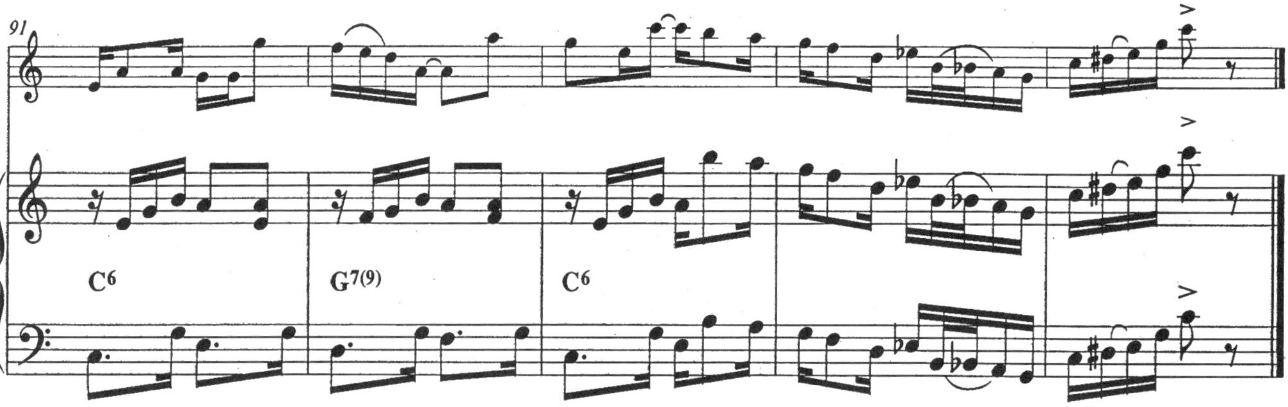
91
C6
G7(9)
C6

Choro de criança

Choro
Mário Sève
♩ = 112

59 Bm7(♭5) E7 Am /G♯
64 Am/G F♯m7(♭5) Gm/F Em7(♭5) Fm/E♭ Dm7(♭5) E♭ Dm7(♭5) G7
69 E♭ A♭7M Fm7 Gm7 C7/4 G7(9) C6/G
74 G7(9) C6/G G7(9) C6/G D7 A♭7
79 G7 A7 F B♭7 E♭ A7 D7 G7 C7/4(9) C7(♭9)
84 F7M(♯11) C Am Dm7 G7 C G7(9)
89 C6 G7(9) C6 G7(9) C6
94

Choro de criança

Choro
Mário Sève

vocabulário do choro | *choro vocabulary*

Valsa da noite

Valsa / Waltz

Mário Sève

♩ = 72

21
Dm(add9)
Gm6/B♭
A/C♯
Dm
C♯º
Dm(7M)
Dm7
26
Gm6/B♭
Gm7
C7/4(9)
C7(♭9)
F6
Cm7(11)
31
B7(♯11)
B♭6
G♭/B♭
C7
F6
F♯º
Gm7
C7(♭9)
36
F6
B♭7M(♯11)
F6
B♭7M(♯11)
F6

41
B♭7M(♯11)
F/A
G♯º(♭13)
Gm(7M)
Gm7
G♯º
46
Fº
F7M
C/E
F6
Bº
Am7(♭5)
D/C
51
rit.
Gm/B♭
G♭/B♭
C7
F6
Gm7
G♭7
C7
55
p
F6

Valsa da noite

Valsa / Waltz

Mário Sève

Valsa da noite

Valsa / Waltz

Mário Sève

♩= 72

Samba no pé

Samba

Mário Sève

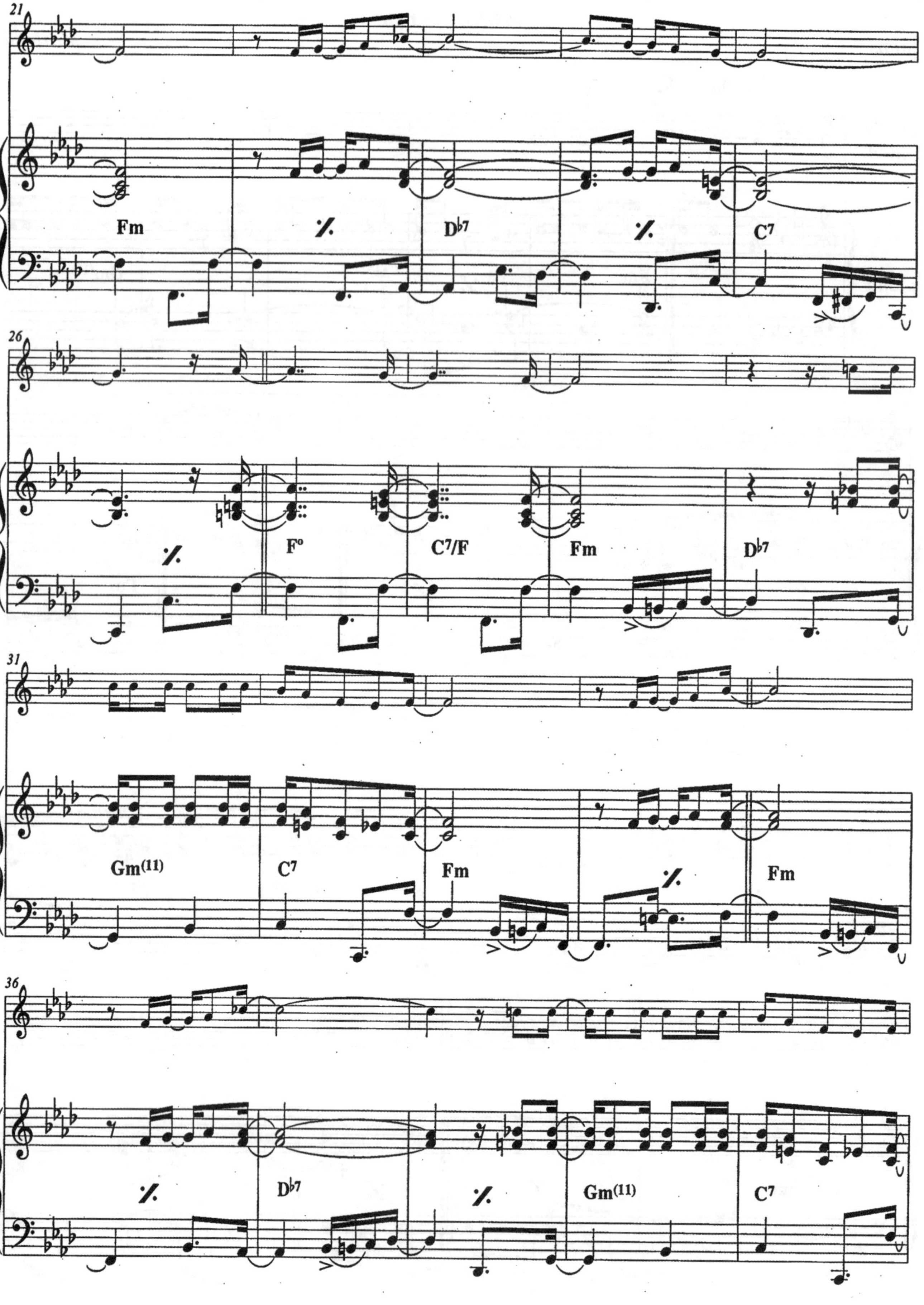
21
Fm
D♭7
C7
26
F°
C7/F
Fm
D♭7
31
Gm(11)
C7
Fm
Fm
36
D♭7
Gm(11)
C7

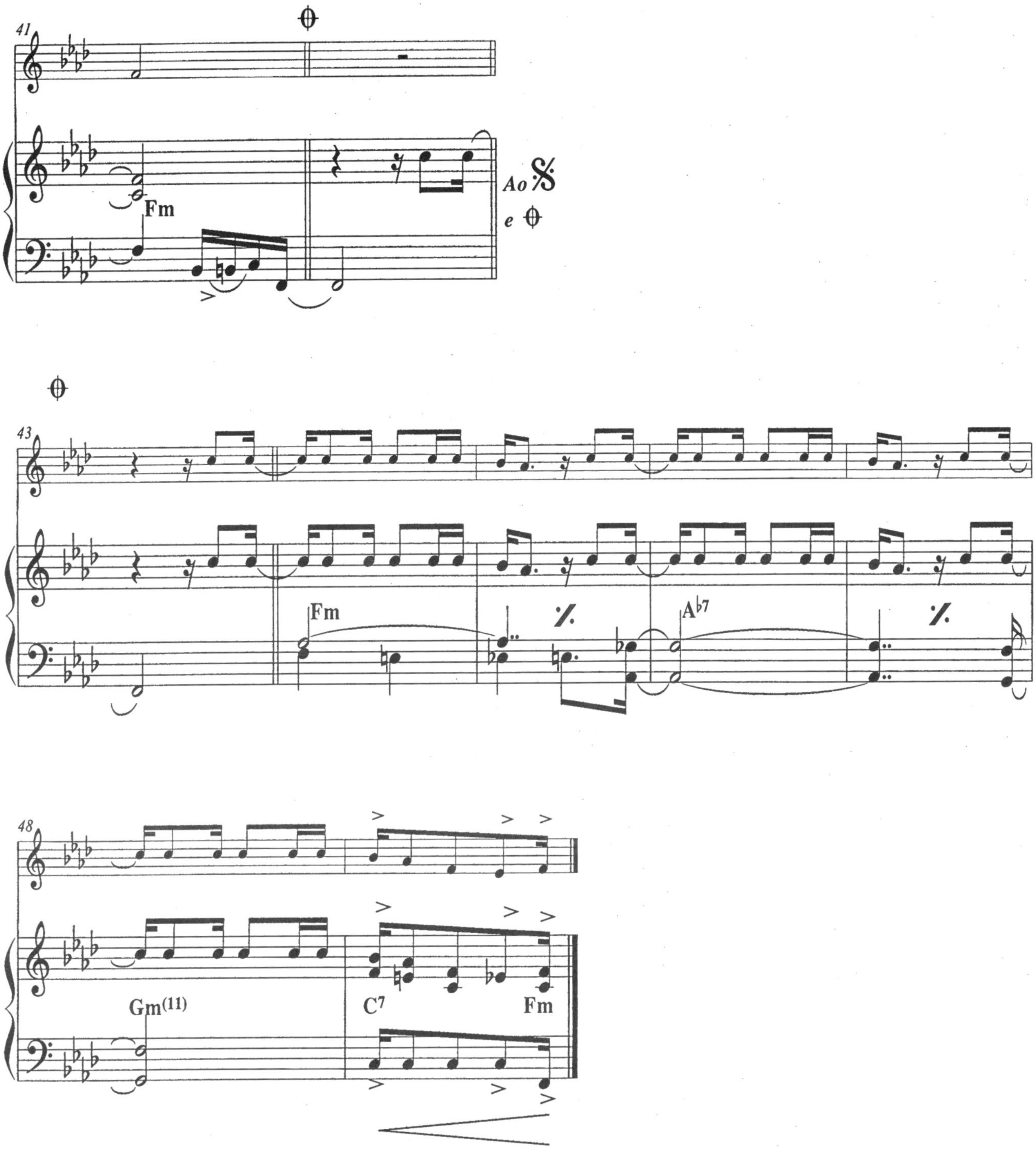
41
Fm
Ao
e
43
Fm
A♭7
48
Gm(11)
C7
Fm

Samba no pé

Samba
Mário Sève

flauta / flute

Samba no pé

Samba
sax soprano
♩ = 120

Mário Sève

Alice no frevo

Frevo

Mário Sève

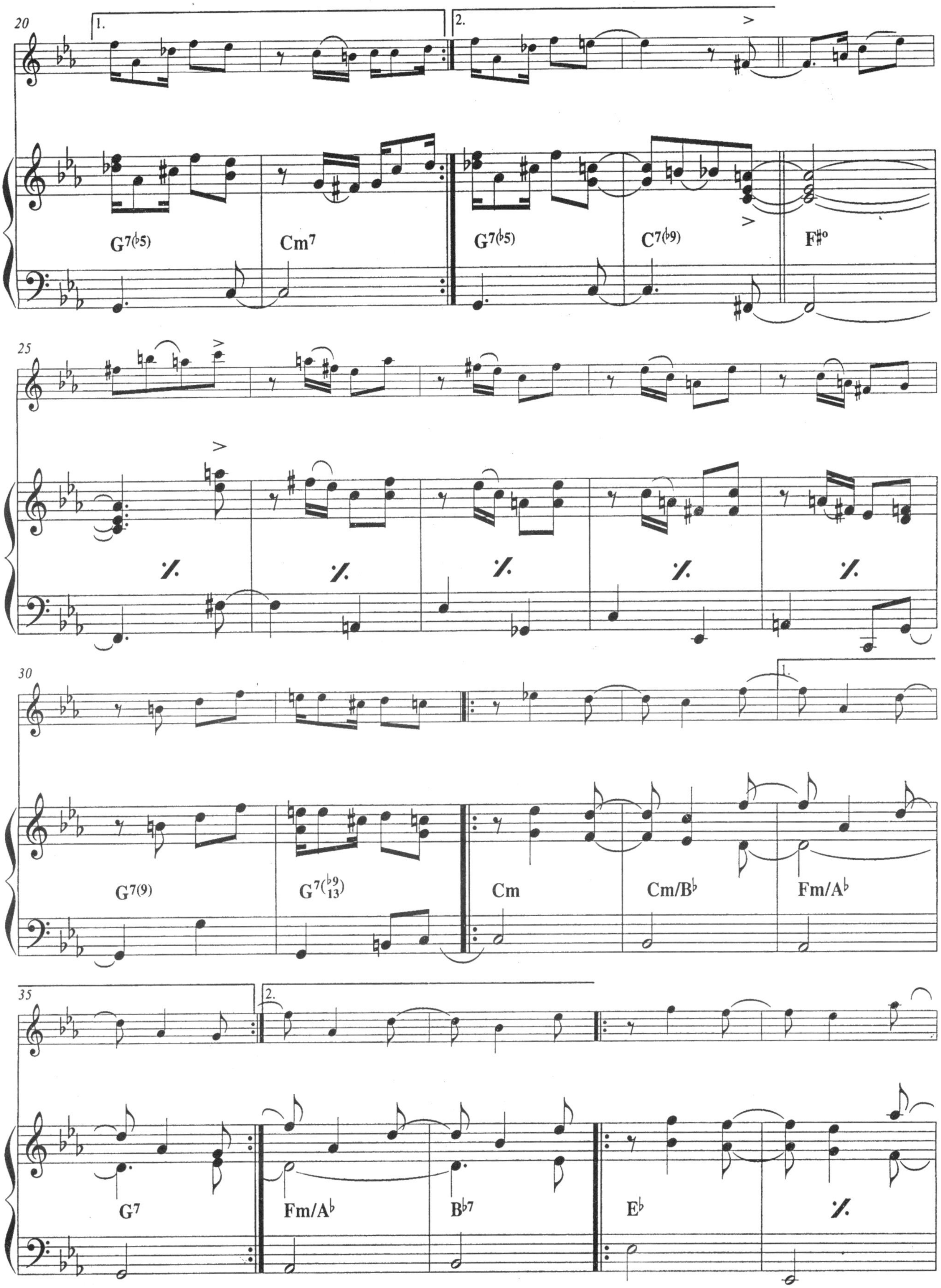
20
1.
2.
G7(♭5)
Cm7
G7(♭5)
C7(♭9)
F♯°
25
30
G7(9)
G7(♭9/13)
Cm
Cm/B♭
Fm/A♭
35
G7
Fm/A♭
B♭7
E♭

40
1.
2.
Fm7
B♭7
Fm7
B♭7
B♭m7(♭5)
45
E♭7(♭9)
A♭m7
D♭7(9)
Gm7(♭5)
C7(♭9)
50
1.
2.
Fm7
B♭7(9)
B♭m7(♭5)
E♭7(♭9)
B♭7(9)
55
E♭6
Ao 𝄋
e 𝄌

56
Cm
C7M
B♭7(♯11)
C7M
B♭7(♯11)
Gm6
62
𝄎
A/G
𝄎
Dm7(9)
B♭m6
Dm7(9)
68
B♭m6
G7 4(9)
𝄎
G7(9)
G7(♭9 13)
Cm(7M)
74
Cm7
Cm6
A♭7M/C
E°
𝄎
F6

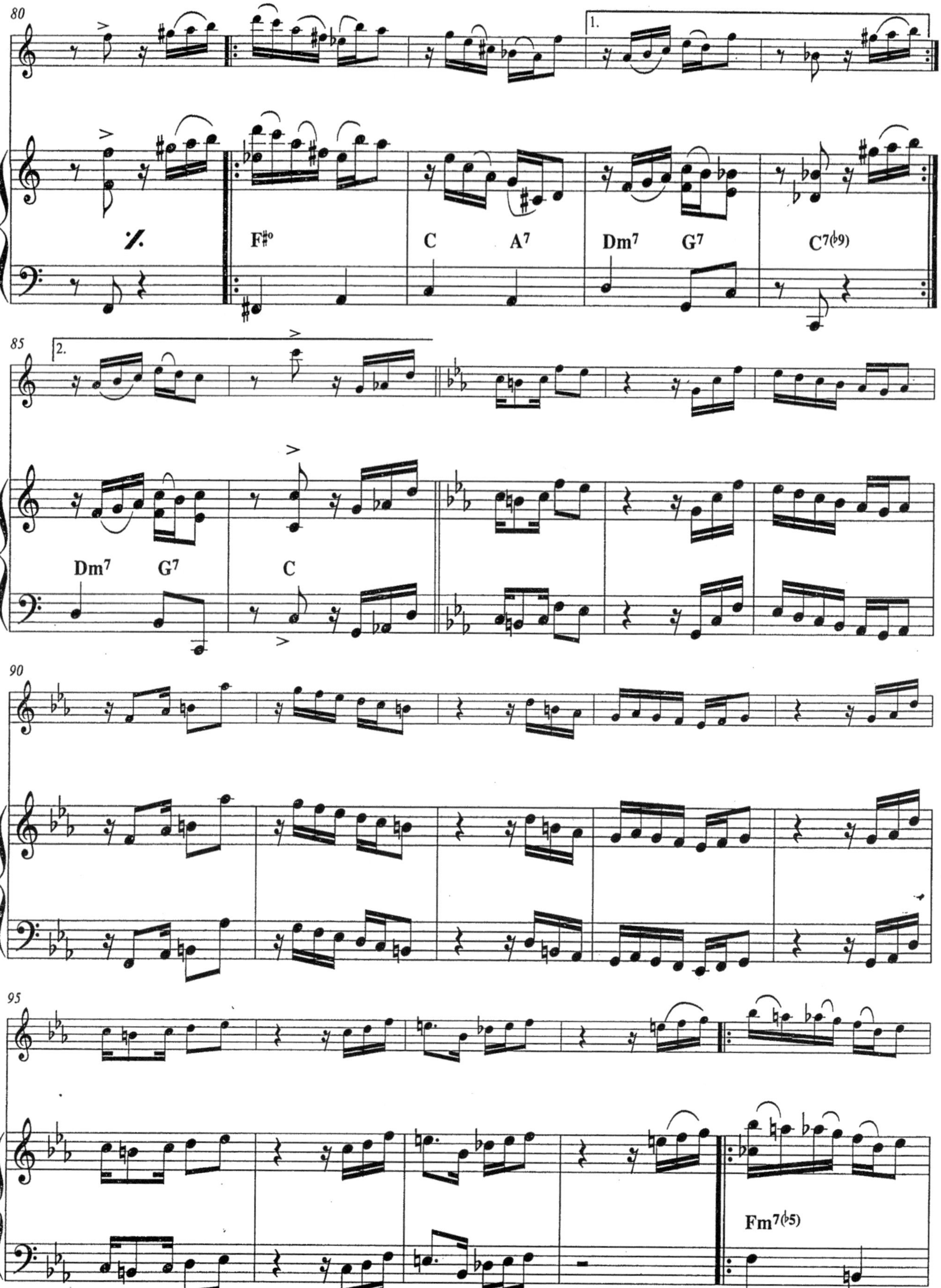
80
1.
F#°
C
A7
Dm7
G7
C7(b9)
85
2.
Dm7
G7
C
90
95
Fm7(b5)

100
1.
2.
Cm7
Fm6/A♭
D♭7(9)
C7(♭9)
Fm6/A♭
D♭7(9)
Cm
104
p
cresc.
p
cresc.
p
cresc.
109
f
f
f

Alice no frevo

Frevo

Mário Sève

56 Cm C7M Bb7(#11) Gm6
62 A/G Dm7(9) Bbm6 Dm7(9)
68 Bbm6 G 7 4(9) G7(9) G7(b9 13) Cm(7M)
74 Cm7 Cm6 Ab7M/C Eº F6
80 F#º C A7 Dm7 G7 C7(b9)
1.
85 2. Dm7 G7 C
90
95 Fm7(b5)
100 Cm7 Fm6/Ab Db7(9) C7(b9) Fm6/Ab Db7(9) Cm
1. 2.
104 p cresc.
109 f

Alice no frevo

Mário Sève

Frevo

vocabulário do choro | choro vocabulary

O cabra

Baião

Mário Sève

21
1.
2.
C7(13) F7(♯11) G E♭7(13) C7(13) F7(♯11) G E♭7(13) G
26
C/G G7 F/G G7 C/G
31
G7 A/G G C/G G7
36
F/G G7 C/G G7 A/G

41
1.
G
C7(13)
G7(#9)
C7(13)
G7(#9)
46
2.
3
1.
G
E♭7(13)
C7(13)
F7(#11)
G
E♭7(13)
C7(13)
F7(#11)
G
E♭7(13)
51
2.
1.
G
C7
B♭7
E♭7
D7
C7
G
56
2.
improviso
1.-3.
G
C7(13)
G7(#9)
C7(13)
G7(#9)

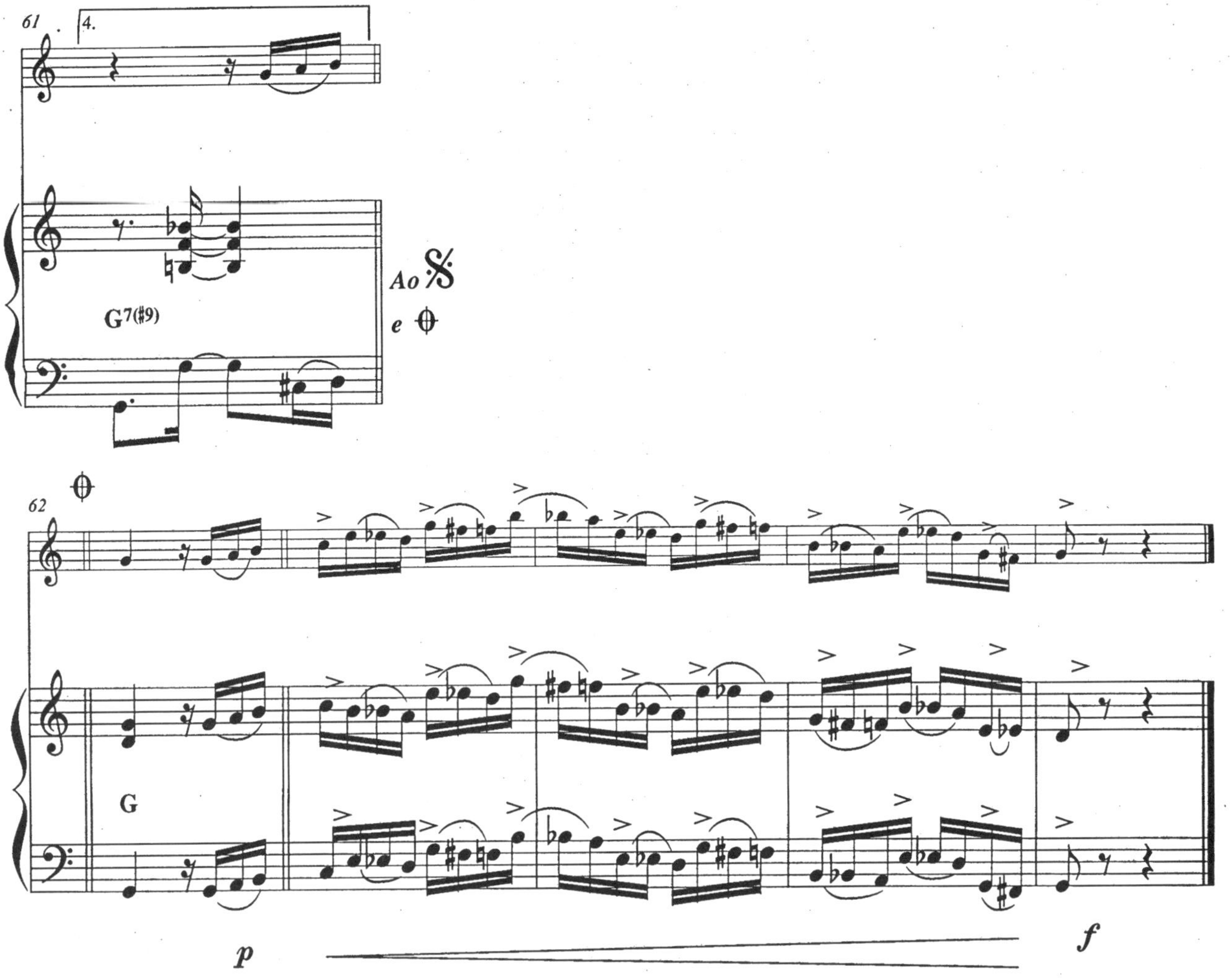
61
4.
G7(#9)
Ao 𝄋
e 𝄌
𝄌
62
G
p
f

O cabra

Baião

Mário Sève

O cabra

Baião
Mário Sève

sax soprano

O AUTOR

Mário Sève é flautista e saxofonista, compositor e arranjador.

Cursou flauta e composição na Universidade Federal do Rio de Janeiro. Estudou com Mauro Senise, Lenir Siqueira, Adamo Prince e Carlos Almada.

É integrante e fundador dos quintetos Nó em Pingo d'Água e Aquarela Carioca.

Com o Nó em Pingo d'Água venceu duas vezes o Concurso de Choros/RJ (1979 e 1995) e ganhou os prêmios Playboy (1984) e Sharp (1990). Gravou quatro discos: *João Pernambuco – 100 anos* (1983), *Salvador* (1988), *Receita de Samba* (1992) e *Nó na Garganta* (1998), atuando neste também como produtor. Excursionou pelos Estados Unidos (Nova York) e Europa (Colônia, Copenhague, Berlim etc.), além de representar o Rio de Janeiro no III Encontro Ibero-Americano de Cultura, em Santiago, no Chile (1993). Participou da Bienal de Música Contemporânea Brasileira (1994) e do Festival "Chorando Alto" (1997), com Paulinho da Viola.

Com o Aquarela Carioca foi indicado três vezes para o Prêmio Sharp. Gravou quatro discos: *Aquarela Carioca* (1989), *Contos* (1991) e *As Aparências Enganam* (1993), com Ney Matogrosso, e *Idioma* (1995). Excursionou pelos Estados Unidos (Nova York) e Europa (Zurique, Lisboa, Bruxelas, Amsterdã etc.), apresentando-se também no Montreux International Jazz Festival (1994), ao lado de Ney Matogrosso. Atuou no Free Jazz Festival - RJ (1989).

Integrou os trabalhos de Geraldo Azevedo, Ney Matogrosso e Alceu Valença, com quem excursionou pelos Estados Unidos (Summerstage / Nova York) e Europa. Pertenceu à Orquestra de Música Brasileira (Roberto Gnattali) e Orquestra de Sax (Paulo Moura).

ABOUT THE AUTHOR

Mário Sève is a flutist, a saxophonist, a composer and arranger.

He studied flute and composition at the Federal University of Rio de Janeiro and under Mauro Senise, Lenir Siqueira, Adamo Prince and Carlos Almada.

He is a member and founder of quintets Nó em Pingo d'Água and Aquarela Carioca.

With Nó em Pingo d'Água, he won the Rio de Janeiro Choro Competition twice (1979 and 1995), as well as the Playboy (1984) and Sharp (1990) awards. He has recorded four albums: João Pernambuco – 100 years *(1983),* Salvador *(1988),* Receita de Samba *(1992) and* Nó na Garganta *(1998), which he also produced. He has toured in the United States (New York) and Europe (Cologne, Copenhagen, Berlin, etc.), besides representing Brazil at the III Ibero-American Cultural Meet, in Santiago, Chile (1993). He participated in the Brazilian Contemporary Music Biennial (1994) and in the "Chorando Alto" Festival (1997), with Paulinho da Viola.*

He was nominated three times for the Sharp Award with Aquarela Carioca and recorded four albums: Aquarela Carioca *(1989),* Contos *(1991) and* As Aparências Enganam *(1993), with Ney Matogrosso, and* Idioma *(1995). He toured the United States (New York) and Europe (Zurich, Lisbon, Brussels, Amsterdam, etc.) performing, also, at the Montreux International Festival (1994), with Ney Matogrosso. He played in the 1989 Free Jazz Festival, in Rio de Janeiro.*

He took part in works by Geraldo Azevedo, Ney Matogrosso and Alceu Valença, with whom he toured the United States (Summerstage / New York) and Europe. He took part in the Brazilian Music Orchestra (Roberto Gnatalli) and the Sax Orchestra (Paulo Moura).

Participou de gravações com Paulinho da Viola, Ivan Lins, Ney Matogrosso, Dona Ivone Lara, Alceu Valença, Geraldo Azevedo, Leila Pinheiro, Fundo de Quintal, Zeca Pagodinho, Antonio Adolfo, Guinga, Nara Leão, Emílio Santiago, Elza Soares e muitos outros.

Arranjou e "assinou" com Cristina Braga (harpa) a faixa *Deus e o Diabo na Terra do Sol* para o songbook *Tom Jobim – Instrumental* (Prêmio Sharp / 1996).

Gravou – em 1998, na Capela do Fórum de Ciência e Cultura da UFRJ – com o cravista Marcelo Fagerlande o CD *Pixinguinha & Bach*, interpretando em duo de sax/flauta e cravo a obra dos dois compositores em arranjos próprios.

Iniciou as gravações de seu primeiro álbum solo, executando suas composições, com a participação dos grupos Mestre Ambrósio, Época de Ouro, Nó em Pingo d'Água, Aquarela Carioca, entre outros.

Tem participado também da banda de Paulinho da Viola, com quem gravou o show *Bebadosamba* (CD *Bebadachama* – Prêmio Sharp/1998).

Março de 1999

He participated in recordings by Paulinho da Viola, Ivan Lins, Ney Matogrosso, Dona Ivone Lara, Alceu Valença, Geraldo Azevedo, Leila Pinheiro, Fundo de Quintal, Zeca Pagodinho, Antonio Adolfo, Guinga, Nara Leão, Emílio Santiago, Elza Soares and many others.

He arranged and "signed", along with Cristina Braga (harp), the track Deus e o Diabo na Terra do Sol *for the* Tom Jobim – Instrumental *songbook (Sharp Award /1996).*

In 1998, he recorded the Pixinguinha & Bach *CD at the Chapel for the Rio de Janeiro Federal University's Science and Culture Forum, with harpsichordist Marcelo Fagerlande, playing a sax/flute and harpsichord duo of the two composers' works with personalized arrangements.*

He has begun to record his first solo album, playing his own compositions with the participation of groups Mestre Ambrósio, Época de Ouro, Nó em Pingo d'Água, Aquarela Carioca, among others.

He is currently taking part in Paulinho da Viola's band, with whom he recorded the Bebadosamba *show (which came out as the CD* Bebadachama, *winner of the 1998 Sharp Award).*

March, 1999

home-page: http://www.noempingodagua.com.br/marioseve
e-mail: marioseve@amcham.com.br